DA PRIVACIDADE

DA PRIVACIDADE
SIGNIFICADO E VALOR

AUTOR
Victor Correia

© Victor Correia e Edições Almedina, 2018

Todos os direitos reservados

EDITOR
EDIÇÕES ALMEDINA, S.A.
Rua Fernandes Tomás, n.ºs 76-80
3000-167 Coimbra
Tel.: 239 851 904 · Fax: 239 851 901
www.almedina.net · editora@almedina.net

REVISÃO
Inês Castelhano

DESIGN DE CAPA
FBA.

EDITOR
EDIÇÕES ALMEDINA, S.A.

IMPRESSÃO E ACABAMENTO
ACD Print, S.A.

Dezembro, 2018

DEPÓSITO LEGAL
449382/18

Os dados e as opiniões inseridos na presente publicação são da exclusiva responsabilidade do(s) seu(s) autor(es).

Toda a reprodução desta obra, por fotocópia ou outro qualquer processo, sem prévia autorização escrita do Editor, é ilícita e passível de procedimento judicial contra o infrator.

BIBLIOTECA NACIONAL DE PORTUGAL – CATALOGAÇÃO NA PUBLICAÇÃO

CORREIA, Victor

Da Privacidade: Significado e Valor
ISBN 978-972-40-7744-4

CDU 342

DA PRIVACIDADE
SIGNIFICADO E VALOR

Victor Correia

Prefácio

A privacidade existe, direta e indiretamente, na vida dos seres humanos, estando ligada a diversas áreas: estatal (o sigilo de Estado); institucional (por exemplo, a Maçonaria); profissional (por exemplo, o sigilo médico); grupal (por exemplo, a privacidade da família) e individual (aquela que diz respeito a cada indivíduo em concreto). Este livro tratará da privacidade individual, pois é a cada indivíduo, singularmente entendido, que se refere tradicionalmente, nos dias de hoje, o conceito de *direito à privacidade*.

A privacidade individual compreende também diversos tipos: financeira, clínica, familiar, amorosa, político-partidária, religiosa etc. No entanto, não trataremos de nenhum destes em específico. Há que distinguir entre duas formas de abordagem: aquilo que é privado (os conteúdos privados específicos) e o próprio conceito de *privacidade*, ou seja, a privacidade em sentido lato, cujo significado e valor existem ou podem existir nos diversos tipos de privacidade que se referem ao indivíduo concreto.

Tudo o que esteja relacionado com privacidade tem as suas causas, os seus objetivos, as suas justificações, as suas regras. Por exemplo, não se aplicam ao sigilo das contas bancárias as mesmas justificações que se aplicam ao sigilo do voto nas eleições político-partidárias. A privacidade pode ser, portanto, abordada do ponto de vista material (o conteúdo) ou formal (o significado e o valor no sentido geral). Abordaremos a privacidade sob o ponto de vista formal, dispensando as matérias que são consideradas privadas. Pretendemos, pois, que a análise seja em sentido genérico, não nos atendo ao significado e ao valor de uma determinada matéria da privacidade (por exemplo, o significado e o valor da privacidade financeira). Assim, quando falamos em privacidade, não se trata de nenhuma em concreto (a religiosa, a política, a familiar, a financeira, a clínica, a amorosa, a sexual etc.), embora seja indispensável darmos alguns exemplos e estabelecermos um fio condutor entre todas.

Algumas destas ditas privacidades interligam-se, como a financeira com a profissional. Por exemplo, um investidor económico, um empreendedor ou um comerciante que tenha alcançado uma grande fortuna pode querer guardar privacidade, para não revelar aos outros indivíduos o segredo dos seus negócios, determinadas técnicas, os contactos que estabelece, ou seja, a caminhada que o levou ao sucesso económico. Embora supostamente todos os indivíduos tenham a possibilidade de ter sucesso económico, caso lutem e trabalhem para isso, o que alcançou sucesso com muito esforço pode entender que os outros, se também quiserem ter sucesso, devem lutar por isso, em vez de ficarem a saber, de forma fácil e aberta, como é que este conseguiu o que conseguiu. É natural que pretenda guardar a privacidade não apenas sobre as contas bancárias, mas também sobre os seus negócios, que são a sua profissão.

O mesmo pode ser dito de um artista, que quer preservar os segredos da sua arte, visando o seu suceso pessoal, de um cientista com as suas investigações, para que outros não se apropriem das mesmas, de um inventor de uma determinada tecnologia, nova no mercado, ou de um fabricante de um novo produto para ser comercializado. No entanto, estas são as justificações da privacidade desses indivíduos em concreto, que, embora legítimas são meramente utilitárias.

PREFÁCIO

Da mesma forma que abordaremos a privacidade de um ponto de vista geral, procurando pontos de confluência, e não privacidades específicas, também a relacionaremos com o tema da tolerância no sentido geral, e nunca de um ponto de vista específico (religioso, político-partidário etc.). O mesmo faremos sobre os Direitos Humanos, também analisados neste livro. Finalmente, dado que o tema da privacidade está muito relacionado com o tema da comunicação, também trataremos de o abordar. Embora nem tudo o que é comunicação tenha como assunto a privacidade, a reserva da privacidade diz respeito à comunicação, nomeadamente à não comunicação de algo. A privacidade de um indivíduo, aquele que tem controlo sobre os próprios dados pessoais, prevê a possibilidade de ele os comunicar ou não comunicar, ligando-a, assim, ao tema da comunicação. Daremos particular destaque a este tema, dividindo-o em comunicação involuntária (por exemplo, os lapsos de linguagem ou as expressões corporais) e comunicação voluntária, que no caso da privacidade é uma revelação feita em privado ou uma revelação feita em público (a que damos a designação de *testemunho*).

Sobre a privacidade existem diversos problemas e diversos modos de abordagem (a abordagem histórica, jurídica, psicológica, sociológica, antropológica, literária, assim como a sua aplicação a casos específicos, por exemplo). Consideramos, no entanto, que o principal desafio deste tema está na análise sobre o seu conceito e na análise sobre o seu valor (o valor positivo e o valor negativo), que analisaremos ao longo deste livro. Sempre que se fala em *privacidade* encontramos diferentes perspetivas sobre esse conceito, dúvidas, tanto sobre o seu significado como sobre o seu valor. Para alguns indivíduos falar em *privacidade* deixa-os confusos sobre o significado desse termo, e para outros indivíduos a defesa da privacidade não é encarada positivamente. Chega mesmo a acontecer que quando uma pessoa defende ou fala deste assunto, é por vezes olhada com uma certa desconfiança, como se estivesse a defender alguma coisa negativa em si mesma, ou alguma coisa negativa que a privacidade preserva, por isso a privacidade chega a ser encarada como um valor negativo, o que nos leva mostrar ao longo deste livro o valor (positivo e negativo) da privacidade.

O valor de algo tem a ver com a relação entre as necessidades de cada indivíduo e a capacidade de as coisas satisfazerem essas necessidades. O valor é uma qualidade que dá às coisas, aos atos ou às pessoas, uma apreciação, não implicando necessariamente uma ação (como o valor que se dá a um objeto), e uma escolha implicando uma ação (como quando se luta por um determinado ideal), em relação àquilo que é considerado com tendo valor. Por seu turno, reconhecer que nas coisas existe um determinado valor consiste em hierarquizar esse valor para que seja tido em conta na tomada de decisões e em usá-lo como um dos elementos a ter em conta na escolha e na orientação que damos às decisões sobre nós próprios e aos outros indivíduos. *Conceito* e *valor* estão ligados, como por exemplo o conceito e o valor da privacidade. Se a privacidade tiver um determinado significado, então tem um determinado valor. Por outro lado, o valor da privacidade, com base no seu ser, naquilo que ela é, no significado que lhe é atribuído, orienta aquilo que deve ser e o que se deve fazer com ela.

Determinados comportamentos, como a bondade e a solidariedade, são considerados como tendo valor. No entanto, quando se tem esses comportamentos, nem sempre a privacidade é valorizada ou procurada; em vez disso, há quem prefira a exibição, como por exemplo quando se dá uma esmola, quando se contribui para uma campanha de solidariedade, ou quando se luta por um determinado ideal e se procura que toda a gente tenha conhecimento desses comportamentos. Alguns indivíduos chegam a praticar atos que são bem vistos pela sociedade, apenas para os outros indivíduos verem que eles os praticam, e serem elogiados, não valorizando esses atos em si mesmos, mas por algo exterior, a que dão primordialmente valor. Ora, para determinados indivíduos, a privacidade desses atos pode ser considerada com valor, e embora também seja exterior ao próprio ato praticado, contribui para o valor do ato praticado, ao contrário da sua exibição pura e simples. Não há um valor absoluto mas sim relativo

PREFÁCIO

da privacidade, pois o valor atribuído a cada privacidade é relativo a cada indivíduo. Há quem dê muito valor à privacidade da sua conta bancária, mas que não vê problema em que se saiba em quem votou nas eleições para o Parlamento, relevando por isso a sua privacidade político-partidária.

Embora os textos deste livro se centrem no mesmo tema e estejam relacionados uns com os outros, a sequência em que se que apresentam não é uma sequência lógica, uma vez que não pretendemos provar nenhuma tese. Dado que o tema central é o significado e o valor da privacidade, é impossível defender uma ideia segundo a qual se determina que a privacidade é x e o seu valor é y; não existe um significado mas vários, assim como não existe um valor, mas vários. O valor da privacidade depende do significado que dermos ao próprio conceito.

Todos os capítulos deste livro são independentes e em cada um se analisa algo específico, apesar da temática comum da privacidade.

A obra está dividida em três grandes grupos: o primeiro trata de questões mais gerais e conceptuais – os conceitos de *público* e *privado* e o conceito de *direito à privacidade*. O segundo trata da privacidade sob a perspetiva dos Direitos Humanos e da tolerância, analisando-se a sua inter-relação do ponto de vista conceptual e valorativo, e a possibilidade de coexistência ou não de uma com a outra, isto é, da privacidade com outros Direitos Humanos e da privacidade com a tolerância. O terceiro trata da privacidade sob a perspetiva da comunicação, e é enquanto problema específico de comunicação e de não comunicação, voluntária e involuntária, pessoal e pública, que o tema da privacidade será analisado. Cada grupo tem dois capítulos. Embora todos os temas deste livro estejam relacionados, podem ser lidos e compreendidos independentemente uns dos outros.

A dicotomia público-privado

Introdução

Dicotomia vem do grego, *dichotomia*, que significa «divisão em duas partes», e representa uma característica do modo de ver e de pensar, no sentido relacional e no sentido opositivo. A dicotomia tem como objetivo descobrir e pôr em evidência as diferenças entre os dois conceitos nela contidos, e valorizar essas diferenças em proveito de um desses conceitos em detrimento do outro. Por outro lado, ao encarar o outro conceito como sendo de significado contrário, a dicotomia dá-se como categoria de análise, estruturando o real e sistematizando o pensamento.

A dicotomia divide uma determinada área em dois campos simultaneamente exaustivos, campos esses que são reciprocamente exclusivos, para que um ente incluído no primeiro desses campos não possa estar simultaneamente incluído no segundo. Segundo Norberto Bobbio, a finalidade é estabelecer uma divisão que é total, enquanto todos os entes aos quais atualmente e potencialmente a essa divisão se referem nela devem ter lugar, e hierarquicamente tende a fazer convergir na sua direção outras identidades ou dicotomias que se tornaram em relação a ela opositoras ou secundárias. Deste modo, fixa-se uma ideia, uma entidade ou um sujeito, como fundamento ou como central, determinando a partir desse lugar a posição do outro, o seu oposto subordinado([1]).

As dicotomias constituem um mundo bastante vasto, que observamos desde logo através dos vários termos que as exprimem ou que são seus sinónimos: dualidade, díade, binómio, par, polaridade, bicategorização, divisão, distinção, separação, oposição, entre tantos outros. Embora alguns destes termos, como *divisão*, sejam usados como sinónimo de dicotomia, isso não está correto, uma vez que é possível que uma divisão ocorra entre três ou mais elementos, e não apenas entre dois. O mesmo acontece, por exemplo, com o termo *distinção*, ou com o termo *oposição*, que podem ser não necessariamente apenas entre A e B, mas também entre A, B, C e entre C, D e E. O sentido de distinção ou de oposição existe do ponto de vista de duas identidades, em que A, B e C podem representar a identidade x, e C, D e E representar a identidade y. Portanto, existe uma dualidade de identidades, mas não uma dualidade de elementos intervenientes (em que tenha de existir um para um outro). Não se trata de um, mas sim de dois, três, quatro, ou mais.

No quotidiano usamos, quer de forma linguística, quer na nossa relação com o mundo concreto que nos rodeia, muitas dualidades: alto-baixo; grande-pequeno; doce-amargo; leve-pesado; húmido-seco; quente-frio; dentro-fora; centro-periferia; passado-futuro; tudo-nada; claro-escuro; forma-conteúdo; belo-feio; bem-mal; público-privado, etc. Os diversos ramos do Saber são também dominados por divisões dicotómicas, características dos seus objetos de estudo: na Ciência, ciências humanas/ciências exatas; no Direito, direito público/direito privado; na Economia, mercado/plano; na Antropologia, natureza/ /cultura; na Sociologia, sociedade/plano; na Arte, clássico/romântico; na Religião, sagrado/profano…

([1]) BOBBIO, Norberto, *Estado, Governo, Sociedade*: *para uma teoria geral da política*, Rio de Janeiro, Ed. Paz e Terra, pp. 13-14.

A Filosofia é uma das áreas mais dominadas por dualidades, que orientaram, ao longo da História, o seu trabalho de reflexão. A ênfase posta na dualidade surge desde logo em Platão, através da teoria dos dois mundos, o inteligível e o sensível, a distinção entre essência e aparência, original e cópia, o mundo suprassensível, imutável, lugar do verdadeiro, da pureza da ideia, das essências e do modelo, e o mundo sensível, mutante, de cópias e aparências. Esta divisão marcou a história do pensamento, nomeadamente através da dualidade idealismo-materialismo. Na Filosofia marcada por maiores dualismos, ou seja, pela cerrada oposição entre conceitos e identidades, Descartes é um dos melhores exemplos, com a sua divisão entre *res cogitans* e *res extensa*.

O dualismo explica a realidade através da existência de dois princípios, ou seja, por duas substâncias irredutíveis entre si, que não se misturam: uno-múltiplo; finito-infinito; liberdade-necessidade; ser-aparência; razão-paixão; tempo-eternidade; eu-outro; Natureza-Cultura; objetivo-subjetivo; causa-efeito, etc. Alguns destes dualismos deram origem a outros importantes na História da Filosofia: idealismo platónico-realismo aristotélico; nominalismo-realismo medievais; filosofia analítica-filosofia continental, por exemplo, ou ainda posicionamentos opostos sobre filósofos (como a esquerda e a direita hegeliana). A Política tem tido também as suas clássicas dicotomias: Liberalismo--Marxismo; Capitalismo-Socialismo; Democracia-Autoritarismo; Progressismo-Conservadorismo; Revolucionarismo-Reacionarismo; esquerda-direita etc.

Atribuímos valores aos objetos e aos ideais, sendo os valores dotados de polaridade e, por conseguinte, de bipolaridade. Assim, os valores surgem sempre aos pares: à beleza contrapõe-se a fealdade, ao sagrado o profano, ao útil o inútil, ao doce o amargo, valores esses que podem ser aplicados a diferentes campos do real, consoante o ponto de vista do observador (assim, por exemplo, determinada conceção política, quer de esquerda, quer de direita, tanto pode ser considerada positiva como negativa). A polaridade torna-se, por isso, num maniqueísmo, classificando o mundo entre o bem e o mal, entre o positivo e o negativo, e essa classificação, sendo uma valorização de um dos polos em detrimento do outro, torna-se numa valorização («isto» tem valor e «aquilo» não tem), o que muitas vezes não é mais do que uma opinião ou uma crença, que contribuem para a ambiguidade das dicotomias.

A ambiguidade das dicotomias

Na comunicação quotidiana, no uso que fazemos da linguagem, nos conceitos que empregamos e nas posições que tomamos, tendemos a encarar a realidade de forma dicotómica, com uma diferenciação separadora e opositora, por vezes de forma radical. Todavia, nem sempre o que é diferente é opositor e nem sempre o que é diferente é radicalmente diferente. As diferenciações são relativas e ambíguas, pois as supostas identidades diferenciadoras podem conter pontos de convergência entre si, entrecruzamentos e versatilidades. As dualidades são convencionais, assim como as definições temporais sobre o início e o fim de algo (por exemplo, o início e o fim do Império Romano).

Para a difusão e a repercussão de uma mensagem, os elementos básicos são um emissor e um recetor, mas para uma completa e mais ampla repercussão há que sair da dualidade (A-B). Sai-se da dualidade a partir do momento em que o sujeito ativo (A) pode tornar-se passivo (B) e o sujeito passivo (B) pode tornar-se ativo (A), em que A passa a ser B e B passa a ser A, havendo, portanto, aqui outra forma de repercussão. No entanto, continuamos a ter apenas dois sujeitos, e a dualidade continua fechada sobre si própria, do ponto de vista dos intervenientes e dos seus papéis (masculino-feminino, marido-esposa, público-privado, esquerda política-direita política etc.). No entanto, pode existir uma terceira possibilidade, para além dos posicionamentos meramente dualistas: por exemplo, do ponto de vista moral significa o meio-termo entre ser muito condescendente e ser muito exigente, uma posição que do ponto de vista político significa o chamado *centro*. Por outro lado, entendendo-se como difusão o ato de propagar, a consequência de algo, a própria dualidade necessita de sair de si, de se disseminar, como quando um homem e uma mulher geram um novo ser.

O terceiro elemento que se repercute a partir do par originário não é totalmente convergente nem totalmente divergente: converge, na medida em que brotou de algo que é parte dele, e diverge na medida em que se constitui como um outro elemento, diferenciado, mas não totalmente, dado que é portador dos traços da sua origem, embora com outra identidade. O conceito de *repercussão* está associado ao dar, ao receber e ao retribuir. Temos, assim, um terceiro elemento para além do par dar-receber: retribuir. A retribuição pode ser negativa (uma reação de desacordo, de desagrado, como atitude defensiva) ou positiva (agradecer). Quer no sentido positivo quer no negativo, temos um terceiro elemento face ao mero dar e receber, formando-se, uma trilogia.

Na Filosofia a problemática das dicotomias constitui um dos maiores desafios, conforme já referimos, originando polémicos debates ao longo da História. Por exemplo, para René Descartes, Deus e Natureza são diferentes, assim como pensamento e extensão. Todavia, em autores como Baruch Espinosa, Deus e Natureza são o mesmo, tudo se reduzindo a uma espécie de espiritualização, que alguns denominam como panteísmo. No reverso da medalha temos a posição de Karl Marx, que também critica a dualidade corpo-espírito, tudo reduzindo ao materialismo. No nosso tempo temos autores como António Damásio, que critica a teoria da dualidade corpo-mente, defendida por Descartes, mostrando cientificamente, do ponto de vista neurológico e anatómico, a forma como funciona a mente humana. Conforme explica Damásio, o erro de Descartes consiste no facto de não considerar que o cérebro humano não foi criado fora do corpo, mas também a partir e junto dele[2].

---

[2] DAMÁSIO, António, *O Erro de Descartes – Emoção, Razão e o Cérebro Humano*, Lisboa, Ed. Europa-América, 1995.

A dicotomia corpo-mente, assim como a dicotomia público-privado, está relacionada com a dicotomia exterior-interior, que por seu turno se relaciona com outras dicotomias, que não devem, no entanto, ser encaradas como opostas em sentido absoluto. Por exemplo, na dicotomia infinito-finito não se pode compreender o infinito sem contar com números finitos; por outro lado, cada número finito pode também ser dividido até ao infinito. Na dicotomia uno-múltiplo, tudo é simultaneamente uma e várias coisas, como a nossa identidade pessoal, pois somos simultaneamente uma pessoa, com a nossa identidade própria, e como que várias pessoas, com muitos eus dentro de nós, com variações de carácter, no tempo e no espaço, com opções políticas, por exemplo, e aquilo em que acreditamos e deixamos de acreditar, ao longo da vida. Na dicotomia causa-efeito, um efeito não é apenas um efeito, pois pode também tornar-se numa causa; a primeira causa tem um efeito que, por seu turno, se torna na causa de outro efeito, e assim sucessivamente, tal como sucede com a distinção entre fora e dentro, dado que o que está dentro de algo é ou pode ser o que está fora em relação a uma outra coisa que está dentro.

Também do ponto de vista social as dicotomias não podem ser vistas como algo absoluto, sobretudo devido às vicissitudes culturais pelas quais têm passado no nosso tempo os conceitos e as realidades que estavam divididas tradicionalmente em dicotomias. O homem da sociedade moderna pensava ter uma identidade bem definida do ponto de social, cultural, e psicológico, mas as mudanças na sociedade de hoje têm posto em causa as diversas identidades enquanto algo absoluto e adquirido (identidades tais como a etnia, a nacionalidade, a cultura, a classe, o género, a sexualidade etc.), que dantes eram consideradas como definições sólidas, onde o sujeito se encaixava socialmente, culturalmente, e psicologicamente, mas que no mundo de hoje se encontram com fronteiras menos definidas, provocando no ser humano a chamada *crise de identidade*.

Uma das identidades mais relevantes é a do género (masculino--feminino). A separação entre público e privado afastou historicamente homens e mulheres, delimitando-lhes espaços e funções sociais. Enquanto as qualidades atribuídas ao privado permaneceram associadas ao feminino e às suas propriedades maternais e afetivas, a esfera pública – da produção industrial e da cidadania política – ficou ligada ao masculino, reproduzindo-lhe a supremacia e o lugar de chefe de família. O espaço público era reservado ao homem, através do trabalho remunerado para atender às necessidades da família, e o espaço privado era reservado à mulher, espaço este destinado ao trabalho doméstico e para atender às necessidades afetivas.

Ora, as modificações nos papéis sexuais no nosso tempo vieram pôr em causa os comportamentos e os valores sexuais de antigamente, assim como a natureza das identidades masculina e feminina. Certos autores, como Elisabeth Badinter, na sua análise da evolução dos papéis sexuais masculinos e femininos, descrevem a forma como as fronteiras naturais entre homem e mulher se têm vindo a desvanecer, conduzindo atualmente a uma redefinição das fronteiras entre masculino e feminino. Segundo a autora, a construção da identidade sexual ultrapassa em muito o fator genético, pois nessa identidade entram também em jogo fatores psicológicos, sociais e culturais, que desmascaram as características tradicionalmente associadas a cada um dos polos da dicotomia masculino-feminino, e que estão relacionadas com a dicotomia público-privado[3]. A inclusão da mulher no mercado de trabalho, fora do lar, e a sua luta pelos direitos de cidadania desafiaram os limites impostos tradicionalmente pela sociedade. Por outro lado, o surgimento de casais do mesmo sexo contribuiu também para fazer cair os dualismos sexuais tradicionais e as diferenciações quanto aos papéis estereotipados dos membros de um casal, em que ao homem estava reservado o espaço público e à mulher o espaço privado.

Os pensadores pós-modernos criticam também o posicionamento dicotómico que têm dominado a metafísica e o humanismo

---

(3) BADINTER, Elisabeth, *XY A Identidade Masculina*, Lisboa, Ed. Asa, 1993. Ver também: BUTLER, Judith, *Problemas de Género*, Lisboa, Ed. Orfeu Negro, 2017.

ocidentais, como as oposições entre *verdadeiro-falso, corpo-espírito, sociedade-indivíduo, liberdade-determinismo, presença-ausência, dominação-submissão, masculino-feminino*. As reflexões surgidas por volta dos anos 90, apoiadas fortemente na teoria pós-estruturalista francesa e na desconstrução como método de crítica literária e social, ampliaram a problematização dos conceitos clássicas de *sujeito* e *identidade*, entre outros. Esses conceitos rígidos do pensamento ocidental tradicional foram contestados no nosso tempo por alguns pensadores. Um desses pensadores, Jacques Derrida, ficou conhecido pelo seu trabalho em torno do conceito de *desconstrução*. Para Derrida, a Filosofia é fundamentalmente um trabalho sobre a linguagem, que visa desconstruir as categorias da tradição dominante da Filosofia ocidental, em particular as suas dualidades, tais como o *escrito* e o *falado*, o *inteligível* e o *sensível*, a *cultura* e a *Natureza*, a Filosofia (ligada ao *logos*) e o mito (*mythos*) ou o *masculino* e o *feminino*. Conforme escreve Derrida, «desconstruir a oposição é antes de mais, num dado momento, destruir a hierarquia»([4]). Depois, sem se contentar com esse derrube ao querer retotalizar as coisas à sua volta, há que abrir-se, pelo contrário, sobre a diversidade, atitude essa a que este pensador chama a disseminação, entendida como «uma multiplicidade irredutível e generativa»([5]).

Também Ludwig Wittgenstein fez no nosso tempo uma crítica do substancialismo, ou seja, «a procura de uma substância que corresponda a um substantivo»([6]). Segundo este autor, quando se dispõe de um substantivo (*política, cidade, Estado, cidadão, democracia, justiça* etc.), tem-se imediatamente a tendência para crer que por detrás desse substantivo existe uma substância comum ao conjunto das realidades que ele é suscetível de designar. Quando Wittgenstein conduz o inquérito sobre a palavra *jogo*, nota que «todos os jogos (…) agrupam

---

([4]) DERRIDA, Jacques, *Positions*, Paris, Ed. Minuit, 1972, p. 57.

([5]) *Idem*, p. 62.

([6]) WITTGENSTEIN, Ludwig, *Le Cahier bleu et le Cahier brun*, Paris, Ed. Gallimard, 1965, p. 51.

como uma família cujos membros têm um ar de parecença. Uns têm o mesmo nariz, outros as mesmas sobrancelhas, outros ainda a mesma forma de andar, e estas parecenças enredam-se umas nas outras»([7]). As nossas utilizações comuns da linguagem, associadas àquilo a que Wittgenstein chama «o nosso constante desejo de generalização»([8]), ou o «desprezo pelos casos particulares»([9]), conduz o pensamento a «confusões e enganos»([10]), na maneira de pôr os problemas, através de generalizações precipitadas. Perante o substantivismo, que constitui um pensamento do *Mesmo* contra o *Outro* e do *Um* contra o *Múltiplo*, Witttgenstein sugere que se saia de um tal jogo de oposições. Daí a sua noção de *dobradiça* (como a de uma porta), que coloca em evidência por que razão qualquer discurso supõe o não interrogado simplesmente para poder ser enunciado: «as questões que pomos e as nossas dúvidas assentam nisto: algumas proposições são subtraídas à dúvida, como dobradiças em torno das quais rodam essas questões e dúvidas. (…) Se quero que a porta rode, é preciso que as dobradiças estejam fixas.»([11]) Essas dobradiças não são universais ou absolutas, pois variam conforme os momentos, os contextos e aquilo a que Wittgenstein chama os *jogos de linguagem*. Por exemplo, poderíamos falar de um jogo de linguagem do político, de um jogo de linguagem do sociólogo, de um jogo de linguagem do ecologista, de um jogo de linguagem do sindicalista etc. Segundo Wittgenstein, não estamos a lidar com fundamentos absolutos e universais, mas sim com uma diversidade de dobradiças, como se houvesse fundamentos, mas sem certeza absoluta, e, portanto, sem fundamento.

Conforme sublinha também o filósofo francês Jean-François Lyotard, aquilo a que chama *condição pós-moderna* caracteriza-se pelo fim das *metanarrativas*. Os grandes esquemas explicativos caíram em

---

([7]) *Idem*, p. 68.

([8]) *Idem, ibidem.*

([9]) *Idem*, p. 70.

([10]) *Idem*, p. 68.

([11]) *Idem, De la certitude*, Paris, Ed. Gallimard, 1976, p. 89.

DA PRIVACIDADE

descrédito e não há mais *garantias*, dado que já nem a Ciência pode ser considerada como fonte da verdade. Lyotard afirma que as filosofias modernas legitimavam as suas pretensões à verdade não sobre bases lógicas ou empíricas (como elas pretendiam), mas antes sobre histórias aceites (ou *metanarrativas*) a propósito do conhecimento e do mundo. Afirma igualmente que, na condição pós-moderna, estas *metanarrativas* já não permitem legitimar estas pretensões à verdade e que, na sequência do desmoronamento das metanarrativas modernas, os homens desenvolvem um novo jogo de linguagem, um jogo que não reivindica a verdade absoluta, mas que glorifica antes um mundo de relações perpetuamente variáveis (relações entre as pessoas, assim como entre as pessoas e o mundo)[12].

Finalmente, nesta breve contextualização, é importante destacar também a teoria sobre o *fim das ideologias*, surgida nos anos 60 do século XX, a partir dos escritos de Daniell Bell e de Seymour Lipset, segundo a qual as grandes ideologias, mobilizadoras de massas no mundo contemporâneo, esgotaram a sua utilidade funcional em meados do século XX, com o surgimento da sociedade e do Estado do bem--estar. Pacificadas as lutas anteriores, porque perdida a razão de ser dos dualismos e dos antagonismos, o conflito, que fora tradicionalmente assumido pela sociedade como motor da mudança, ter-se-ia visto relegado em favor do consenso. A teoria, a ideologia, e todo o discurso de valores, deu lugar ao empírico e ao pragmático[13]. Mais recentemente, um outro autor, Fukuyama, retomou a tese do fim das ideologias, através daquilo que considera ser o *fim da História*, que situa no estado atual do mundo ocidental, que teria como que cumprido o seu destino, ao fixar-se na economia de mercado e na democracia política[14].

---

[12] LYOTARD, Jean-François, *Le Différend*, Paris, Ed. Minuit, 1984, p. 5.

[13] BELL, Daniel, *O Crepúsculo das Ideologias*, Lisboa, Ed. Ulisseia, 1973; Seymour LIPSET, *Political Man: the social bases of politics,* London, Ed. Heinemann, 1959.

[14] FUKUYAMA, Francis, *O Fim da História e o Último Homem*, Rio de Janeiro, Ed. Rocco, 1992.

A DICOTOMIA PÚBLICO-PRIVADO

Estas teorias têm importantes aplicações no âmbito político, como se pode ver através da tese de outro autor, Giddens, sobre a despolitização, a desideologização da política, e aquilo que considera ser uma superação da dicotomia política esquerda-direita[15]. Nos últimos tempos têm surgido algumas convergências e atitudes comuns entre certas famílias políticas de esquerda e de direita, apesar das suas posições parecerem afastadas à primeira vista. Atualmente existe uma tendência crescente para um entrecruzamento das ideias defendidas pela esquerda e pela direita, e têm surgido novos temas que são defendidos por ambas, por isso por vezes torna-se difícil a distinção entre esquerda e direita em relação a determinadas matérias (na segurança, no nacionalismo, no significado atribuído aos conceitos de *liberdade* e de *igualdade*, nas questões morais etc.). Há matérias que eram defendidas tradicional-mente pela direita (por exemplo, o nacionalismo) que passaram a ser também defendidas pela esquerda. Há matérias que eram defendidas tradicionalmente pela esquerda (por exemplo, as questões ambien-tais) que passaram a ser também defendidas pela direita. Por outro lado, houve sempre várias esquerdas e várias direitas, cuja redução a um ideal-tipo unitário se revelou geralmente impossível. Há ainda a salientar o facto de haver muitos indivíduos que não se consideram nem de esquerda nem de direita, mas sim de centro. Finalmente, o que se entende por *esquerda* e *direita* varia conforme as épocas e os países, o que torna ambígua a distinção na dicotomia *esquerda-direita*, assim como a distinção que existe numa outra dicotomia que lhe está especialmente associada: a dicotomia *público-privado*, da qual nos ocuparemos no capítulo seguinte.

---

[15] GIDDENS, Anthony, *Para Além da Esquerda e da Direita*, Oeiras, Ed. Celta, 1997.

A diversidade das aplicações
dos conceitos de público e privado

Vejamos a diversidade dos significados do conceito de *público* e a relação entre eles, assim como a diversidade dos significados do conceito de *privado* e a relação entre eles, pois ambos os conceitos são de amplo alcance e incluem muitos outros. Tanto o conceito de *público* como o de *privado* aplicam-se a diversas situações, sociais, culturais, políticas, jurídicas, assim como individuais. Temos, por exemplo, o conceito de *espaço público*, que é empregue na Filosofia política, e na Filosofia da comunicação, entendido como meio de interação entre os cidadãos no processo de circulação e tomada de decisão política. Não se trata de espaço no sentido próprio do termo, mas no sentido metafórico: a reunião da comunidade dos cidadãos, que entre si confrontam os seus pontos de vista e debatem o bem comum, num lugar que pode ser virtual (Internet). O conceito de *espaço público* é também empregue no âmbito urbanístico, em referência às ruas, avenidas, praças, rotundas etc.

É impossível o conceito de *público* estar totalmente reunido em todas estas aceções, pois cada uma tem um significado diferente, assim como o conceito de *privado*. Por outro lado, também é impossível algo ser totalmente público ou ser totalmente privado. Uma coisa totalmente pública, em todas as aceções, seria assim: ser de todos, para todos, ser usado por todos, estar à vista de todos, todos saberem que existe e poder estar sob o controlo de todos. Uma coisa totalmente privada seria o seguinte: ser apenas de uma pessoa, ser para ela, ter vindo apenas dela, ser usada apenas por ela, não haver controlo exterior sobre o seu uso, não estar à vista de ninguém e apenas essa pessoa saber que existe. Ora, essa totalidade é impossível, público ou privado, tanto um como outro são sempre fracionados, limitados. Nada pode ser totalmente público, assim como nada pode ser totalmente privado. O ser humano é insondável, incluindo para si próprio, e mesmo que queira tudo expor sobre si (sobre a sua vida, sobre os seus sentimentos etc.), nem ele próprio o consegue fazer, nem os outros conseguirão que tudo se possa exteriorizar de um indivíduo. Por outro lado, também é impossível cada indivíduo fechar-se numa total privacidade sobre si próprio, pois é impossível que nada diga sobre si mesmo, apesar de permanecer em silêncio: através da comunicação não verbal involuntária (gestos, expressões do rosto), o indivíduo acaba por revelar algo sobre si, e por vezes algo que pertence à esfera da sua privacidade.

Mas até mesmo sozinho o ser humano transporta consigo algo que não é apenas dele, logo, é privado apenas por não estar à vista dos outros. Conforme afirma Hannah Arendt, «nenhuma vida humana, nem mesmo a vida do eremita no meio da Natureza selvagem, é possível sem um mundo que direta ou indiretamente testemunhe a presença de outros seres humanos»[16]. Por outro lado, nenhum espaço é totalmente privado no sentido de ficar completamente, sob todos os pontos de vista, em relação a todos os outros indivíduos, em todos os momentos, e para todo o sempre, fora do alcance da autoridade pública, ou fora do olhar público, ou do uso público. Não há um carácter substancial do espaço privado que o faça ser intrinsecamente privado, e apenas privado, pois contém sempre possibilidades da sua negação, pois pode, por exemplo, ter sido público outrora, ou poderá vir a sê-lo, e mesmo atualmente, em situações excecionais, como uma emergência devido a cataclismos da Natureza, ou do clima, poderá ser utilizado pelo público.

As aplicações do conceito de *público* podem acontecer no sentido material do termo (referindo-se a algo visível e palpável), enquanto outras podem acontecer no sentido abstrato, ou em inter-relação entre o material e o abstrato (por exemplo, no conceito de *educação pública*, incluindo-se aqui o conceito de *educação* e os respetivos edifícios, nomeadamente as escolas). Eis alguns tipos mais frequentes da aplicação do conceito de *público:* escola pública; saúde pública;

---

[16] ARENDT, Hannah, *A Condição Humana*, Lisboa, Ed. Relógio d'Água, 2001, p. 31.

DA PRIVACIDADE

arte pública; obras públicas; biblioteca pública; transporte público; opinião pública; administração pública; políticas públicas; finanças públicas; função pública; radiodifusão pública; segurança pública; ética pública; relações públicas; concurso público; ordem pública; empresa pública; oferta pública de aquisição; direito público... Assim, uma biblioteca pública tem um sentido material, pois trata-se de um edifício, enquanto a opinião pública tem um sentido abstrato e mais abrangente. O conceito de *público* pode ou não ter relação com os outros conceitos entre si, ao ser empregue com esses diferentes significados. No caso da biblioteca pública e da opinião pública, existem inter-relações, pois por um lado as bibliotecas ajudam a formar a opinião pública e por outro lado a opinião pública, enquanto livre expressão de ideias, origina as bibliotecas, ou seja, os livros que estas contêm. Há mais situações em que a aplicação do conceito de *público* se mistura, nomeadamente em casos que dantes nada tinham a ver uns com os outros, mas que hoje se podem associar, como em *transporte público* e *arte pública*, pois pode-se fazer arte pública, nomeadamente pinturas, em transportes públicos, nas paredes exteriores de alguns comboios, ou até mesmo obras de arte que se encontram nas estações do metropolitano.

Noutros casos, o emprego do conceito de *público* pode ou não ter a ver um com o outro, nomeadamente quando se emprega o conceito de *público* como sinónimo do conceito de *estatal*. A partir do século XVIII, a afirmação da sociedade civil perante o domínio estatal é designada como *esfera pública*, portanto, embora aquilo que é do domínio do Estado seja designado com o conceito de *público*, a própria contraposição ao Estado é também, ela própria, designada com o conceito de *público*, como sucede neste caso em autores como Habermas. Segundo este autor, o espaço público teve origem na Europa ocidental dos séculos XVII e XVIII, quando a burguesia começou a utilizar o espaço público para questionar o monopólio estatal da coisa pública e o arbitrário do poder do Estado, fazendo então as pessoas o uso público da sua razão. No espaço público (salões, clubes literários, associações culturais), as pessoas podiam discutir, avaliar e analisar as suas ideias, contrapondo-se ao poder público no sentido de poder estatal, desenvolvendo-se sucessivamente a diferença entre Estado e sociedade civil. Por conseguinte, além destes conceitos de público não terem a ver um com o outro, tornam-se até mesmo antagónicos[17].

Existem também diferentes aplicações do conceito de *privado*: a propriedade privada, as leis económicas do mercado, o uso apenas privado de um determinado bem, o acesso restrito a uma determinada coisa, o controlo de informações pessoais, o mostrar algo apenas a uma determinada pessoa, a consciência pessoal, etc. Associando o conceito de *privado* a outros conceitos, temos, por exemplo: zona privada, uso privado, acesso privado, reunião privada, vida privada, comunicação privada etc. O conceito de *privado* pode significar a titularidade particular, não estatal, resultando daí os conceitos de *setor privado, propriedade privada, empresa privada, televisão privada* ou *universidade privada*. Alguns destes conceitos têm a ver com a conceção espacial de *privacidade*, mas esta conceção não é sinónimo de propriedade privada, pois pode ser a casa onde uma pessoa habita como arrendatária, mesmo que essa casa não seja sua propriedade, dentro da qual mantém, no entanto, a sua privacidade.

Portanto, o conceito de *privado* pode ou não estar ligado ao conceito de *privacidade* (este no sentido de *direito à privacidade*). Mas o próprio conceito de *privacidade* tem também diversos significados: ser deixado só, ser deixado em paz, consciência pessoal, convicções políticas e crenças religiosas, tomar decisões pessoais, controlo da informação pessoal pela própria pessoa a quem essa informação diz respeito, inacessibilidade, excluir terceiros da informação pessoal, intimidade etc. Alguns destes significados não têm nada a ver uns com os outros. Por exemplo, o facto de uma pessoa não revelar determinada coisa não significa que isso que ela não revela sejam as suas

---

[17] Ver a este propósito Jürgen HABERMAS, *A Transformação Estrutural da Esfera Pública*, Lisboa, Ed. Fundação Calouste Gulbenkian, 2013.

DA PRIVACIDADE

convicções políticas ou as suas crenças religiosas, etc., pois pode, por exemplo, ser um assalto que essa pessoa viu acontecer.

A privacidade pode também não ter nada a ver com a dimensão espacial (o lar, o escritório…). Pode muito bem ser a privacidade da consciência pessoal de cada indivíduo (as suas convicções religiosas, políticas e morais) e a sua atitude em não falar sobre esses assuntos, e para isso não é preciso o indivíduo retirar-se em casa, podendo, mesmo na rua, continuar a ter a sua privacidade. Mas, atendendo à aceção do conceito de *privacidade* entendido como o facto de ser deixado só, até mesmo em casa a pessoa pode não ter privacidade, pois se alguém escutar uma conversa telefónica, não interfere no facto de a pessoa estar só, mas interfere na sua privacidade. Também um prisioneiro, apesar de estar sozinho na cela, pode não ter privacidade, pois pode estar a ser vigiado através de câmaras . Por outro lado, perder a privacidade no sentido espacial deste conceito não impede outros usos. Um criminoso vigiado constantemente é afetado na sua privacidade, mas isso não significa que não possa tomar determinadas decisões pessoais, e fazer, assim, uso do seu direito à privacidade (rezar, escrever…). No que diz respeito ao controlo da informação pessoal, imaginemos um homem deixado só numa ilha deserta: perde o controlo do cadastro com os seus dados pessoais, mas não perde a sua privacidade.

Em relação aos conteúdos, também não basta falar em privacidade, há que saber a que privacidade nos referimos, pois estes são diversos: a privacidade social (a experiência de ter amigos), a privacidade familiar (os laços e convívio na família, de sangue ou adotada), a privacidade sexual (a experiência de partilhar o contacto físico), a privacidade financeira (as contas bancárias), a privacidade intelectual (ideias e conceções sobre o mundo e a vida), a privacidade religiosa (a crença ou não num Deus), a privacidade política (as convicções partidárias), a privacidade clínica (os dados sobre o estado de saúde), a privacidade lúdica (os tempos livres) etc. Além disso, ao referirmo-nos ao conceito de *privado*, o grau de privacidade pode variar, pois pode tratar-se de uma privacidade mais profunda (a intimidade). Finalmente, aquilo que para algumas pessoas pode ser considerado apenas como privado, mas não íntimo, para outras pessoas pode ser considerado como íntimo, e não apenas privado.

Pode-se usar determinado conceito como substantivo ou como adjetivo. No caso do conceito de *público*, enquanto substantivo pode significar o público em geral, seja ele qual for (por exemplo, quando sobre uma determinada coisa se afirma: *É proibido ao público*), ou pode significar um determinado conjunto de pessoas que assiste a um espetáculo (por exemplo, quando se afirma: *O público aplaudiu de pé*), ou pode ainda significar o que se torna conhecido do grande público (por exemplo, um grande incêndio, cuja informação se tornou pública através dos órgãos de comunicação social), embora possa não ter chegado ao conhecimento de todos. Pode também aplicar-se o conceito de *público* como adjetivo, significando o que pertence a todos (por exemplo, *empresa pública*), o que se realiza diante de todos ou de um determinado número de pessoas no espaço público (por exemplo, *execução pública*), ou o que é usado por todos (por exemplo, *transporte público*).

Pode aplicar-se o conceito de *público* como forma de atribuição de um valor àquilo de que se fala. Isso significa que pode empregar-se o conceito de *público*, assim como o de *privado*, fazendo um juízo de facto ou um juízo de valor. Os juízos de facto são juízos que dizem respeito à realidade, limitam-se a exprimir e a descrever determinado facto, resultam de uma constatação, são verificados empiricamente, são verdadeiros ou falsos consoante se ajustem ou não ao real, e portanto são alvo de consenso, como quando se afirma: «O rio Amazonas está situado na América do Sul.» Em contrapartida, os juízos de valor dizem respeito à qualidade das coisas e dos factos, ao apreço e ao valor que se lhes atribui, não são verdadeiros nem falsos, mas positivos ou negativos, não são verificados empiricamente e não obtêm facilmente um consenso, como quando se afirma: «A pintura de Picasso é bela.»

No entanto, nem sempre é fácil separar juízo de facto de juízo de valor, ou seja, nem sempre é fácil distinguir entre o uso descritivo e o

DA PRIVACIDADE

uso valorativo, pois quando se profere um juízo, este tanto pode servir para designar a espécie, a classe ou a categoria de realidades a que algo pertence, fazendo com esse juízo um uso descritivo, como para atribuir valor ou mérito a um objeto ou a uma determinada situação, fazendo com esse juízo um uso valorativo. No caso do conceito de *público*, pode estar a fazer-se um uso descritivo do termo *público* ou um uso valorativo. Por outro lado, os usos descritivo e valorativo, por vezes, podem-se juntar. Por exemplo, no conceito de *arte* pode existir um uso descritivo deste conceito, significando um artefacto produzido por alguém, e um uso valorativo, significando uma coisa com uma qualidade especial (artística), atribuindo-se a essa coisa um valor. Associando-lhe o conceito *de público*, temos o conceito de *arte pública*, através do qual podemos estar-nos a referir à arte colocada no espaço público (numa praça ou numa rua, por exemplo), atendendo simplesmente a isso enquanto facto, e podemos simultaneamente pretender afirmar que isso é uma coisa boa (o facto de se encontrar no espaço público, acessível a todos e para todos). Há uma inter-relação entre estes juízos, e pode suceder, por vezes, uma mistura entre estes, pois se falamos em arte pública afirmando que é a arte que se encontra colocada no espaço público, se aquilo que se encontra no espaço público é aquilo que é para todos, e se isto for considerado como positivo, pode então fazer-se simultaneamente um juízo de facto e um juízo de valor.

Porém, no que diz respeito ao conceito de *público*, que pode significar o que se realiza e se expõe publicamente, nem tudo o que se realiza e se expõe publicamente, ou que se torna conhecido por todos, é pertença de todos, pelo menos de forma igual, logo, determinada coisa que é conhecida por todos e se torna pública não é algo público no sentido de pertença patrimonial material, isto é, não é propriedade pública. O património de alguém, os seus bens pessoais, como uma vasta coleção de obras de arte, pode ser algo público no sentido em que é mostrado ao público (pode estar visível numa casa que todos podem visitar, numa casa-museu ou numa fundação), mas é público apenas por estar aberto ao público, para todos visitarem e por todos poderem saber da sua existência. É público apenas nessa medida, pois quanto à propriedade é privado (pertence ao colecionador das obras de arte ou à sua família).

Aquilo que é património público, o que pertence a todos (um determinado edifício estatal ou um monumento), pode não ser público no sentido de todos saberem da sua existência ou de todos o terem visitado. Por outro lado, um edifício pode ser privado no que diz respeito à limitação do acesso, e até nem ser conhecido o seu interior, apesar de ser um edifício público (do ponto de vista estatal). Finalmente, pode também aplicar-se o conceito de *público* àquilo que é ou pode ser usado por todos. Todavia, aquilo que é ou pode ser usado por todos (um restaurante, um centro comercial...) não significa que é de todos no sentido patrimonial, dado que é propriedade privada. Mas muitas vezes aquilo que é propriedade de todos não chega ao usufruto de todos ou não é usado por todos, além de nem sequer ser conhecido pelo grande público. Existem, assim, diferenças entre a propriedade, o uso e a publicitação, nos quais se emprega o conceito de *público*, mas com diferentes significados, e nos quais cada um dos significados pode não incluir o outro.

A dificuldade de distinção entre *público* e *privado*

No capítulo anterior vimos as disparidades e as ambiguidades do significado de *público* e de *privado* em relação a outros significados de cada um destes dois conceitos (o público x, o público y; o privado x, o privado y...), em que cada um desses conceitos se pode aplicar a coisas muito diferentes. Vejamos agora as disparidades e as ambiguidades desses conceitos não em relação a si mesmos individualmente, mas em relação ao par de cada um deles na dicotomia público-privado.

Com efeito, a dicotomia público-privado é também aplicada com significados diferentes. Conforme sublinha Weintraub, existem pelo

DA PRIVACIDADE

menos quatro significados([18]). O primeiro tem como origem o modelo da economia liberal, que associa a divisão público-privado à distinção entre Estado e mercado. Apresentada por autores como John Locke ou Adam Smith, a dicotomia público-privado constituiu, desde o início, uma termo-chave do Liberalismo, traduzindo a necessidade de regular as relações entre Estado, economia e população. Um segundo significado clássico é o que encontramos em autores como Tocqueville, Arendt ou Habermas, que concebem um modelo de esfera pública como sociedade civil distinta tanto do Estado como do mercado, mas essencial para a criação de uma comunidade ativa de cidadãos capazes de sustentar uma sociedade democrática. Por oposição ao espaço da *pólis*, onde se estabelece a igualdade entre cidadãos, o privado restringe-se ao universo doméstico, distinção já presente em Aristóteles, que distinguia a esfera privada (*oikos*) da esfera pública (*pólis*)([19]). Um terceiro significado, presente em autores como Ariès, Shorter, Jacobs, Elias ou Sennet, emerge da definição de público não apenas como político, mas como espaço de sociabilidade oposto à clausura do doméstico e da família. Finalmente, o quarto significado, vindo do feminismo, ou dos vários feminismos na Inglaterra e nos EUA dos finais do século XIX, tende a associar o privado à família e o público à ordem política e económica, procurando demonstrar a conexão entre uma ordem de género desigual e a construção moderna da dicotomia artificialmente criada entre público e privado.

Porém, analisamos aqui a dicotomia público-privado não através de uma análise dessas desigualdades, nem de outros problemas de ordem económica e social, a que a mesma esteve ligada historicamente, nem através de nenhum dos significados dessas dicotomias em específico. O nosso objetivo aqui é analisar a dicotomia público-privado de um ponto de vista mais geral, analisando-a como condição de possibilidade dos usos desta dicotomia. O nosso objetivo é fazermos

---

([18]) WEINTRAUB, Jeff, *Public and Private in Thought and Practice*, Chicago, Ed. University of Chicago Press, 1997, p. 4.

([19]) ARISTÓTELES, *Politique*, I, 2, Paris, Ed. Les Belles Lettres, 2003, p. 30.

A DICOTOMIA PÚBLICO-PRIVADO

uma abordagem conceptual, sublinhando as dificuldades que essa dicotomia em si mesma apresenta, do ponto de vista semântico, que nos impedem de saber do que realmente estamos a falar, e que nos conduzem ao carácter não absoluto da dicotomia.

A distinção entre público e privado não depende da natureza intrínseca dos seus conteúdos. Isto significa que público e privado não são fundamentados ontologicamente, mas que são relacionais. Para se perceber melhor, pode-se fazer uma analogia entre os conceitos de *público* e *privado* e as camadas de uma cebola: assim como uma camada que está do lado de fora de outra estará também dentro de uma outra, aquilo que é público em relação a uma esfera da vida privada, pode também ser privado em relação a uma outra esfera, que é pública, e assim sucessivamente. Podem-se considerar como privadas todas as atividades que não afetam senão aqueles a quem elas dizem respeito. Todavia, as consequências dos atos de cada indivíduo são, em parte, imprevisíveis, por isso é impossível determinar *a priori* a natureza privada ou pública dos seus atos. Nada é privado nem público em si mesmo, mas sim de forma contextualizada, e segundo o significado de cada um destes conceitos. As mesmas coisas que em determinadas situações são privadas, noutras situações são públicas, e vice-versa.

Geralmente a profissão que se desempenha é um assunto público, e é costume uma pessoa apresentar-se publicamente a outras pessoas dizendo o nome, de que país ou região é originário, e a profissão. Mas a profissão, desempenhada pelo mesmo indivíduo, que abertamente fala dela, por exemplo, quando num evento social é apresentado a alguém, ou quando publicamente lhe perguntam o que é que faz na vida, em determinadas circunstâncias a profissão pode não ser revelada pelo próprio, que sobre isso deseja manter a sua privacidade. Não nos referimos aqui a profissões que poderão ser alvo de discriminação, antes pelo contrário: referimo-nos a profissões que são geralmente bem reputadas ou nas quais o indivíduo exerce determinada responsabilidade moral. Não estamos a falar do facto de haver uma determinada profissão que é de âmbito público (como ser professor) e de outra que é de âmbito privado (como trabalhar numa casa de *striptease*), mas sim do facto de o mesmo indivíduo, que exerce a mesma profissão, em determinadas circunstâncias essa mesma profissão ser algo público e em outras circunstâncias ser algo privado. Por exemplo, um indivíduo que esteja num programa de conversação na Internet, para encontrar um parceiro para um encontro sexual, ou se estiver numa casa de encontros de carácter sexual, geralmente esse indivíduo não revela a sua profissão (sobretudo quando se trata uma profissão de grande responsabilidade moral e social), nem o seu local de trabalho. Há advogados, professores, médicos que utilizam programas de conversação na Internet para efeitos amorosos e encontros sexuais, e aí a profissão passa a ser uma questão da privacidade, dado que a grande maioria deles não a revela. Portanto, aquilo que é público e aquilo que é privado, apesar de ser a mesma coisa, como no caso da profissão, depende do contexto.

Por exemplo, um casamento, por um lado é privado e por outro lado é público. Cada pessoa casa com quem quiser, quando quiser, onde quiser, convida quem quiser, não tem de revelar por que razão quer casar com aquela pessoa, não tem de revelar o que a levou ao casamento, não tem de revelar onde e como conheceu a pessoa com que se casa, mas o casamento em si próprio é um ato público, realizado perante o Notariado e testemunhas, e só assim pode ser reconhecido juridicamente.

Continuando com os diferentes significados dos conceitos de *público* e de *privado*, e a dificuldade da sua distinção, vejamos mais alguns exemplos. Uma galeria de arte é privada enquanto propriedade de alguém, mas é pública dado que todos podem lá entrar para ver as exposições de obras de arte. Se um indivíduo tiver ações de uma companhia petrolífera, isso é um assunto privado, mas se esse indivíduo for um membro do Governo, responsável pelos contratos lucrativos assinados com as companhias petrolíferas, essas ações tornam-se um assunto público. Se um indivíduo tiver sido um péssimo aluno, com muito más classificações, isso é um assunto privado, mas se ele se apresentar como candidato às eleições presidenciais, isso torna-se um assunto público. Se um ministro da Defesa mantiver um relacionamento extraconjugal, isso é um assunto da sua vida privada, mas se a pessoa com quem mantém esse relacionamento for um agente de um poder político hostil, trata-se um assunto de interesse público. Se o proprietário de uma casa pintar e decorar o seu interior de forma ridícula, isso é um assunto privado, mas se pintar e decorar a fachada com cores e figuras ridículas que arruínam a atmosfera tranquila da rua e destoam do conjunto urbanístico, os seus gostos estéticos, mesmo que sejam pintar e decorar a sua própria casa, deixam de ser um assunto privado e passam a dizer respeito ao espaço público. O mesmo ato pode ser público ou privado: se for publicada uma fotografia de um guarda prisional numa revista a pôr um prisioneiro atrás das grades, o atentado contra a privacidade não existe, dado que se trata da vida profissional do guarda, mas fotografar e mostrar o prisioneiro na revista é um atentado contra a vida privada deste, nomeadamente o seu direito à imagem.

O significado dos conceitos de *público* e de *privado* são diferentes conforme a cultura, o país, a comunidade, a época, e até conforme cada indivíduo em particular, variando, assim, a sua inter-relação e a sua oposição. Em certos povos ou culturas não existe mesmo o conceito de *privacidade*, como se pode verificar na língua chinesa ou na língua árabe, que não contêm qualquer palavra ou expressão equivalente a esse conceito[20], sendo importância da privacidade residual quando comparada com o Ocidente: por exemplo, nos povos cuja sociedade não está fora de controlo do poder político e onde o Estado não reconhece um espaço para as liberdades individuais, e em determinadas comunidades, povos e culturas de países distantes, como em África. Por exemplo, nas ilhas Samoa, do Pacífico, muitas casas não têm paredes, e a maioria das atividades da família dentro da casa podem

---

[20] Ver sobre isso: Fadwa EL GUINDI, *Veil. Modesty, Privacy and Resistance.* Oxford, Ed. Berg, 1999, p. 81.

ser vistas de fora, não existindo uma palavra que expresse o conceito de *privacidade*([21]).

Aquilo que se considera como *privado* e como *público*, assim como aquilo que se considera como invasão da privacidade, não é igual em todos os meios regionais, em todas as comunidades, em todas as categorias sociais, em todas as épocas, nem mesmo em todos os países. Por exemplo, em alguns países as pessoas não são obrigadas a terem documento de identificação, bilhete de identidade ou cartão de cidadão, pois considera-se que um documento que tenha como único fim a prova de identidade de uma pessoa é uma ingerência do Estado na privacidade dos seus cidadãos.

Existe uma variedade de significados e de vivências de privado e de público, porque embora os conteúdos e as regras variem culturalmente, não cessam de evoluir historicamente. Há determinados assuntos que dantes pertenciam exclusivamente à esfera privada e que hoje dizem também respeito à esfera pública. Por exemplo, a sexualidade foi desde sempre considerada preservada do olhar público, sendo um assunto exclusivo do âmbito privado. Ora, com outros fatores, a luta contra o vírus da SIDA fez incorporar no espaço público e na própria agenda política a discussão sobre a sexualidade, que dantes não se discutia publicamente, quando nem os respetivos cuidados faziam parte da agenda política.

A diversidade de significados sobre o conceito de *público* e sobre o conceito de *privado*, e também sobre o que é considerado como *invasão da privacidade*, vai além dos diferentes povos e culturas ou das diferentes épocas, verificando-se igualmente entre diferentes indivíduos dentro do mesmo país, na mesma época. Apesar de a privacidade ser importante para a cultura ocidental, também nesta cultura aquilo que é considerado como *privado*, e aquilo que é considerado como *atentado contra a privacidade*, tem um significado

---

([21]) Para um interessante estudo sobre a diversidade cultural do conceito de *privacidade* e da dicotomia *público-privado*, ver Jr. Barrington MOORE, *Privacy Studies in Social and Cultural History*. Nova Iorque, Ed. Sharpe, 1984.

A DICOTOMIA PÚBLICO-PRIVADO

relativo, não apenas sob o ponto de vista histórico e cultural, mas também individual. Em algumas culturas certas atitudes consideradas atentados contra a privacidade são tidas como uma falta de respeito ou ofensivas do direito à privacidade. Noutras culturas podem nem associar a questão à privacidade.

Além do conceito de *privado* no sentido do *direito à privacidade*, existe ainda o conceito de *privado* no sentido económico, e também neste caso a definição e a diferenciação em relação ao conceito de *público* são equívocas. O Direito tem alguns casos em que o que antigamente era considerado como privado passou a ser considerado como público, dado que passou a ter importância para o domínio público. É o que acontece com o Direito do Trabalho. O contrato de trabalho, que era considerado como fazendo parte do Direito Privado, ganhou carácter público, dado que o contrato embora deva satisfazer as partes diretamente envolvidas, deve também satisfazer o interesse público, pois tem impacto na economia de um país. Por isso, encontramos aqui uma situação de meio-termo, em que o Direito do Trabalho possui normas de carácter privado mas também de carácter público. De igual modo, com a mudança de tarefas que dantes pertenciam exclusivamente à Administração Pública, para empresas, associações corporativas, associações privadas, institutos, agências de negócios, também se passou a uma privatização do Direito público, principalmente quando a Administração Pública recorre a meios do âmbito privado para exercer as suas atividades de distribuição, apoio e assistência.

Também a família é, nos tempos de hoje, uma área simultaneamente contígua da dimensão privada e da dimensão pública. Embora seja dada a responsabilidade à família para o sustento dos membros que dela fazem parte, o poder público também determina, através das suas políticas, as ações que devem ser realizadas. A educação que os pais dão aos filhos é um assunto da vida privada, mas se os pais não mandarem os filhos à escola, o Estado hoje intervém na educação dos filhos, através das suas políticas públicas, ou seja, aquilo que dantes era um assunto exclusivamente privado passou a pertencer ao âmbito privado e público. Se os pais impedirem que os filhos levem transfusões de sangue, devido ao facto de os pais pertencerem a alguma religião que o impeça, como a das Testemunhas de Jeová, que recusa transfusões de sangue, o que é um assunto privado (as convicções religiosas) torna-se num problema público. A questão da licença de maternidade é outro dos exemplos da atuação do domínio público estatal na esfera privada. Por outro lado, embora ter ou não ter filhos seja um facto respeitante à vida privada, este facto mostra bem que as decisões que o indivíduo toma na esfera privada têm repercussões públicas. Tomemos o exemplo da contraceção: a decisão de não ter senão um filho, ou de não ter nenhum, embora pertença à vida privada dos casais, tem efeitos públicos, nomeadamente na demografia e na sustentabilidade económica de um país. Desde sempre se considerou também que, exceto em casos extremos, a violência infligida às mulheres e às crianças no quadro familiar era um assunto privado. Ora, a violência doméstica já não é considerada como um assunto estritamente privado, e requer a necessidade de intervenção do poder público, que não a permite. Ainda dentro da família, os direitos de herança, de indemnização, de pensões, de assistência, de adoção paternal, etc., embora sejam assuntos familiares, também têm consequências no âmbito público, que mostram a dificuldade de separação entre interesse privado e interesse público.

Os exemplos acima mencionados referem-se à intervenção da esfera pública estatal na esfera privada. No entanto, hoje existe também a intervenção da esfera privada na esfera pública, nomeadamente a sua invasão na esfera pública social. Através de programas televisivos, de programas radiofónicos, de *revistas cor-de-rosa* e da Internet (as redes sociais, os blogues, os fóruns de discussão etc.), as figuras públicas expõem facilmente a sua vida privada, não apenas por solicitação dos meios de comunicação social, mas também por sua própria iniciativa. A vida privada invadiu também a vida política, e por vezes sobrepõe-se a ela, e por conseguinte as suas fronteiras são também cada vez mais difíceis de definir. As convicções pessoais, as emoções e os sentimentos, substituem os programas políticos, as questões sociais são tratadas como assuntos pessoais e o principal instrumento da ação política é a emoção, o carisma pessoal e a vida política aparece, portanto, como uma espécie de espetáculo, em que os políticos expõem a sua própria privacidade, os seus gostos pessoais e aparecem em público, ou fazem-se fotografar, rodeados de toda a sua família.

Por outro lado, também as pessoas desconhecidas, em busca de protagonismo, expõem-se hoje muito facilmente (como fazem nas redes sociais). A vida privada do homem comum transformou-se atualmente numa coisa pública, através da sua divulgação nos meios de comunicação social e na Internet, como se essa vida fosse algo importante. A vida privada do homem comum transformou-se numa espécie de espetáculo, numa banalização, levando a que todos os indivíduos se interessem por esta e a recebam como um assunto que lhes passa também a dizer respeito. Isto tem como consequência, por vezes, já não se saber o que é de interesse privado e o que é de interesse público. As próprias conversas em alta voz ao telemóvel, nos transportes públicos ou num café, em que somos invadidos com os assuntos privados das pessoas, são exemplos da banalização do privado em pleno espaço público. O que dantes era privado tornou-se facilmente público, e também em consequência disso hoje, por vezes, fica-se sem saber o que é de carácter privado e o que é de carácter público.

A sociedade da comunicação, característica dos tempos de hoje, nomeadamente os meios de comunicação de massas (os jornais, as revistas, a rádio, a televisão, o cinema, os vídeos, a Internet…), e as diversas tecnologias ao dispor do comum dos indivíduos (computador, telemóvel…), instauraram uma sociedade de comunicação generalizada, fazendo do mundo uma aldeia global. Atualmente, a sociedade da informação e a ideologia da transparência têm contribuído cada vez mais para diluir as fronteiras entre o público e o privado. Por conseguinte, alguns assuntos tradicionalmente pertencentes à vida privada (como os problemas familiares) hoje são facilmente vistos e discutidos em público, e algumas pessoas choram mesmo em frente das câmaras de televisão, apesar de saberem que estão a ser filmadas (ou até por isso mesmo). Graças a esses e a outros meios tecnológicos, muitas pessoas expõem facilmente em público os seus assuntos pessoais e familiares, as suas preferências, os seus gostos, os seus ideais, as suas tendências, os seus planos, os seus sonhos, colocando a sua privacidade à disposição de toda a gente, como se as outras pessoas tivessem alguma coisa a ver com isso ou tivessem de se preocupar com os problemas dessas pessoas. Tudo o que era privado passou a ser público e toda esta situação tem também contribuído socialmente e culturalmente para a diminuição, e mesmo para a diluição, em alguns casos, das fronteiras entre público e privado.

Considerações finais

O posicionamento respeitante à divisão entre público e privado pode suceder no sentido de defender essa divisão, ou de a contestar (e de ver, assim, a dificuldade de distinção entre público e privado como algo positivo). Todavia, o nosso objetivo não foi uma coisa nem outra. O nosso objetivo não foi realizar juízos de valor, isto é, não pretendemos defender que a indistinção entre público e privado é algo positivo ou negativo, mas sim mostrar esse facto. Por outro lado, também não pretendemos defender a superioridade do espaço público em relação ao espaço privado nem a superioridade do espaço privado em relação ao espaço público, mas sim mostrar que mesmo que se pretenda defender um ou outro, dificilmente se consegue entender do que é que estamos a falar em cada um deles, e dificilmente se consegue compreender a sua distinção. Procurámos colocar-nos num ponto de vista descritivo, de modo a mostrar sua ambiguidade do ponto de vista semântico, por um lado como algo inerente aos próprios conceitos analisados, e por outro lado sublinhar a sua maior dificuldade de distinção nos dias de hoje, sob o ponto de vista social e cultural.

A DICOTOMIA PÚBLICO-PRIVADO

Alguns autores defendem que o único caminho através do qual é possível delimitar o conceito de *vida privada* está em recorrer ao conceito de *vida pública*, de modo a ficar estipulado que pertence à vida privada de uma pessoa aquilo que não pertence à sua vida pública, e vice-versa. Assim, a maneira de solucionar o problema da definição de cada um dos conceitos é determinar as fronteiras entre vida pública e vida privada([22]). Posto isto, pode-se afirmar que é público aquilo que não é privado e que é privado aquilo que não é público.

No entanto, esta atitude constitui uma simplificação que não soluciona realmente o problema de se saber o que é público e o que é privado. O espaço privado não é simplesmente o que resta quando o espaço público já não está presente, assim como o espaço público não é simplesmente o que resta quando o espaço privado já não está presente. Mesmo no espaço público a vida privada pode estar presente, como por exemplo um casamento, cuja cerimónia é um ato público. Por outro lado, mesmo no espaço privado pode haver um uso público, como por exemplo a prática do comércio. Além disso, ao definirem--se os conceitos de *público* e de *privado* simplesmente pela posição dicotómica, entra-se num impasse: por um lado, não se consegue definir o que é público e privado, enquanto não se conseguirem definir as fronteiras entre vida pública e privada, e por outro lado também não se conseguem definir as fronteiras entre vida pública e privada, enquanto não se conseguir definir o que é público e privado.

Assim como é difícil entender o que é público e o que é privado, e a oposição entre estes, também é difícil entender as consequências a extrair da sua defesa e da sua contestação. Por exemplo, John Locke defendia a separação entre o público e o privado como forma de defender a liberdade de consciência individual e também como forma de defender a propriedade privada. Na sua obra *Segundo Tratado*

([22]) RIGAUX, François, «La protection de la vie privée et des autres biens de la personnalité», *Établissements*, Paris, Ed. Émile Bruylant, n.º 639, 1990; MARTIN, Lucien, «Le secret de la vie privée», Paris, *Revue Trimestrielle de Droit Civil*, pp. 225-235, 1959.

sobre o Governo Civil, Locke defendia a consciência privada, em reação à hegemonia de um pensamento único em matéria religiosa, e defendia também a propriedade privada, mas uma coisa não implica necessariamente a outra, pois defender a liberdade de consciência individual não implica defender a propriedade privada, e vice-versa. Os indivíduos, mesmo que não tenham propriedade privada, têm a privacidade da sua personalidade e da sua consciência individual, e no próprio espaço público (por exemplo, votando num determinado partido político, nos locais de voto, que são públicos). Por outro lado, mesmo que não tenham propriedade privada, podem ter privacidade numa propriedade que não seja sua, como numa casa onde vivam como arrendatários, e onde podem usufruir de privacidade. Finalmente, defender mais privacidade não significa defender mais privatização do ponto de vista económico, podendo ser-se a favor da primeira e ser-se contra a segunda.

Defender mais espaço público, no sentido urbano deste conceito (mais jardins públicos, mais praças etc.), não significa defender uma economia mais pública e maior intervenção do poder público estatal. Por outro lado, defender mais visibilidade pública das Finanças do Estado não significa defender mais intervenção do poder público na Economia. O poder público e tornar algo público (isto é, publicitado) não são a mesma coisa, e pode mesmo haver por vezes um conflito entre eles. O poder público, se for totalitário e autoritário, pode não querer que o seu controlo ou as suas formas de controlo sejam conhecidos e publicitados. Por outro lado, pode defender-se mais espaço público enquanto vigilância da sociedade civil sobre o Estado, de modo a que o que é do domínio público, no sentido económico e político, se torne mais público, no sentido da sua maior visibilidade pública, mas precisamente para salvaguardar o que é privado, de modo a que o Estado não interfira no que é privado. Defender o que é público e criticar o que é privado, e vice-versa, surge apenas num determinado contexto em que a dicotomia público-privado se insere, como por exemplo em relação à Economia ou à propriedade, mas não noutro contexto em que se pode antes defender o privado contra o público (quando se defende o direito à privacidade, por exemplo). Os significados de cada um destes conceitos são problemáticos entre si, pois há diversos significados em cada um deles, assim como há diversos significados na dicotomia público-privado. A inserção da dicotomia público-privado existe em diferentes áreas: comunicação, revelação, propriedade, Economia, urbanização etc. O público ou privado de cada uma destas áreas pode não ter a ver com o público ou privado da outra, podendo até ser conflituosos entre si.

A dicotomia público-privado é algo sempre a redefinir, e por conseguinte não constitui um dualismo rígido e estabelecido *a priori*, mas posiciona-se como algo em aberto, em que o que era privado pode passar a ser público, e vice-versa, e por outro lado, em determinadas campos de ação, por vezes, existe mesmo a intervenção de ambos. A separação entre público e privado é, assim, uma divisão circunstancial, uma construção social e histórica, algo convencional, e que se tem mostrado cada vez mais redefinida ultimamente. É uma distinção que tem uma dimensão mais simbólica do que racional e funcional, e é equívoca quanto à possibilidade de ser um fundamento sólido de algo.

No fundo, o público e o privado são duas faces da mesma moeda: cada um deles é enquanto tal, dada a existência do outro. A existência do público em termos absolutos (em que tudo fosse totalmente público) significaria a anulação do privado, logo, não teria razão de ser falar de público como sendo algo distinto de privado, pois o privado não existiria. O mesmo se pode dizer em relação ao privado, pois se tudo fosse privado, nada seria público, e não teria razão de ser falar nos contrários (público e privado) se um deles não existisse. A possibilidade em haver algo que é público está no facto de haver o contrário, isto é, o privado, e vice-versa. O mesmo sucede na divulgação do privado. No ato da divulgação, o privado torna-se algo público, e revela-se algo do espaço privado, devido ao facto de haver um espaço diferente, um espaço que não é privado (no sentido em que não pertence apenas à pessoa que revela algo). Consideramos aqui como o outro elemento do privado o espaço de receção da revelação em diferentes graus (por exemplo, um professor que faz determinada revelação aos alunos, ou à comunicação social, são ambos um espaço de receção em que algo se pode tornar público, mas em diferentes graus quanto ao carácter público).

Em cada um dos elementos da dicotomia público-privado precisamos dos dois para a definição de cada um deles. Por outro lado, pode existir mesmo uma parte de um dos elementos da dicotomia dentro da outra parte, apesar de uma delas parecer mais importante ou mais evidente do que a outra, ou mesmo que a outra parte nos desagrade. Nada é dado em sentido absoluto e definitivo, e, apesar da prevalência, por vezes, de um ou de outro dos elementos dessa dicotomia, existe ou pode existir também uma parte do outro elemento, como sucede na dicotomia masculino-feminino. Do ponto de vista psicológico, existem, no ser humano, ambos os elementos dessa dicotomia, não só nessa como noutras (como na exigente-complacente), em que a mesma pessoa pode ser exigente ou complacente, conforme as situações, e portanto nenhum desses elementos é único, exclusivo e definitivo. Assim como existe o dia e a noite, e ambos são verdadeiros e necessários, pois um não existe sem o outro, existe o público e o privado, e ambos são também verdadeiros e necessários um ao outro.

O direito à privacidade

Introdução

No sentido etimológico, o conceito de *privacidade* está associado à palavra *privado*, que provém da palavra latina *privatu*s, que significa «separado de». Embora não seja encarado exatamente como hoje, historicamente o conceito de *privacidade* surge desde a Antiguidade Clássica, nomeadamente na Grécia Antiga, conforme se pode ver em Aristóteles, que distinguia a esfera privada (*oikos*), da esfera pública (*polis*)[23]. A esfera privada dizia respeito à família, às questões económicas e biológicas, e a esfera pública dizia respeito à liberdade política dos cidadãos. Com o passar do tempo, o conceito de *privacidade* passou a referir-se a tudo aquilo que é pessoal, tanto à família como a outros círculos de relações mais próximas de cada indivíduo, até chegar ao indivíduo singularmente entendido, passando a referir--se, sucessivamente, também à dimensão de ação e à esfera protegida em que os indivíduos podem agir dentro de um caminho que é independente das decisões e das influências da esfera pública, do Estado,

---

[23] ARISTÓTELES, *Politique*, I, 2, Paris, Ed. Les Belles Lettres, 2003, p. 30.

das instituições e da sociedade. Foi no Iluminismo que a defesa da esfera privada se desenvolveu, nomeadamente com John Locke, um dos seus principais defensores, que afirmava que o poder provinha dos indivíduos, os quais, por conseguinte, tinham o direito de serem protegidos das ingerências do poder público[24].

Do ponto de vista jurídico, os primeiros autores a tratarem do direito à privacidade, e a defenderem a esfera privada como algo que necessitava de proteção legal, foram dois advogados norte-americanos, Samuel Warren e Louis Brandeis, que publicaram um artigo jurídico na revista *Harvard Law Review*, no ano de 1890, intitulado «O direito à privacidade», defendendo a existência do direito a ser deixado só (*let to be alone*), o direito a ser deixado em paz e não ter a privacidade devassada por outros, sejam esses outros de origem privada, institucional ou estatal, no exercício das mais diversas atividades.

Porém, existe uma variedade de definições de *privacidade* entre os diversos autores (filósofos, politólogos, juristas etc.), assim como uma variedade de terminologias para o direito à privacidade. Por exemplo, nos Estados Unidos, *right of privacy*; em França, *droit à la vie privée*; em Itália, *diritto alla riservatezza*; na Alemanha, o Tribunal Constitucional reconheceu a existência de um direito fundamental à autodeterminação sobre as informações de carácter pessoal: *recht auf informationelle selbstbestimmung*. Em Portugal, aplicam-se as expressões *direito à privacidade* e *direito à vida privada*.

Conforme vimos no capítulo anterior, existe uma diversidade de conceitos e de vivências da privacidade, dado que os seus conteúdos, a sensibilidade e as regras variam culturalmente, historicamente e individualmente. O seu significado e o seu valor variam, assim como outros conceitos que lhe estão ligados. Alguns desses conceitos são, por vezes, aplicados como sinónimos e como formas ou graus de privacidade, por vezes negativamente, como por exemplo os conceitos de *clandestino*, *secreto* ou *sigiloso*. Os conceitos de *privacidade* e

---

[24] LOCKE, John, *Dois Tratados do Governo Civil*, Lisboa, Ed. 70, 2006.

de *direito à privacidade* tendem a ser encarados de forma positiva, mas, quando associados a esses conceitos, tendem a ser encarados de forma negativa.

Aquilo que é encarado como privacidade, e o seu valor positivo ou negativo, não é igual em todas as regiões e culturas, em todas as categorias sociais, em todos os países, em todas as épocas nem em todos os indivíduos particularmente considerados. Mesmo que a privacidade diga respeito ao indivíduo, não se reduz ao indivíduo isolado, pois existem normas da sociedade em geral, e de comunidades culturais específicas, que determinam o seu significado e o seu valor. Por outro lado, alguns assuntos que dantes pertenciam à esfera privada, hoje pertencem à esfera pública, e vice-versa, o que se tem verificado diacronicamente. Esta situação decorre da conceção moderna da sociedade, que encara a política como uma possibilidade de regulação também da esfera privada e de regulação da vida doméstica, o que implica a dificuldade de distinção entre público e privado.

A dificuldade de distinção entre *público* e *privado*, de que falámos no capítulo anterior, é salientada por diversos autores, nomeadamente a propósito da mútua invasão entre conceitos. Têmis Limberger afirma que, apesar de a distinção entre público e privado ser típica do Liberalismo, quando essa distinção era mais fácil de estabelecer, observa-se hoje cada vez mais o fenómeno que denomina *publicização do privado*, pois «(…) a antiga distinção entre público e privado cede diante da tendência atual de privatização»[25]. No sentido de constitucionalização do direito privado, Bilbao Ubillos refere-se à «interpretação extensiva do conceito de *poder público*, que se dilata até cobrir um grande número de atividades em aparência privadas, que se submetem então a certas limitações constitucionais»[26]. Tendo em conta que o

---

[25] LIMBERGER, Têmis, *O Direito à Intimidade na Era da Informática: a necessidade de proteção dos dados pessoais,* Porto Alegre, Livraria do Advogado Editora, 2007, p. 38.

[26] UBILLOS ,Juan Maria Bilbao, «Em que medida vinculam aos particulares os direitos fundamentais?» *In:* SARLET, Ingo Wolfgang, (org.), *Constituição,*

DA PRIVACIDADE

plano público passou a enfatizar uma preocupação privada, observa Silva Filho: «Dado que os interesses humanos, no mundo moderno, passaram a voltar-se muito mais para a riqueza e para a economia, bem como o individualismo se foi firmando, o plano público passou a enfatizar uma preocupação privada»[27]. Daniel Sarmento, por seu turno, afirma: «Com o surgimento do Estado Social, multiplicou-se a intervenção do legislador no campo privado, assim como a edição de normas de ordem pública, que limitam a autonomia privada dos sujeitos de direito em prol dos interesses coletivos»[28].

Ora, da dificuldade de distinção entre os conceitos de *público* e *privado* e do facto de haver hoje um maior entrecruzamento entre o público e o privado, decorre a ausência de um núcleo central sobre o conceito de *privacidade*, dificuldade essa que é referida por certos juristas, como Mota Pinto, para quem definir *privacidade* «chega a raiar os limites do impossível»[29] e que afirma que o conceito de *privacidade* é impreciso e sem qualquer tipo de coesão devido à «dificuldade de definição de um conceito que, por ser necessariamente indeterminado, acaba por se revelar imprestável, como um verdadeiro conceito elástico. Isto é assim no plano mesmo que aqui nos interessa: o da relevância jurídica da privacidade. Se é verdade que se realizaram tentativas de definição filosófica, política, sociológica, ou psicológica da privacidade, não parece que se tenha logrado extremar o conceito com o mínimo de precisão indispensável para ele poder servir de base a um regime jurídico coeso»[30].

Direitos Fundamentais, e Direito Privado, Porto Alegre, Livraria do Advogado, 2006, p. 320.

[27] FILHO, José Carlos Moreira Silva, *Multiculturalismo e Movimentos Sociais: o privado preocupado com o público*, São Paulo, Ed. Martins Fontes, 2001.

[28] SARMENTO, Daniel, *Interesses Públicos versus Interesses Privados: desconstruindo o princípio da supremacia do interesse público*, Rio de Janeiro, Lúmen Júris, 2006, p. 49.

[29] MOTA PINTO, Paulo, «O direito à reserva sobre a intimidade da vida privada», *in Boletim da Faculdade de Direito*, Coimbra, v. 69, 1993, p. 504.

[30] *Idem*, p. 505.

O DIREITO À PRIVACIDADE

Mota Pinto procura aproximar o conceito de *privacidade* do controlo de informação pessoal, excluindo do seu conceito a liberdade da vida privada, a reputação, o bom nome e a livre atribuição de atributos pessoais[31]. Todavia, embora reconheça que definir o conceito de *privacidade* é difícil, Mota Pinto define-a da seguinte maneira: «(...) por um lado, o interesse do indivíduo na sua privacidade, isto é, em subtrair-se à atenção dos outros, em impedir o acesso a si próprio ou em obstar à tomada de conhecimento ou à divulgação de informação pessoal (interesses estes que, resumindo, poderíamos dizer serem os interesses em evitar a intromissão dos outros na esfera privada e em impedir a revelação de informação pertencente a essa esfera); por outro lado, contrapondo-se fundamentalmente ao interesse em conhecer e em divulgar informação, e ao interesse em ter acesso ou controlar os movimentos do indivíduo»[32]. A ausência de um núcleo central desse conceito, a par com a definição apresentada pelo autor, são reveladoras da problemática da sua definição.

Pelo menos no Ocidente, há determinados elementos que são essenciais no que diz respeito ao significado do conceito de *privacidade*. Em sentido geral, esses elementos são os seguintes: informação (proteção de dados); comunicação (inviolabilidade dos telefonemas e da correspondência postal e informática); privacidade territorial (proteção contra a invasão do lar, do escritório pessoal, do *atelier* pessoal...) e intimidade corporal. Especificando estes elementos, isto é, as matérias da vida privada, sobretudo do ponto de vista da cultura ocidental, temos o seguinte : a imagem física, a anatomia ou a intimidade corporal, a voz, o estado de saúde, as origens sociais e familiares, os tempos livres, os hábitos de consumo, a correspondência epistolar e eletrónica, os amigos, a família, a vida amorosa e sexual, a situação patrimonial, os aspetos sigilosos ligados à profissão, o salário, a situação fiscal, a conta bancária, as convicções político-partidárias e as crenças religiosas.

---

[31] *Idem, ibidem.*
[32] *Idem, ibidem*, pp. 508-509.

DA PRIVACIDADE

A privacidade tem a ver com o que é próprio de cada indivíduo, com a sua personalidade, com o que é vivido por ele mesmo, e também com as coisas privadas de outros indivíduos (a sua família ou os seus amigos), mas de que um determinado indivíduo tem conhecimento e de que guarda por vezes segredo, as quais, enquanto segredo, apesar de dizerem respeito a outro indivíduo, fazem também parte da privacidade daquele que conhece algo sobre outro e que não revela. A privacidade tem a ver com o indivíduo, a sua família e os seus amigos, e mesmo que por vezes o indivíduo tenha necessidade de determinadas instituições para viver algo que pertence à sua privacidade, como por exemplo a sua crença religiosa, nomeadamente a igreja enquanto espaço físico, a sua crença religiosa continua a dizer respeito à sua privacidade. Por isso, a privacidade não se limita ao espaço da casa onde cada pessoa habita regularmente, a privacidade existe também noutros espaços, como igrejas, espaços de lazer, associações políticas, ou seja, a vida privada pode desenrolar-se quer num espaço privado quer num espaço público, desde que o que leve a pessoa a frequentá--lo tenha natureza privada.

Atualmente existem também os espaços virtuais, ou seja, uma vasta rede de informações às quais se pode ter acesso por computadores, que contêm dados pessoais sobre os mais variados assuntos, como os registos de compras efetuadas, os registos de movimentos bancários, as declarações fiscais, os registos de comunicações telefónicas, os registos de correio eletrónico no ambiente de trabalho ou familiar etc. Em suma, independentemente dos espaços físicos ou virtuais onde possa estar presente a privacidade, esta é todo o conjunto de informações acerca de cada indivíduo, que ele pode decidir manter sob seu exclusivo controlo e não comunicar, ou então comunicar, mas decidindo o que comunicar, a quem comunicar, quando comunicar, onde comunicar e como comunicar.

O autocontrolo da privacidade significa a possibilidade de desenvolver uma determinada atividade sem se ser identificado (desde que não seja uma atividade ilícita), a possibilidade de dividir a própria identidade para diferentes contextos (criando, por exemplo, um pseudónimo), a possibilidade de impedir que uma determinada informação pessoal seja utilizada sem autorização do indivíduo a quem diz respeito; a possibilidade de se desembaraçar dos olhares dos outros indivíduos; a possibilidade que cada indivíduo tem de controlar quem, como, quando e onde alguém tem acesso aos seus dados.

A autoproteção da privacidade significa poder proteger os dados que têm a ver com os sentimentos e as convicções pessoais ou com os estilos de vida próprios, desde que os mesmos não causem danos à sociedade e não colidam com a liberdade dos outros indivíduos. A privacidade significa também a possibilidade de ser deixado em paz, e a possibilidade de conservar o anonimato, como por exemplo quando uma pessoa ganha uma quantia de dinheiro muito elevada num sorteio ou num jogo, ou quando faz um donativo relevante numa campanha de solidariedade. Por seu turno, o conceito de *direito à privacidade* implica uma liberdade reconhecida à luz dos Direitos do Homem, direito esse que em muitos países é reconhecido e protegido juridicamente a cada indivíduo, em que este deve ser livre não apenas enquanto cidadão dispondo de direitos, e enquanto sujeito de direito regido por leis, como indivíduo, perante a sociedade e o Estado, e que é salvaguardado do ponto de vista jurídico, não só a nível nacional como internacional, conforme veremos no capítulo seguinte.

Ultimamente têm surgido novos conceitos jurídicos, como o direito à *proteção de dados*, o *direito à autodeterminação informativa* etc. Assim, alguns autores, como Estadella Olga, defendem que a proteção de dados, a autodeterminação informativa e a proteção da privacidade são coisas diferentes, pois o interesse na proteção de dados e o uso que deles se faz não estão relacionados necessariamente com a proteção da privacidade[33]. No entanto, consideramos que o conceito de *proteção de dados*, assim como o conceito de *autodeterminação*

---

[33] OLGA, Estadella Yuste, *La Protección de la Intimidad Frente a la Transmisión Internacional de Datos Personales*, Madrid, Ed. Tecnos, 1985, p. 81.

DA PRIVACIDADE

informativa, não são mais do que uma nova aplicação jurídica do direito à privacidade, uma sua ramificação, pois quando se defende o direito à proteção de dados pessoais e à autodeterminação afirmativa, defende-se implicitamente algo que, no fundo, está também incluído no direito à privacidade. Por isso, não separamos esses conceitos, e referimo-nos também a eles quando falamos no direito à privacidade.

A privacidade enquanto direito humano

Quando se fala em direito à privacidade, referimo-nos a direitos de personalidade, que foram tematizados após a *Declaração Universal dos Direitos do Homem*, de 1948, em que após a Segunda Guerra Mundial, com os atentados contra a dignidade humana, houve a consciencialização do valor dos direitos de personalidade. Os direitos de personalidade (de que o direito à privacidade é um dos constituintes) têm o seu fundamento na dignidade de cada ser humano, na autonomia da sua vontade e no reconhecimento de cada indivíduo como entidade única e diferenciada dos seus pares. Os direitos de personalidade significam que todo o indivíduo tem o direito de controlar o uso do seu nome, da sua imagem, do seu corpo, da sua aparência ou de quaisquer outros elementos constitutivos da sua identidade.

O direito à privacidade, enquanto direito de personalidade, e à luz da doutrina dos Direitos Humanos, é considerado um direito universal, ou seja, é válido para todas as pessoas, independentemente da sua condição socioeconómica, religião, etnia, nacionalidade, raça, sexo, etc., é um direito que não se extingue pelo facto de o indivíduo não fazer uso dele, nem pela falta de empenho em defendê-lo, e é um direito que não prescreve, sendo, portanto, para sempre, ao longo da vida do indivíduo, enquanto indivíduo consciente e na posse das suas faculdades. Existem algumas exceções, como no caso de indivíduos que são suspeitos de determinados crimes, que há que investigar, como o terrorismo, investigando-se, então, o uso que foi feito da Internet, que páginas foram visitadas e com quem foi trocado correio eletrónico. Mas se um indivíduo não for suspeito de nenhum crime, tem o direito à privacidade como os outros indivíduos, independentemente das condições atrás mencionadas. Por outro lado, pode pontualmente perder o direito à privacidade em determinadas coisas que estejam relacionadas com os atos terroristas de que é suspeito, como as convicções religiosas, no caso de um muçulmano fundamentalista, mas não em outras coisas, como a vida amorosa e sexual.

O direito à privacidade, enquanto direito humano, é um direito que é reconhecido aos indivíduos, devido ao facto de estes terem determinadas características moralmente relevantes, nomeadamente o facto de serem seres humanos. Enquanto direito humano, não é um direito legal, porque os direitos legais, isto é, os direitos que o indivíduo tem atribuídos pela Lei, são atribuídos pelo poder político ou por um determinado Governo, e podem ser retirados por este, como no caso de um trabalhador, o direito a ter férias pagas ou o direito a ter subsídio de desemprego, direitos que pode ou não ter, não sendo, portanto, um direito moral, que seja inerente ao ser humano enquanto tal. Ao contrário dos direitos patrimoniais, como o direito de herdar um bem material após o falecimento dos pais, não se trata de um direito avaliável monetariamente. O direito à privacidade é um direito cuja violação pode ser sancionada juridicamente, incluindo monetariamente, obrigando ao pagamento de uma determinada quantia ao indivíduo lesado, como sucede quando os Tribunais condenam um determinado órgão de comunicação social ao pagamento de uma multa a um indivíduo que sofreu invasão da privacidade por esse órgão de comunicação social, mas trata-se apenas de uma reparação, não de um preço. Ao contrário dos direitos patrimoniais, como o direito de um indivíduo ter um carro que comprou, ou que lhe deram, e o direito desse indivíduo de dá-lo, emprestá-lo ou vendê-lo, o direito à privacidade é intransmissível, isto é, não pode ser dado, emprestado ou vendido. O direito à propriedade privada é transmissível. Imaginemos um proprietário de uma casa: pode vendê-la, e então o seu direito em relação a ela deixa

DA PRIVACIDADE

de existir, mas o direito à privacidade não. Mesmo que alguém relate determinados factos da sua privacidade, quem os relata não transfere para o outro indivíduo o direito à privacidade desses factos, pois relata-os apenas a um e não a outro. O simples facto de relatar algo, por um lado não anula o facto de que aquilo que é privado pertence ao indivíduo a quem isso diz respeito, isto é, determinada coisa que aconteceu na sua vida, e que não pode transmitir para outro indivíduo, pois não passará a acontecer na vida do outro, mesmo que este passe a ter disso conhecimento. Fará parte daquilo que o outro passou a saber, mas apenas enquanto conhecedor, e não enquanto sujeito com quem aquilo que é relatado aconteceu. Por outro lado, o indivíduo continua a manter como privado aquilo que relatou a um determinado indivíduo, mas não relata a outros indivíduos, por isso, mesmo que o transmita a alguém enquanto relato, continua a ter privacidade sobre aquilo que transmitiu, pois só o relatou a esse indivíduo.

Enquanto nos direitos fundamentais o Estado deve estar presente, nos direitos de personalidade a sua presença é irrelevante. Com isto se liga a diferença entre direitos positivos e direitos negativos. Os direitos positivos são o direito a assistência, e a algum benefício, como o direito à saúde e o direito à educação, que requerem determinados cuidados, como a assistência médica ou a construção de escolas, para o que é necessária a interferência e a ajuda do Estado. Os direitos negativos são o direito de não ser alvo de interferência, como o direito à vida, o direito de não ser torturado, o direito de não ter a sua integridade física violada ou o direito de não ser prejudicado. Este direito de não ser alvo de interferência diz respeito à não interferência da parte do Estado e também à não interferência da parte dos outros indivíduos em relação a cada indivíduo, na sua vida privada.

Embora um indivíduo tenha o direito à saúde ou à educação, não pode requerer dos outros a sua interferência para que esses direitos sejam efetivamente cumpridos, mas pode para isso requerer a interferência do Estado. Por seu turno, o direito à privacidade implica o direito de cada indivíduo de não sofrer interferência do Estado, e dos outros indivíduos, na sua vida privada. Cada direito de um indivíduo implica o dever de outro. A privacidade enquanto direito de um indivíduo implica o dever de outro para com esse direito, sendo esse dever o da não interferência. Cada indivíduo tem direito à não interferência da parte do Estado e dos outros indivíduos, e o direito à privacidade é um dos melhores exemplos em como não deve haver interferência, e por outro lado essa não interferência é essencial para que possa haver realmente privacidade. O Estado poderá interferir, mas apenas para proteger essa privacidade, e não para a invadir.

O Direito pode dividir-se em objetivo e subjetivo. O conjunto das leis que contém, por exemplo, o *Código Civil* português é o direito objetivo, exterior aos indivíduos: um conjunto de preceitos gerais que enquadram a conduta das pessoas e que resolvem os seus conflitos de interesses. O direito subjetivo é um direito pessoal e significa as prerrogativas individuais e concretas que as pessoas podem ter salvaguardadas pelas regras que constituem o direito objetivo. Um direito subjetivo, como é o direito à privacidade, é uma capacidade concedida e garantida (ou que deveria ser garantida) pela Lei a cada indivíduo, a fim de que este possa agir, usufruir e dispor de determinada coisa, como a sua privacidade. O direito subjetivo tem a ver com uma faculdade, uma capacidade, uma possibilidade física e moral de ser, de fazer, de ter, como por exemplo a privacidade, e de usufruir dela como bem se entende, desde que não se ponha em causa os direitos de outros indivíduos.

O direito subjetivo traduz a faculdade ou o poder que a ordem jurídica reconhece a uma pessoa de fazer ou de não fazer determinada coisa, como por exemplo revelar ou não revelar coisas da sua vida privada, ou de exigir de outro indivíduo um comportamento determinado que possa ser um fazer (respeitar a sua privacidade) e, logo, um não fazer (o não invadir a sua privacidade), e que tem subjacente uma avaliação positiva (o respeito pelo outro indivíduo) e uma avaliação negativa (o desrespeito inerente à invasão da sua privacidade). Enquanto direito subjetivo, isto é, inerente a cada indivíduo enquanto tal, pelo facto de

DA PRIVACIDADE

ser um ser humano, concretiza-se na faculdade ou no poder de exigir, como sendo algo reconhecido à pessoa pela Lei, e quando não se obtém a satisfação ou o respeito por esse direito, o seu titular pode solicitar ao Estado, através dos Tribunais, a aplicação das práticas que visam a satisfação e o respeito por esse direito, como a proteção dos dados pessoais ou as sanções em relação ao desrespeito por esse direito, e a condenação do infrator. Isso significa que o facto de se ser titular de um direito subjetivo permite usufruir de um determinado estatuto jurídico, como o direito de obter reparação num atentado contra a privacidade, que tenha sido cometido por outra pessoa, individual ou coletiva, por uma instituição ou mesmo pelo Estado. O direito subjetivo tem como consequência a obrigação de outro indivíduo, ou de vários indivíduos, respeitarem esse direito, seja de maneira ativa (a obrigação de fazer) ou passiva (a obrigação de não fazer), sendo neste último caso a obrigação de não invadir a privacidade de cada indivíduo. O direito à privacidade constitui a afirmação de um direito subjetivo não apenas porque a pessoa humana é um sujeito de pensamento e de vontade, mas principalmente porque o sujeito deste direito distribui-se em vários indivíduos, preservando-se a individu-alidade de cada um: cada um em presença de outro, dos grupos, das comunidades e do Estado.

Os direitos subjetivos, como por exemplo o direito à privacidade, incluem ao mesmo tempo uma liberdade que nos é própria: se cada um de nós, enquanto indivíduo, tem o direito de fazer uma determinada coisa, não só é legítimo fazê-la, se a escolheu, como também está juridicamente protegido fazendo-a ou não (por exemplo, revelar ou não uma determinada coisa da sua privacidade), seguindo a sua livre vontade, e ninguém o pode obrigar nem impedir de o fazer. Neste caso ter o direito à privacidade significa ter um determinado poder, nomeadamente o poder que um indivíduo tem de exigir uma coisa (que a sua privacidade não seja invadida), e o poder de reivindicá-la em Tribunal, se sofrer alguma invasão contra esse direito. Mesmo que, à luz dos direitos humanos, esse direito não dependa do Estado (ao contrário, por exemplo, dos direitos sociais e económicos, em que é necessária a intervenção do Estado), existe a necessidade do Estado a fim de que esse direito seja de facto respeitado e protegido, sendo disso um dos melhores exemplos, em Portugal, a *Comissão Nacional de Proteção de Dados*, um organismo que está sob a tutela do Estado, que zela pela proteção da privacidade dos cidadãos.

No entanto, embora o próprio Estado seja Juiz (isto é, a instância que sanciona), pode também ser a parte visada e, por isso, sancionada, aquele com quem o indivíduo, no usufruto do seu direito à privacidade, se pode confrontar, se esse mesmo Estado não respeitar esse direito, e invadir, portanto, a sua privacidade, dado que se trata de um dos Direitos Humanos e não de um direito decorrente das leis de um país, sendo, para isso, por vezes, necessário invocar os documentos internacionais que salvaguardam esse direito, dos quais falaremos no capítulo que se segue.

O direito à privacidade
segundo os documentos internacionais

A privacidade tal como a entendemos hoje, enquanto direito de cada indivíduo, afirmou-se doutrinalmente com o Liberalismo, e a sua tematização e defesa desenvolveu-se no século xx, de que o exemplo mais significativo é o da *Declaração Universal dos Direitos do Homem*, onde surge pela primeira vez a defesa da privacidade como um direito:

«Ninguém sofrerá intromissões arbitrárias na sua vida privada, na sua família, no seu domicílio ou na sua correspondência, nem ataques à sua honra e reputação. Contra tais intromissões ou ataques toda a pessoa tem direito à proteção da lei.»[34]

Esta declaração deu origem a outras e a outros documentos internacionais importantes, que afirmam:

---

[34] *Declaração Universal dos Direitos do Homem*, ONU, 1948, artigo 12.

DA PRIVACIDADE

Toda a pessoa tem direito ao respeito da sua vida privada e familiar, do seu domicílio e da sua correspondência.([35])

Ninguém será objeto de intromissões arbitrárias ou ilegais na sua vida privada, na sua família, no seu domicílio, ou na sua correspondência, nem de ataques ilegais à sua honra e à sua reputação. Toda a pessoa tem direito à proteção da lei contra tais intromissões ou tais atentados.([36])

Ninguém pode ser objeto de ingerências arbitrárias ou abusivas na sua vida privada, na vida da sua família, no seu domicílio ou na sua correspondência, nem de ataques ilegais à sua honra e à sua reputação. Toda a pessoa tem o direito à proteção da lei contra tais ingerências ou tais ataques.([37])

Nenhuma criança será objeto de intromissões arbitrárias ou ilegais na sua vida privada, na sua família, no seu domicílio ou na sua correspondência, nem de ataques ilegais contra a sua honra e a sua reputação. A criança tem o direito à proteção da lei contra tais ingerências ou tais ataques.([38])

Toda a pessoa tem o direito ao respeito da sua vida privada e familiar, do seu domicílio e das suas comunicações.([39])

Nenhum trabalhador migrante ou membro da sua família será objeto de intromissões arbitrárias ou ilegais na sua vida privada.([40])

([35]) *Convenção Europeia de Salvaguarda dos Direitos do Homem e das Liberdades Fundamentais*, Roma, 1950, artigo 8.1.

([36]) *Pacto Internacional relativo aos direitos civis e políticos*, ONU, 1966, artigo 17.1 e 2.

([37]) *Convenção Americana sobre os Direitos do Homem*, São José, Costa Rica, 1969, artigo 11.2 e 3.

([38]) *Convenção sobre os Direitos da Criança*. ONU, 1990, artigo 16.1 e 2.

([39]) *Carta dos direitos fundamentais da União Europeia*, Nice, 2000, artigo 7.

([40]) *Convenção internacional sobre a proteção de todos os trabalhadores migrantes e dos membros da sua família*, ONU, 2003, artigo 14.

O DIREITO À PRIVACIDADE

Ninguém será objeto de intromissão arbitrária ou ilegal na sua vida privada, na sua família, no seu domicílio, ou na sua correspondência, nem de ataques à sua honra e à sua reputação. Toda a pessoa tem o direito à proteção da lei contra tal intromissão ou ataque.[41]

Nenhuma pessoa deficiente, seja qual for o seu lugar de residência ou o seu meio de vida, será objeto de intromissões arbitrárias ou ilegais na sua vida privada.[42]

Temos também o documento que garante a toda a pessoa «o seu direito ao respeito da sua vida privada tratando-se de informações referentes à saúde»[43]; o protocolo que consagra o princípio geral segundo o qual «toda a informação de carácter pessoal recolhida por ocasião de uma investigação médica é considerada confidencial, e é tratada no respeito pelas regras referentes à proteção da vida privada»[44].

A consciência sobre a necessidade de estabelecer, do ponto de vista legal, a proteção da privacidade, surgiu com a nova geração de leis que visavam a proteção de dados pessoais em vários países, geração essa que começou na Europa no início da década de 70, de que se destaca como um dos principais pioneiros a lei sueca intitulada *Datalegen*, de 1973, uma norma jurídica que tinha como objetivo proteger as informações pessoais registadas em bancos de dados. Por seu turno, o Tribunal Europeu dos Direitos do Homem desenvolveu também, progressivamente, uma importante jurisprudência nesta matéria, e por outro lado a proteção da vida privada passou a ser também defendida, progressivamente, pela Constituição de alguns países.

---

[41] *Carta Árabe dos Direitos do Homem*, Conselho da Liga dos Estados Árabes, Tunis, 2004, artigo 21 *a)* e *b)*.

[42] *Convenção sobre os Direitos das Pessoas Deficientes*, ONU, 1995, artigo 22.

[43] *Convenção sobre os Direitos do Homem e a Biomedicina*, 1997, artigo 10, parágrafo 1.

[44] *Protocolo adicional à Convenção sobre a investigação biomédica*, 2005, artigo 25, parágrafo 1.

DA PRIVACIDADE

A União Europeia redigiu um documento de aplicação obrigatória para os Estados-Membros, que garante certos aspetos da vida privada e que tem a ver com os dados de carácter pessoal, isto é, «toda a informação referente a uma pessoa física identificada ou identificável, quer esses dados sejam tratados de forma automática ou manual»([45]). Também o Conselho da Europa produziu alguns documentos sobre esta matéria, que têm a ver com os ficheiros e o tratamento automatizado de dados nos setores público e privado (que constitui o primeiro documento internacional juridicamente vinculativo para os Estados-Membros)([46]), o documento sobre a proteção de dados no âmbito da investigação, a recomendação respeitante à proteção de dados clínicos, que tem a ver tanto com a recolha de dados clínicos como com o seu tratamento e utilização([47]); o documento respeitante à proteção dos dados pessoais e respetiva circulação([48]), o documento relativo à proteção das bases de dados([49]), o documento relativo à proteção dos dados pessoais e da privacidade nas telecomunicações([50]), o documento relativo ao tratamento de dados pessoais e à proteção da privacidade no setor das comunicações eletrónicas([51]). Também a Organização para a Cooperação e Desenvolvimento Económico (OCDE) produziu sobre esta matéria importantes documentos, nomeadamente sobre as linhas diretrizes regulamentadoras da proteção da vida privada e dos fluxos

---

([45]) Diretiva 95/46/CE referente à proteção das pessoas a respeito do tratamento de dados de carácter pessoal e à circulação destes dados, artigo 2 e 3, parágrafo 1.

([46]) Convenção para a proteção das pessoas a respeito do tratamento automatizado de dados de caráter pessoal, 1981.

([47]) Recomendação R, 10, ano de 1983.

([48]) Diretiva 95/46/CE, do Parlamento Europeu e do Conselho da Europa, de 24 de outubro.

([49]) Diretiva 96/9/CE, do Parlamento Europeu e do Conselho da Europa, de 11 de março.

([50]) Diretiva 97/66/CE, do parlamento Europeu e do Conselho da Europa, de 15 de dezembro.

([51]) Diretiva 2002/58/CE, do Parlamento Europeu e do Conselho da Europa, de 12 de julho de 2002.

de dados pessoais([52]), sobre os fluxos transfronteiriços de dados([53]) e sobre a proteção da vida privada na redes mundiais([54]).

O direito à privacidade segundo o direito português

A Constituição da República Portuguesa consagra como princípio fundamental de todos os cidadãos o direito à privacidade, ao declarar no artigo 26, *1)*: «A todos são reconhecidos os direitos à identidade pessoal, ao desenvolvimento da personalidade, à capacidade civil, à cidadania, ao bom nome e reputação, à imagem, à palavra, à reserva da intimidade da vida privada e familiar.»

O direito à privacidade enquadra-se no âmbito dos direitos de personalidade, que são direitos absolutos, e que portanto impõem não apenas uma obrigação passiva universal, mas ainda um dever de respeito. Segundo o jurista Orlando de Carvalho, o direito geral de personalidade consiste «num direito à personalidade no seu todo, direito que abrange todas as manifestações previsíveis e imprevisíveis da personalidade, pois é, a um tempo, direito à pessoa-ser e à pessoa--devir, ou melhor, à pessoa-ser em devir, entidade não estática mas dinâmica e com jus à sua liberdade de desabrochar (com direito ao livre desenvolvimento da personalidade de que falam já certos textos jurídicos). Trata-se de um *jus in se ipsum* radical em que a pessoa é o bem protegido, correspondendo à sua necessidade intrínseca de autodeterminação (...). Só um tal direito ilimitado e ilimitável permite uma tutela suficiente do Homem ante os riscos de violação que lhe oferece a sociedade moderna»([55]).

([52]) Recomendação do Conselho de Ministros da Organização para a Cooperação e o Desenvolvim (OCDE), de 23 de setembro de 1980.

([53]) Declaração do Conselho de Ministros da OCDE, de 11 de abril de 1985.

([54]) Declaração do Conselho de Ministros da OCDE, de 19 de outubro de 1998.

([55]) CARVALHO, Orlando de, *Teoria Geral do Direito Civil*, Coimbra, Ed. Coimbra Editora, 1981, p. 90.

DA PRIVACIDADE

Para além da tutela geral dos direitos de personalidade, encontramos um direito especial de personalidade no próprio *Código Civil*. O artigo 80 («Direito à reserva sobre a intimidade da vida privada») declara: «Todos devem guardar reserva quanto à intimidade da vida privada de outrem. A extensão da reserva é definida conforme a natureza do caso e a condição das pessoas.» O artigo 483 do *Código Civil* sanciona com o dever de indemnizar a violação de direitos de outrem, nomeadamente a violação de direitos de personalidade. A violação dos direitos de personalidade dá lugar, não só a responsabilidade civil, mas também a «providências judiciais adequadas às circunstâncias do caso, com o fim de evitar a consumação da ameaça ou atenuar os efeitos da ofensa já cometida», nos termos do artigo 70, n.º 2, do *Código Civil*.

Na compreensão do conceito de *privacidade*, a doutrina penalista portuguesa adota a doutrina das três esferas, segundo a qual se deverá distinguir: a esfera da intimidade; a esfera da privacidade; a esfera da vida normal da relação[56]. A devassa da vida privada está prevista no texto do artigo 192 do *Código Penal*, no capítulo «Devassa da vida privada», que pune «quem sem consentimento e com intenção de devassar a vida privada das pessoas, designadamente a intimidade da vida familiar ou sexual: intercetar, gravar, registar, utilizar, transmitir ou divulgar conversa ou comunicação telefónica; captar, fotografar, filmar, registar ou divulgar imagem das pessoas ou de objetos ou espaços íntimos; observar ou escutar às ocultas pessoas que se encontrem em lugar privado; divulgar factos relativos à vida privada ou a doença grave de outra pessoa».

O crime de devassa da vida privada, à luz do Direito português, é considerado um crime comum, isto é, não depende da qualidade específica do indivíduo, e tem, portanto, a ver com todos os indivíduos. Quando se trata de um indivíduo que é obrigado ao sigilo no seu trabalho (sigilo bancário, médico, judicial etc.) e não o cumpre,

---

[56] Sobre a teoria das três esferas, ou dos três degraus, ver Manuel da COSTA ANDRADE, *Liberdade de Imprensa e Inviolabilidade Pessoal, uma perspetiva jurídico-criminal*, Coimbra, Coimbra Editora, 1996, p. 95 e seguintes.

verifica-se o crime de violação do sigilo profissional (artigo 195 do *Código Penal*). A vida privada das pessoas é protegida pelo direito penal, independentemente do carácter desonroso ou não do facto em causa. O bem jurídico que aqui está em jogo é a própria privacidade e não a honra. Por outro lado, o Direito português pretende evitar não apenas o acesso à informação (alíneas *a)*, *b)*, *c)*), mas também a divulgação desses factos (alínea *d)*).

Por seu turno, o *Código do Trabalho* português consagra também uma subsecção relativa aos direitos de personalidade (artigos 14 a 22). O artigo 16 do *Código do Trabalho* estipula o direito à reserva da intimidade da vida privada: «O empregador e o trabalhador devem respeitar os direitos de personalidade da contraparte, cabendo-lhe designadamente guardar reserva quanto à intimidade da vida privada. O direito à reserva da intimidade da vida privada abrange quer o acesso, quer a divulgação de aspetos que dizem respeito à esfera íntima e pessoal das partes, nomeadamente relacionados com a vida familiar, afetiva e sexual, com o estado de saúde, e as convicções políticas e religiosas.»

Finalmente, no âmbito dos documentos nacionais, é importante salientar também o decreto-lei n.º 109/91, de 17 de agosto, sobre a criminalidade informática (Comissão Nacional de Proteção de Dados – CNPD), o decreto-lei n.º 67/98, de 26 de outubro, sobre a proteção de dados pessoais (CNPD), o decreto-lei n.º 69/98, de 26 de outubro, sobre o tratamento dos dados pessoais e a proteção da privacidade no setor das telecomunicações (CNPD), o decreto-lei n.º 290-D/99, de 2 de agosto, sobre os documentos eletrónicos e as assinaturas digitais, e o decreto-lei n.º 122/2000, de 4 de julho, sobre a proteção jurídica das bases de dados (CNPD).

Críticas à ênfase posta no direito à privacidade

O princípio da chamada *transparência*, que se incorporou na cultura e na Filosofia política do nosso tempo, deve muito ao Iluminismo,

DA PRIVACIDADE

em que a esfera pública se afirmou como o espaço por excelência das ideias e da afirmação do pensamento. Kant, um dos filósofos do Iluminismo, defendeu esse princípio, que segundo este autor devia reger a política entre os povos e constituir um dos pilares da democracia moderna e da cidadania. Kant defendeu o uso público da razão, pois para Kant, a liberdade de pensar por si próprio é a liberdade de pensar publicamente, e com transparência, de exprimir o pensamento em voz alta, de poder comunicar aos outros o que se pensa e, portanto, «o uso público da razão deve sempre ser livre e só ele pode levar a cabo a Ilustração»[57].

Este princípio, muito caro ao Iluminismo, foi defendido por mais autores, como Rousseau, Diderot ou Condorcet, para quem tudo deve ser expresso, mostrado e iluminado, e influenciou a cultura de então, que passou a valorizar muito os debates no espaço público e a criação de uma opinião pública[58] e influenciou a política ocidental, que vê hoje como ideal necessário para a democracia e a chamada *transparência*. A democracia define-se então, não apenas como governo do povo, mas também como governo em público, isto é, o regime da publicidade das deliberações e da participação cívica. Por consequência, a exposição no espaço público é hoje considerada como um valor fundamental para a democracia, encarando-se a democracia como algo associado à transparência e a transparência como algo associado à democracia, implicando isso, por vezes, direta ou indiretamente, uma crítica à ênfase posta na privacidade. Se por um lado a privacidade tem um valor importante, a transparência também, e esta última tornou-se, aliás, no nosso tempo, cada vez mais valorizada. Nos casos em que se trata de optar apenas por uma delas, estamos perante uma das críticas surgidas a propósito da ênfase posta no direito à privacidade. Ora, esta crítica, embora ponha a tónica nas relações políticas,

(57) KANT, Immanuel, *A Paz Perpétua e Outros Opúsculos*, Lisboa, Ed. 70, 2004, p. 11.

(58) HABERMAS, Jürgen, *A Transformação Estrutural da Esfera Pública*, Lisboa, Ed. Fundação Calouste Gulbenkian, 2013.

O pensamento de Karl Marx também influenciou as críticas à ênfase posta no direito à privacidade no seu sentido geral.

O pensamento de Karl Marx também influenciou as críticas à ênfase posta no direito à privacidade. Segundo este autor, a privacidade é um sintoma de uma sociedade atomizada, que isola os indivíduos uns dos outros, e dos laços de solidariedade, a privacidade é uma preocupação da burguesia, a qual, mais do que qualquer outro grupo, tem possibilidades económicas para viver e gozar de privacidade, ao poder dispor de uma propriedade privada. A crítica de Marx àquilo a que hoje chamamos direito à privacidade é também feita no âmbito da sua crítica aos Direitos do Homem: «Nenhum dos chamados direitos do Homem vai, portanto, além do homem egoísta, além do homem enquanto membro da sociedade burguesa, a saber: um indivíduo remetido a si, ao seu interesse privado e ao seu arbítrio privado, e isolado da comunidade»[59]. Por conseguinte, por influência da crítica aos direitos do Homem, feita por Karl Marx, os marxistas têm também tido tendência, de uma forma geral, para contestar a ênfase posta no valor do direito à privacidade.

Mais recentemente há a salientar, como uma das mais importantes críticas à ênfase posta no direito à privacidade, o caso das feministas, que afirmam que mesmo o que é pessoal é político[60] e que, dando-se um estatuto especial à privacidade, e separando-se o público do privado, em que o Estado não possa intervir naquilo que é privado, isso acaba por ser prejudicial para as mulheres, dado que a privacidade é ou pode ser usada como um meio de dominação e de controlo dos maridos sobre elas, na intimidade do lar, e como forma de encobrir esse controlo, e, portanto, segundo algumas feministas, a privacidade

---

[59] MARX, Karl, *Para a questão judaica*, Lisboa, Ed. Avante, 1979, p. 86.

[60] NICHOLSON, Linda, *Gender and History: the limits of social theory in the age of the family*, Nova Iorque, Ed. Columbia University Press, 1986, pp. 17-43. PHILLIPS, Anne, *Engendering Democracy*, Pensilvânia, Ed. Pennsylavania University Press, 1991, pp. 92-119.

não se pode conciliar com a liberdade e a igualdade da mulher[61]. Por um lado, a privacidade é necessária para a vida do casal, mas por outro lado a ênfase posta na necessidade de privacidade pode ser negativa para a mulher.

No nosso tempo critica-se também a ênfase posta na privacidade, a partir da perspetiva do reconhecimento das identidades no espaço público e do reconhecimento das convicções e das crenças mesmo pessoais. Enquanto outrora essas identidades, convicções e crenças pessoais não eram aceites, e mais tarde passaram a ser toleradas ou a pedir-se para elas tolerância, como foi o caso das confissões religiosas minoritárias, cuja tolerância foi defendida por autores como por exemplo John Locke, na sua obra *Carta Sobre a Tolerância*, hoje não se pede apenas tolerância, mas também, e sobretudo, reconhecimento público. Segundo este princípio, defendido pelas respetivas comunidades (religiosas, políticas, sexuais etc.) e por alguns autores, nomeadamente por Axel Honneth[62], a identidade tem necessidade de reconhecimento dos outros, é vulnerável à falta desse reconhecimento e a negação do reconhecimento prejudica direta ou indiretamente aqueles que sentem a sua necessidade. Sendo assim, os indivíduos com uma identidade diferente não deveriam ter de recorrer ao direito à privacidade. Quando se trata de recorrer ao direito à privacidade para não se ser discriminado, o ideal seria que, numa sociedade mais justa e aberta às diferenças, os indivíduos em causa não tivessem de recorrer a esse direito. Em vez disso, deveriam ser compreendidos, respeitados e aceites como são, como pensam, como creem, como sentem e como vivem. Assim, por um lado existe o ideal do direito à privacidade, que é considerado como tendo valor positivo, mas por outro lado existe também o ideal do reconhecimento público e do

---

[61] MACKINNON, Catherine, «Privacy v. Equality: Beyond Roe v. Wade», in *Feminism Unmodified: Discourses on Life and Law*, Cambridge, Ed. Cambridge University Press, 1983, cap. 8.

[62] HONNETH, Axel, *Luta pelo reconhecimento – Para uma Gramática Moral dos Conflitos Sociais*, Lisboa, Ed. 70, 2011.

respeito pelas diferenças, que são algo também considerados como tendo valor positivo, e que são para alguns indivíduos preferíveis à privacidade.

Atualmente, a análise do tema da privacidade divide-se basicamente em dois grandes grupos: a análise sobre o seu conceito e a análise sobre o seu valor. Nestas análises existe um debate entre a generalidade dos autores, acerca do melhor meio para perceber o conteúdo da privacidade, conforme vimos atrás, e para justificar o seu valor. No que diz respeito ao seu valor, alguns autores, como Allen, Benn, Decew ou Thomson (ver a bibliografia), acham difícil justificar como e porquê os indivíduos têm um direito à privacidade, cujo valor seja diferente de outros direitos. Assim, por exemplo, para Thomson, não existe nada de especial no direito à privacidade, dado que, segundo este autor, qualquer interesse protegido como privado pode ser igualmente bem desenvolvido e protegido por outros interesses ou direitos, nomeadamente o direito à propriedade e o direito à segurança corporal. Outros autores, como Posner, defendem também que os interesses da privacidade não são relevantes, pois os interesses que eles protegem são economicamente ineficientes, ou como afirma Bork, não são garantidos por qualquer doutrina legal adequada. Outros autores ainda, como Rachels, Rirman, Scanlon, Parent ou Innes, dado que associam a privacidade à esfera psicológica, defendem que existe pouco ou nenhum valor na privacidade para a esfera política.

Do ponto de vista político e político-partidário, a privacidade é, por vezes, alvo de crítica, e até mesmo posta em causa, ou desvalorizada, tanto pela direita como pela esquerda. Assim, a direita política, que está, de uma maneira geral, mais preocupada com as questões da segurança, defende uma maior vigilância sobre os indivíduos, o que traz como consequência a diminuição e, em alguns casos, a anulação da sua privacidade. Por outro lado, a esquerda política, que está, de uma maneira geral, mais preocupada em combater a corrupção económica, defende uma maior visibilidade e transparência, por exemplo nas contas bancárias, o que também traz como consequências a diminuição e, em alguns casos, a anulação da privacidade. A direita política tem maior preocupação em valorizar a importância do sigilo bancário, ao contrário da esquerda. Portanto, tanto a direita como a esquerda político-partidária, através dos seus ideais políticos e das respetivas reivindicações, acabam, por vezes, por criticar, direta ou indiretamente, a importância da privacidade, e defendem a privacidade para umas coisas e não para outras.

Todas as críticas de que falámos neste capítulo têm aspetos positivos e negativos, que não analisamos especificamente, dado que, conforme já referimos, o objetivo deste livro não é a análise do tema da privacidade aplicado a nenhum caso ou a nenhuma comunidade específica, nem a sua análise é feita à luz de nenhuma teoria ou de nenhum autor específicos, tratando-se sim da sua análise e do seu relacionamento geral. Além disso, essas críticas à privacidade, como por exemplo a crítica marxista e a crítica feminista, apesar de serem importantes, já foram largamente analisadas e comentadas por diversos autores, por isso não nos detemos sobre elas. Finalmente, há também a referir que a tarefa de analisar cada uma dessas teorias e cada um desses autores, alargaria muito a nossa reflexão, e sairia fora do âmbito da nossa investigação.

Limites do direito à privacidade

Existe outro tipo de críticas à ênfase posta no direito à privacidade, que tem a ver com os limites deste direito, quando existe um conflito com outros direitos. Estes limites implicam que a privacidade não tem um valor absoluto, mas relativo, que a privacidade não tem um valor definitivo, mas circunstancial, que a privacidade não tem um valor em si, mas relacional. Estão subentendidos em muitos dos debates sobre o direito à privacidade, incluindo em algumas das reflexões presentes ao longo deste livro, em que de uma forma ou de outra falamos sobre estes, como na questão da liberdade perante o direito à privacidade.

O DIREITO À PRIVACIDADE

Por vezes não se trata propriamente de um conflito com a liberdade, pois a vida e a segurança de alguns indivíduos que entram em conflito com o direito à privacidade de outros indivíduos, ao contrário das convicções políticas, religiosas, ou outras, não é uma questão de liberdade de escolha. A vida do ponto de vista biológico é um valor que não se escolhe, ao contrário das convicções.

Assim, entre o direito à privacidade de uns indivíduos e o direito à vida e à segurança de outros, este último tem a primazia, ficando portanto o direito à privacidade limitado. Os ataques de grupos terroristas, ou a sua ameaça, assim como os comportamentos de delinquentes, podem, por vezes, levar a que os terroristas e os delinquentes sejam alvo de vigilância, limitando ou anulando a sua privacidade, sendo o objetivo principal proteger o direito à vida e à segurança do comum dos cidadãos. Entre a preservação do direito à vida e à segurança e a preservação do direito à privacidade reside um conflito difícil de solucionar, pois, em muitos casos, para se proteger o direito à vida e à segurança, não se protege o direito à privacidade, e vice-versa. No entanto, o direito à vida e à segurança dos cidadãos tende a prevalecer.

Outro tipo de limites do direito à privacidade tem a ver com o direito à informação e à liberdade de expressão. Em nome destes últimos, por vezes a imprensa limita a privacidade, defendendo que o público tem o direito à informação quando se trata de figuras conhecidas, nomeadamente os políticos. O direito do público à informação e o direito à liberdade de expressão, assim como o direito à liberdade de informar, em determinadas circunstâncias impõem limites ao direito à privacidade. É geralmente reconhecido que determinados elementos da vida privada de uma pessoa que exerce uma atividade pública, ou que adquiriu uma certa notoriedade, podem tornar-se matéria de interesse público, como quando um político diz uma coisa e faz outra. É difícil não violar o direito à privacidade quando existe uma justificação razoável, uma finalidade pública legítima. Dado que o direito à privacidade não é um direito absoluto, há que encontrar a concretização equilibrada entre os

DA PRIVACIDADE

dois direitos (o direito à privacidade e o direito à informação), que, como vimos, são ambos defendidos pela *Declaração Universal dos Direitos do Homem*, por outras declarações e documentos internacionais, pela Constituição de alguns países, como a portuguesa, e pelas leis vigentes. Em situações litigiosas, os Tribunais tanto poderão dar mais valor à proteção do direito à privacidade como ao direito à liberdade de informação da imprensa e ao direito do público de ser informado. Dado que nenhum destes direitos é absoluto, pelo possível conflito entre o direito à privacidade e outros direitos, o direito à privacidade em determinadas matérias pode não ser respeitado, sendo, portanto, limitado, suspenso ou anulado.

Apesar de o direito à privacidade se encontrar protegido juridicamente e os Tribunais condenarem, por exemplo, os jornalistas a indemnizarem uma figura pública fotografada na intimidade, nem sempre assim acontece.

Existem aqui dois direitos importantes que podem entrar em conflito: o direito à privacidade e o direito à informação. Quando o direito à informação é considerado de interesse público, prevalece em detrimento do direito à privacidade.

Do ponto de vista do interesse público, o chamado *direito à História* pode também, segundo as interpretações dos Juízes em Tribunal, anular ou limitar o direito à vida privada, em matéria de pesquisa documental, implicando isso determinadas ingerências na vida privada de algumas famílias, quando nessas famílias existiram figuras públicas importantes para a História. O direito à História, para efeitos de uma investigação académica considerada de interesse público, pode ser mais importante e a sua concretização limitar o direito à privacidade de determinadas figuras históricas ainda hoje vivas, ou solicitar determinadas revelações aos seus descendentes.

O direito à privacidade, dado que por vezes estão em causa outros valores e direitos que são considerados mais importantes, pode também ser limitado ou anulado, para as autoridades consultarem certos dados pessoais, fazerem escutas telefónicas, lerem a correspondência de um

O DIREITO À PRIVACIDADE

determinado indivíduo ou gravarem as suas conversas, filmarem-no ou porem câmaras de vigilância, quando se trata de alguém que é suspeito de crimes, e ainda, como nos aeroportos, fazerem o rastreio dos passageiros e revistarem as respetivas bagagens, visando a segurança de todos. As autoridades, em nome da luta contra a corrupção económica, ou em defesa da segurança pública, podem não respeitar o direito à privacidade, por exemplo, no sigilo bancário, para consultar as movimentações económicas dos suspeitos de corrupção. No caso dos médicos, pode não se respeitar o direito à sua privacidade, quando mediante suspeita se investigam as suas práticas clínicas, se revista o consultório médico e se consultam determinados documentos, que possam atestar ou confirmar a suspeita de corrupção ou negligência médica grave. No que se refere a doenças como a SIDA, por exemplo, de modo a preservar a saúde pública, o sigilo médico pode ser levantado e o médico pode revelar às autoridades competentes que uma determinada pessoa é portadora desse vírus, nomeadamente em certas profissões que lidam com a saúde das pessoas (os médicos, os enfermeiros...). O direito à privacidade pode, por vezes, não ser respeitado também no que se refere à via sexual, quando se trata da proteção do direito à saúde de um dos cônjuges, devido ao facto de o outro cônjuge estar atingido pelo vírus da SIDA. Ainda no que se refere à saúde, por razões relacionadas com o direito à saúde pública, as autoridades podem entrar no espaço privado dos restaurantes e inspecionar a falta de higiene, nomeadamente na cozinha, e podem mesmo consultar faturas e outros documentos sobre o fornecimento de alimentos.

A consagração de um direito faz surgir a necessidade de reconhecimento de um direito simétrico, não apenas quando estão em causa os direitos dos cidadãos em geral, mas também quando estão em causa os direitos de uma pessoa em particular. Além da vida sexual, que se passa entre um casal, em que um dos cônjuges pode estar em risco de saúde, também em matéria de direitos reprodutivos, o direito de saber as origens paternais pode ser invocado por um filho à mãe, e, apesar do direito à privacidade dessa mesma mulher, o direito do filho tende a prevalecer. Devido ao facto de prevalecer o seu direito, enquanto filho, de saber as suas origens paternas, e se esse direito for reconhecido como mais importante, o direito à privacidade da mulher pode passar para segundo plano e o filho ficar a conhecer quem é o seu pai, quebrando-se, portanto, o direito à privacidade mesmo nas relações privadas. Significa isto que o direito à privacidade pode cessar não apenas quando está em causa o interesse público, mas também o interesse privado, neste caso o interesse de um filho em saber quem são os seus progenitores (exceto nos casos dos doadores anónimos de espermatozoides).

Existem mais comportamentos que, embora pertençam à vida privada, devem ser limitados, e não devem mesmo ser aceites. Por exemplo, mesmo que a vida de um casal seja um assunto da sua privacidade, esse direito não justifica a violência doméstica. Também quando uma pessoa decide abandonar as suas crenças religiosas ou critica certos dogmas, num grupo religioso, passando a ser discriminada, manipulada ou mesmo perseguida pela família, apesar de as crenças dessa pessoa, serem um assunto privado, e dos conflitos com a sua família serem também um assunto privado, ambas as privacidades devem ser violadas e alvo de uma intervenção pública, neste caso, a proteção do Estado. Em nome do direito à sua vida privada, uma mulher adulta poderia decidir por si mesma interromper a gravidez, em toda e qualquer circunstância, e independentemente do tempo de duração da gravidez. Em nome do direito à sua vida privada, uma pessoa poderia drogar-se com toda e qualquer droga. Ora, nestes casos, como noutros, apesar de dizerem respeito à vida privada das pessoas em causa, o argumento segundo o qual esses comportamentos têm a ver com a privacidade não pode ser uma justificação para serem aceites.

No direito à privacidade existe uma série de limites, e a sua proteção apela a um equilíbrio com outros direitos, com tanto ou mais valor, e portanto a privacidade não é um direito com valor absoluto. O próprio texto da *Convenção Europeia dos Direitos do Homem*

O DIREITO À PRIVACIDADE

prevê algumas restrições no direito à privacidade e a possibilidade de ingerência neste direito por parte das autoridades públicas, «desde que essa ingerência esteja prevista pela Lei e constitua uma medida que, numa sociedade democrática, seja necessária à segurança nacional, à segurança pública, ao bem-estar económico do país, à defesa da ordem e à prevenção das infrações penais, à proteção da saúde ou da moral, ou à proteção dos direitos e das liberdades de terceiros»([63]).

Estes e outros limites surgem, por vezes, a propósito do direito à privacidade. Há, por isso, que salientar a relatividade deste direito e várias situações negativas às quais pode conduzir a defesa incondicional da privacidade. No entanto, apesar de ser necessário em alguns casos limitar o direito à privacidade, a preocupação em lhe impor limites, sob a justificação de que existem outros direitos que são considerados mais importantes, tem levado a algumas falácias, como a falácia da derrapagem, ou da bola de neve. A pessoa que usa essa falácia estende-a indefinidamente para mostrar que um determinado resultado indesejável ou terrível se seguirá inevitavelmente (por exemplo, se a vigilância dos cidadãos não existir, corremos todos risco de vida). Esta falácia conduz-nos a outra falácia, a do espantalho ou boneco de palha, que é cometida sempre que alguém, em vez de refutar o verdadeiro argumento do seu opositor, ataca ou refuta uma versão simplificada. Assim, quando uma pessoa defende que não devemos comer carne de animais cuja industrialização os tenha sujeitado a condições de vida e a morte cruéis, para refutar esta tese alguém responde que a pessoa que defende isso quer que nos tornemos vegetarianos. Ora, não foi isso o que essa pessoa disse. O mesmo acontece na argumentação em defesa do respeito pela privacidade, e alguém contra argumentar, dizendo que quem defende isso não se preocupa que corramos risco de vida. Também não foi isso o que se disse, e além disso, há que vigiar apenas alguns indivíduos, e não todos. As falácias presentes no

---

([63]) *Convenção Europeia de Salvaguarda dos Direitos do Homem das Liberdades Fundamentais*, Roma, 1950, artigo 8, parágrafo 2.

DA PRIVACIDADE

debate em torno da defesa da privacidade e da segurança conduzem também, por vezes, à falácia do falso dilema: ou privacidade ou vida e segurança; ou privacidade ou liberdade de expressão (quando os jornalistas invadem a privacidade) etc. Esta argumentação exprime um falso dilema, pois ignora a possibilidade de conciliar uma coisa com a outra, pois uma pessoa que é suspeita de um determinado crime pode ter invadida a sua privacidade apenas naquilo de que é suspeita, isto é, nos seus negócios (por suspeita de corrupção económica), e não na sua privacidade amorosa e sexual. Por outro lado, ao falarmos na necessidade de defesa da privacidade, o argumento segundo o qual, se colocarmos a tónica na defesa da privacidade, a sociedade corre risco de vida e de segurança (falácia da derrapagem), em que se deve, portanto, optar por uma coisa ou por outra, é um falso dilema, pois uma coisa não invalida a outra, dado que não se trata de todos os indivíduos perderem o direito à privacidade, mas apenas os indivíduos que são suspeitos de determinados crimes, e por outro lado não se trata de estes perderem o direito à privacidade em tudo, mas apenas nas coisas que estejam ligadas aos crimes de que são suspeitos ou acusados. A onda de desconfiança generalizada que se instaurou no mundo de hoje tem conduzido a muitos exageros e ao desrespeito total pelo direito à privacidade, nas mais variadas circunstâncias, conforme veremos no capítulo seguinte.

O desrespeito pelo direito à privacidade no mundo de hoje

No desrespeito pelo direito à privacidade, pode-se distinguir-se entre o desrespeito que vem já de antigamente e o desrespeito que é característico do mundo de hoje. No que diz respeito ao primeiro, temos como exemplo um que lhe está tradicionalmente associado e que continua atual: a violação da residência (sendo a residência de uma pessoa um dos elementos importantes da sua privacidade).

O DIREITO À PRIVACIDADE

Se o proprietário de uma casa, que a arrendou legalmente, entrar dentro dela sem autorização do inquilino, ou combinar com este uma visita à casa, para supostamente ver o seu estado de conservação, e se essa casa continuar a ter o mesmo uso para a qual foi arrendada (habitação), se ao longo da duração do contrato de arrendamento as deslocações do proprietário da casa forem frequentes, sob sua exigência, o inquilino fica numa situação vulnerável perante o proprietário que, a pretexto dessas justificações (ou sem nenhuma), comete uma invasão da privacidade do inquilino.

Porém, o que nos leva aqui a falar na invasão da privacidade é a sua diminuição, e em muitos casos a sua perda no mundo de hoje, e o que há de novo e de característico atualmente no desrespeito pelo direito à privacidade. Hoje em dia vive-se outra realidade, pois existem outros tipos de invasão da privacidade, e de forma muito mais intensa, certamente inimaginável pelos advogados norte-americanos que em 1890 fizeram surgir as bases legais do direito à privacidade. A situação de hoje também seria nova para aqueles que participaram na elaboração do artigo 12 da *Declaração Universal dos Direitos do Homem*, e do artigo 17 do *Pacto Internacional dos Direitos Civis e Políticos*. A violação de *e-mails* particulares (de comunicação pessoal ou profissional), a violação de dados pessoais sobre a conta bancária de cada pessoa, de dados pessoais sobre a sua saúde, de dados pessoais sobre as suas convicções políticas e religiosas, de ficheiros guardados em arquivos eletrónicos, o controlo das compras efetuadas através de cartão multibanco, a facilidade em obter dados pessoais, por exemplo através da navegação na Internet, as informações e gravações de conversas telefónicas de voz ou digitalizadas, etc., mostram bem o risco que corre hoje em dia o direito à privacidade, de todos os que tenham acesso a meios eletrónicos digitais ou informáticos.

Vejamos, por exemplo, o caso dos motores de busca na Internet. As marcas digitais de todos estão disponíveis na rede, e através destes serviços o grau de alcance daquilo que se localiza é cada vez maior. Existem filtros de diversos tipos, através de palavras, tipos de arquivo, números, localização espacial, entre outros, que vão proporcionando a construção de perfis do seu utilizador e que praticamente impossibilitam a sua privacidade. Um dos casos mais importantes são os chamados *cookies*, que são programas instalados em computadores, usados para finalidades profissionais e pessoais, e que registam as operações efetuadas pelos utentes. Os *cookies* dão a possibilidade de se desenhar o perfil dos utilizadores dos computadores, através dos *sites* que visitam e da duração dessas visitas. O envio maciço de *spam* para as caixas de correio eletrónico constitui também uma pressão sobre a privacidade dos destinatários, sem estes terem a possibilidade de reagir e responder a quem os enviou. Quem envia estas e outras mensagens conhece o endereço do correio eletrónico do destinatário, embora este não conheça o endereço do correio eletrónico de quem os enviou, e mesmo que responda à mensagem, a resposta vem sempre devolvida, pois informaticamente o sistema está preparado para que seja impossível a resposta ser entregue. Chega também a acontecer, por vezes, recebermos chamadas telefónicas de campanhas publicitárias sobre determinados produtos, ou para angariar clientes para fazerem seguros de vida, de saúde, etc., sem que saibamos como e onde foi obtido o número de telefone.

A Via Verde, os radares, e os *chips* antirroubo registam todas as viagens pessoais, os cartões de crédito e os cartões de fidelização cadastram compras, os servidores de correio eletrónico, os motores de busca e as redes sociais monitorizam as comunicações, as páginas visitadas, as preferências e os contactos. Por seu turno, os *smartphones*, além de assinalarem chamadas de voz e mensagens escritas, dão a localização exata do utilizador, em tempo real.

Para assegurarmos totalmente a privacidade teríamos de não utilizar determinadas autoestradas, fazer compras apenas em dinheiro, desligar a Internet e usar um telemóvel antigo e com um cartão pré-pago. Mas, mesmo assim, não escaparíamos à fiscalização estatal de outros dados pessoais: os rendimentos, as compras, as propriedades e até os dados clínicos e as medicações prescritas pelo Serviço Nacional de Saúde.

O DIREITO À PRIVACIDADE

Também nas praças, nas ruas, nas avenidas, nos transportes públicos, nos centros comerciais, nos espaços profissionais, nos espaços de lazer, nos espaços dos condomínios, e por vezes até nos espaços de culto religioso, se vive hoje em dia sob constante observação e registo de imagens. As pessoas são observadas, gravadas e registadas continuamente, através de câmaras de vigilância que gravam as suas imagens e os seus movimentos, e devido ao facto de algumas câmaras estarem escondidas, muitas vezes as pessoas nem sequer sabem que estão a ser filmadas e que as suas imagens e os seus movimentos estão a ser registados. Sob a justificação da salvaguarda da segurança pública, hoje em dia chegou-se a uma situação em que toda a gente é alvo de suspeita, e nos mais diferentes espaços: na rua, nos estabelecimentos comerciais, nos aeroportos, etc., onde somos vigiados não apenas através de câmaras, mas também através de outros meios, nomeadamente os sistemas biométricos, através dos quais as diversas partes do corpo humano podem ser inspecionadas.

Outro fenómeno característico do nosso tempo são os chamados *paparazzi*, que perseguem as figuras públicas para as fotografar e filmar nas mais diversas situações da vida quotidiana, como uma simples ida às compras, em que toda a gente fica a saber o que compraram, onde compraram, por vezes o preço do que compraram e quem estava no local das compras, em tal dia e em tal hora. Os *paparazzi* podem não ser apenas os jornalistas, pois qualquer pessoa hoje pode tornar-se num *paparazzo*, podendo, através do seu telemóvel, fotografar uma figura pública em qualquer banal situação da vida quotidiana (por exemplo, a almoçar num determinado restaurante). Apesar de essas situações não terem interesse público, a pessoa que as fotografou coloca essas fotos nas redes sociais ou noutro sítio na Internet, e sem ter nenhuma autorização da figura pública que foi fotografada.

Mas não são apenas as figuras públicas que são alvo de perseguição e que sofrem exibições arbitrárias sobre si. A Internet revolucionou a comunicação entre as pessoas, promovendo a democratização dos espaços públicos, possibilitando a todos tornarem-se produtores e não meramente consumidores de informação, neste caso de informação sobre si próprios e sobre os outros. À medida que vamos navegando na Internet, vamos produzindo um enorme conjunto de conteúdos e deixamos, ativa ou passivamente, um rasto de informações. Graças à evolução tecnológica, esta pegada digital assume-se cada vez mais como ilimitada e eterna. A Internet é, hoje em dia, um dos locais mais procurados para as intromissões na privacidade. Muitas páginas pessoais, bases de dados e *sites* são pirateados. Qualquer pessoa pode fotografar outra pessoa, conhecida ou não conhecida, e pôr essa fotografia a circular na Internet, e sem que a pessoa fotografada o saiba ou o consinta. A partir de uma fotografia, por exemplo, de uma festa de Natal de uma empresa, que alguém anónimo publique nas redes sociais, é possível que toda a gente fique a saber o local onde uma pessoa trabalha; se for num restaurante, fica-se a saber o local onde almoça; se for numa discoteca, fica-se a saber que discoteca frequenta; se for num grupo de amigos, fica-se a saber quem são os seus amigos, etc.

Por outro lado, existe hoje uma espécie de *show do eu*, em que as pessoas expostas são também elas próprias que se expõem, com muita facilidade, através de fotografias nas redes sociais, mostrando o dia a dia em casa, no trabalho, no lazer, em situações de intimidade amorosa etc. A autoexposição da privacidade banalizou-se através dos novos meios de comunicação: os blogues, os programas de conversação como os *chats*, os fóruns de discussão, os vídeos pessoais a circularem na Internet, como por exemplo no YouTube, no Facebook ou no Twitter. Os próprios órgãos de comunicação social tradicionais passaram a praticar a exposição da privacidade, tendo exatamente como objetivo mostrar a privacidade, através de programas de televisão de *reality shows*, como o *Big Brother*, a *Casa dos Segredos* etc., ou através da rádio, pois há programas em qualquer pessoa pode telefonar para a rádio e relatar os seus problemas pessoais, e isso ser transmitido em direto para todos os ouvintes.

Também os telemóveis, os sistemas de espionagem que podem existir através deles ou as conversas ao telemóvel em pleno espaço público, em que somos invadidos com as conversas privadas das pessoas, que se expõem despreocupadamente, são exemplos da exposição fácil e vulgarizada da privacidade no mundo de hoje. Através de determinados programas televisivos e radiofónicos, das chamadas revistas de cor-de-rosa, do Facebook etc., são os próprios indivíduos que expõem facilmente a sua vida privada, por necessidade de descarga das suas tensões psicológicas, por necessidade de quem lhes dê atenção ou por necessidade de protagonismo. Tudo se passa como se a vida privada do homem comum se transformasse hoje numa espécie de espetáculo, que é apresentado em qualquer espaço público, situação esta que leva a generalidade dos indivíduos a ser invadida no dia-a-dia pela privacidade de outros, incluindo dos que não são figuras públicas, mesmo que os que são alvo da exposição dessa privacidade não o queiram. Apesar de não querermos ser incomodados com trivialidades sobre a vida dos outros, muitas vezes é difícil evitar isso, pois somos bombardeados por notícias radiofónicas e jornalísticas sobre essas mesmas trivialidades. Mesmo que nós próprios não queiramos receber o espetáculo da privacidade, somos quase obrigados a recebê-lo no dia a dia, pois tornou-se banal encontrarmos expostos nas ruas e nas montras das lojas diversas revistas e jornais exibindo nas capas dessas revistas ou jornais a vida privada de outras pessoas, tanto de figuras públicas como de cidadãos comuns. Através desses e de outros meios, muitas pessoas hoje publicitam ou deixam publicitar a sua privacidade: os seus dados pessoais, familiares, as suas preferências, os seus gostos e ideais, as suas tendências, os seus planos de vida e os seus sonhos. Essas pessoas colocam isso tudo para as outras pessoas verem, mesmo as pessoas que elas não conhecem, satisfazendo a necessidade que têm de repararem nelas e de se mostrarem em público. Umas pessoas fazem isso por vaidade, outras por necessidade de que lhes deem atenção, outras por desejo de serem famosas e outras por gosto de exibicionismo. Por outro lado, isso também acontece porque a sociedade de hoje, direta ou indiretamente, influencia, suscita e solicita a revelação fácil e indiferenciada da privacidade.

No mundo atual, a própria Globalização acabou por produzir efeitos nunca dantes vistos nem imaginados, a todos os níveis. Com os meios de comunicação em massa e as alterações produzidas pelas novas tecnologias, nomeadamente a Internet, as barreiras geográficas deram lugar a um mundo virtual e universal, onde todas as pessoas podem ter acesso às mesmas informações sobre tudo ou sobre uma determinada pessoa, mesmo que essa pessoa não seja um político ou uma pessoa famosa, e, por vezes, sem que a pessoa a quem essas informações dizem respeito saiba dessa divulgação ou tenha controlo sobre quando, como e a quem se podem divulgar. Ligada à Globalização, existe também a questão económica. As empresas procedem, por vezes, à recolha de informações privadas pelos sistemas automatizados, sem que as pessoas saibam que os seus dados estão a ser recolhidos e compilados, havendo troca dessas informações por órgãos públicos ou por empresas, aumentando significativamente o volume de dados. Por exemplo, quando usamos um cartão de débito ou de crédito, ou de identificação de conta bancária, para fazer compras, é possível que uma empresa vincule o nosso nome e o endereço à lista de compras, ao serem passadas no leitor do código de barras. Essa recolha de dados pormenorizados sobre os hábitos de compra pode ser guardada sem que saibamos, e essa empresa pode usá-los, mesmo que seja para interesses comerciais, e por vezes podem ser usados por terceiros para outros interesses.

As empresas exercem também um enorme controlo sobre os próprios trabalhadores, tanto as estatais como as privadas. Os trabalhadores são controlados de maneira direta ou indireta, e não apenas através das câmaras de vigilância nos locais de trabalho. Instaurou-se um clima de concorrência entre os trabalhadores, mas também um clima de desconfiança e de suspeita do Estado e das entidades patronais para com os trabalhadores e para com os candidatos a um posto de trabalho. Mesmo que o controlo não seja permanente, como sucede com a instalação de câmaras de vigilância em alguns locais de trabalho, é periódico. Os trabalhadores (por exemplo, os professores), passaram a ter de apresentar relatórios periódicos e pormenorizados sobre o seu desempenho profissional. Muitos trabalhadores, do Estado ou do setor privado, têm de apresentar também um certificado de registo criminal, sendo, assim, tratados, indiretamente, como suspeitos. Em algumas empresas os trabalhadores têm de dizer onde foram ou o que andaram a fazer, quando tiveram de faltar ao trabalho ou até de indicar o local de férias. Muitas empresas querem também saber tudo sobre o passado de um indivíduo e, por exemplo, alguém que numa determinada fase da vida tenha sido traficante ou consumidor de droga ou alcoólico, e que deixou esses comportamentos e se reabilitou, fica, no entanto, marcado para toda a vida, e impossibilitado de acesso a determinados trabalhos.

Mas não é apenas o cidadão comum e as empresas que cometem atentados contra a privacidade, por vezes o próprio Estado também os comete. Em alguns países a utilização da rede mundial de computadores é constantemente vigiada e as notícias que são contrárias ao regime político são bloqueadas. Mesmo nos países ditos democráticos existem bases de dados, feitas por organismos do Estado, que contém informações de carácter pessoal, que também apresentam um risco para o direito à privacidade, se forem mal utilizadas. As bases de dados estatais armazenam dados pessoais de indivíduos das mais diversas profissões, classes sociais, origem familiar e poder económico. A existência de uma base de dados centralizada constitui um motivo de preocupação, pois aumenta os riscos de insegurança na informação, ao deixar todos os indivíduos vulneráveis perante o Estado.

Uma técnica atualmente utilizada por alguns organismos do Estado são as listas de vigilância. O tipo mais comum de listas de vigilância refere-se às listas «Não voa/selecionado». Geralmente estas listas circulam entre as companhias aéreas e os funcionários de segurança, com instruções para deterem e interrogarem qualquer passageiro cujo nome esteja na lista. A amplidão do uso destas listas permanece secreta,

DA PRIVACIDADE

e nos países onde estes sistemas são supervisionados publicamente, têm surgido diversos erros que têm a ver com violações do direito à privacidade, principalmente nos Estados Unidos e no Canadá. As pessoas não sabem que fazem parte dessas listas, que muitas vezes contêm informações falsas e que não podem corrigir. As informações, uma vez obtidas para um determinado objetivo (como o da segurança), são reutilizadas para outros objetivos, e em alguns casos são até partilhadas com outras instituições, sem o conhecimento ou o consentimento das pessoas a quem essas informações dizem respeito. Utilizam-se por vezes informações erradas para decidir sobre as pessoas, o que resulta sobretudo nas restrições para viajar, na recusa de vistos, na rejeição nas fronteiras ou na proibição de embarcar num avião, e sem que sejam apresentadas provas da prática de quaisquer infrações.

A tecnologia utilizada para a invasão da privacidade é utilizada pelos países ocidentais, mesmo nos ditos desenvolvidos, que adotam os Direitos do Homem e os direitos fundamentais como diretrizes da atuação estatal. Por exemplo, na Bélgica existe um sistema através de satélite para a cobrança da taxa anual sobre as viaturas automóveis, que vigia e grava as suas deslocações, com o objetivo de quantificar a quilometragem percorrida, e estipular o valor do imposto que deve ser cobrado. Hoje os automobilistas podem ser controlados pormenorizadamente, através de outros meios eletrónicos, e pode-se saber o seu percurso através de *chips* colocados nas viaturas. Dado que a tecnologia permite a transmissão de informações entre o *chip* e antenas, existe também a possibilidade de algumas pessoas poderem intercetar a comunicação, apropriando-se dos dados, inclusive para monitoramento das estradas por onde um determinado veículo costuma passar, pondo em risco não só a privacidade do condutor, como também a sua segurança.

Atualmente, e mais do que nunca, vive-se sob o domínio dos meios de comunicação social, que querem saber tudo, e sabê-lo de toda a gente. No nosso tempo, a sociedade da informação e a cultura da transparência têm contribuído cada vez mais para alterar as fronteiras entre o público e o privado e alargar a esfera do que é privado, de tal modo que alguns assuntos tradicionalmente pertencentes à vida privada (por exemplo, os problemas familiares) são hoje vistos e discutidos em público.

As fugas de informação têm sido frequentes nos últimos anos, e o segredo de Justiça tem sido, por vezes, posto em risco, ou mesmo violado. O trabalho dos advogados ou a investigação em curso em departamentos judiciais são muitas vezes devassados pelos próprios meios de comunicação.

Chegámos a uma situação em que a privacidade, tanto pessoal como profissional, é alvo de desrespeito e de atentados em todas as áreas, das mais diversas maneiras, desprezando-se cada vez mais o seu valor.

Justificações do direito à privacidade

O valor da privacidade, apesar das suas justificações filosóficas (de que Locke é um dos exemplos), e de ser hoje também defendida sob o ponto de vista jurídico enquanto direito humano, no passado, além de não existir a sua defesa jurídica, não era sequer era encarada como um direito. No entanto, embora ainda não existindo a noção de *privacidade* tal como a entendemos hoje, já existia a noção do seu valor, tendo sido defendida de outras maneiras. Um dos exemplos mais antigos da valorização dos atos feitos em privado é o da Bíblia Sagrada. Muitas pessoas fazem o que fazem apenas para serem bem-vistas, elogiadas, apreciadas e aplaudidas. A exposição perante os olhares públicos, e influenciada por estes, leva geralmente à inautenticidade. Ora, fora dos olhares dos outros, quando alguém, ao fazer determinada coisa, o faz pelo sentido do dever de o fazer, e não para que os outros vejam que o faz, existe maior autenticidade e valor naquilo que faz, valor esse do ponto de vista ético e religioso, defendido pela Bíblia Sagrada, que afirma o seguinte:

DA PRIVACIDADE

«Guardai-vos de fazer as vossas boas obras diante dos homens, para serdes vistos por eles. De contrário, não tereis recompensa junto do vosso Pai que está no céu. Quando, pois, deres esmola, não toqueis a trombeta diante de ti, como fazem os hipócritas nas sinagogas e nas ruas, para serem louvados pelos homens. Em verdade eu vos digo: já receberam sua recompensa. Quando deres esmola, que a tua mão esquerda não saiba o que fez a direita. Assim, a tua esmola se fará em segredo, e teu Pai, que vê o escondido, recompensar-te-á.

E, quando orares, não sejais como os hipócritas, pois se comprazem em orar em pé nas sinagogas, e às esquinas das ruas, para serem vistos pelos homens. Em verdade vos digo que já receberam o seu galardão. Mas tu, quando orares, entra no teu quarto, e fechando a tua porta, ora a teu Pai que está em secreto; e teu Pai, que vê em secreto, te recompensará publicamente.»([64])

O valor da privacidade foi defendido ao longo da História, também na literatura, por alguns escritores como George Orwell, com a sua obra *1984*. Para não nos alongarmos, apresentamos apenas o exemplo de Fernando Pessoa, que defendeu a necessidade de guardar e respeitar aquilo a que hoje chamamos privacidade. Nas suas reflexões pessoais, Fernando Pessoa tem várias passagens que revelam esse ideal, como por exemplo no texto «Regra de vida», em que estabelece propósitos de conduta para a sua vida, afirmando: «Faz o menor número de confidências possível. É melhor não fazeres nenhuma, mas se fizeres algumas, fá-las falsas ou imprecisas.»([65]) Também nas suas reflexões pessoais, escreveu o texto «Regras morais», afirmando: «Não confessar nunca o que intimamente se passa convosco. Quem confessa é um débil.»([66]) Essa atitude também existe no seu conto «O Eremita da Serra Negra», em que afirma: «Nunca fales de ti.

([64]) Bíblia Sagrada, Evangelho de São Mateus, 6, 1-6, Lisboa, Lisboa, Ed. Difusora Bíblica, 1991, p. 956.

([65]) «Reflexões pessoais», *Prosa Íntima e de Autoconhecimento,* Lisboa, Ed. Assírio & Alvim, 2017, p. 413.

([66]) *Idem*, p. 455.

O DIREITO À PRIVACIDADE

Guarda ao teu ser o seu segredo. Se o abrires nunca o poderás fechar. Não é que alguém te compreenderá, é que te descompreenderá; porque ninguém compreende os outros. Sentir-te-ás traído a ti mesmo, de uma traição desproveitosa.»([67]) No poema «À la manière de António Botto», afirma: «(…) Devemos ser misteriosos,/ Dizes-me sempre o que sentes…/ Ah, esconde-me qualquer coisa !…/ No amor deve haver segredo»([68]). No poema «Conselho», também afirma: «Cerca de grande muros quem te sonhas (…) onde és teu, e nunca o vê ninguém»([69]). Noutro texto, afirma também: «As cousas que se amam, os sentimentos que se afagam, guardam-se com a chave daquilo a que chamamos pudor no cofre do coração. A eloquência profana-os. A arte, revelando-os, torna-os pequenos e vis. O próprio olhar não os deve revelar.»([70]) Também no *Livro do Desassossego*, no fragmento 61, afirma: «Benditos os que não confiam a vida a ninguém», e no fragmento 470, Fernando Pessoa afirma que «Falar é ter demasiada consideração pelos outros. Pela boca morrem o peixe e Óscar Wilde.»

A necessidade de o indivíduo ter a sua própria privacidade é algo importante, por um lado no que se refere à consciência pessoal, como vemos nestas citações de Fernando Pessoa, consciência essa que não necessita que o indivíduo se retire para um determinado espaço para ficar fora dos olhares dos outros, mas por vezes também é importante o espaço onde o indivíduo se encontra (por exemplo, a própria casa). Embora a privacidade não se reduza à dimensão espacial, o espaço é um dos seus elementos mais importantes. Do ponto de vista bio-lógico, o ser humano tem tendência, assim como os animais, para ter e demarcar o próprio território. A observação de agrupamentos animais, realizada por biólogos, permite verificar a necessidade que

---

([67]) *O Mendigo e Outros Contos*, Lisboa, Ed. Assírio & Alvim, 2012, pp. 51-53.

([68]) *Poesia 1918-1930*, Lisboa, Ed. Assírio & Alvim, 2005, p. 143.

([69]) *Poesias,* Lisboa, Ed. Ática, 1995, p. 242.

([70]) *Pessoa por Conhecer – Textos para um Novo Mapa*, org. Teresa Rita Lopes, vol. II, Lisboa, Ed. Estampa, 1990, p. 76.

muitos animais têm de ter um espaço próprio. A etologia (ciência que estuda o comportamento animal) mostra que cada animal reconhece, em torno de si próprio, uma área territorial, dentro da qual se sente mais seguro. Também o ser humano, recorrendo a um determinado espaço, principalmente à privacidade do lar, pode encontrar nela maior segurança e maior preservação da sua privacidade.

A territorialidade é um elemento-chave para regular as interações sociais e a apropriação do espaço. A territorialidade pode ser também um meio para atingir o grau de privacidade desejado. Por outras palavras, o ser humano, como todo o animal, tem necessidade de privacidade dentro de um determinado território, e procura controlá-lo e dominá-lo conforme as suas necessidades, a fim de se diferenciar socialmente. Por um lado, a privacidade ajuda a estabelecer a identidade pessoal e a ligação a determinado espaço, e por outro lado a territorialidade fornece o ambiente para a manutenção e a defesa da privacidade.

Ao contrário da mistura dos indivíduos no espaço público, na massificação do dia a dia, em que todos os indivíduos se apresentam perante todos os indivíduos, e cuja apresentação é um todo indiferenciado, a privacidade é a base da distinção entre a realidade interna e a realidade externa, e da afirmação da própria personalidade de um indivíduo em relação aos outros indivíduos. Uma das principais funções da resguarda da privacidade é a proteção, favorecendo a construção do Eu, e colocando-o ao abrigo dos olhares dos outros. Se cada indivíduo tivesse de viver, sentir, crer e opinar, sempre sob a alçada do olhar público, tenderia a agir de acordo com as expectativas, ou sob pressão do olhar público, acabaria por perder as mais genuínas características da sua personalidade e a sua autenticidade dissolver-se-ia na massa anónima e coletiva. Por isso alguns autores, como Danilo Doneda, chamam a atenção para a necessidade de encarar a privacidade como algo necessário para o desenvolvimento da própria personalidade, de modo que a pessoa não seja submetida a determinadas formas de controlo social que anulariam a sua dignidade, cerceariam a sua autonomia e inviabilizariam o seu livre desenvolvimento psicológico. A privacidade como forma de proteção da pessoa humana, conforme defende este autor, deve ser encarada como um valor positivo, do ponto de vista psicológico[71].

Ainda que revelemos a algumas pessoas o que fazemos ou quem somos, precisamos também de um espaço próprio e pessoal: o da nossa consciência, o das nossas convicções, o dos espaços que privilegiamos e frequentamos, o do círculo restrito de amigos que temos, o da nossa família, o da pessoa que amamos, o da casa onde vivemos e onde fazemos o que queremos, desde que isso não prejudique outras pessoas. Podemos ou não revelá-lo, e apesar de o indivíduo ser um ser social, nem tudo nele se reduz à dimensão social, pois cada indivíduo é único e a possibilidade de cada um se distanciar dos outros, do ponto de vista espacial e identitário, é também importante para o desenvolvimento da sua própria personalidade.

O valor psicológico daquilo a que chamamos hoje privacidade foi sublinhado ao longo da História por alguns escritores e ensaístas, como Montaigne, que nos seus ensaios afirma, a determinada altura: «E mesmo nos empreendimentos inteira e livremente meus, se revelo o seu objetivo, parece-me que mo prescrevo e que dá-lo a conhecer a outrem é impô-lo de antemão a mim próprio; parece-me que o prometo quando o revelo. Assim, pouco arejo os meus projetos.»[72]

Na linha do que afirma Montaigne, segundo o estudo publicado na revista *Psychological Science*[73], e aprofundado por um dos seus autores, no livro *Symbolic Self-Completion*[74], o problema está no

---

[71] DONEDA, Danilo, *Da Privacidade à Proteção de Dados Pessoais*, Rio de Janeiro, Ed. Renovar, 2008, p. 142.

[72] MONTAIGNE, Michel de, *Ensaios*, livro III, cap. 3, 9, Lisboa, Ed. Relógio d'Água, 2016, p. 248.

[73] GOLLWITZER, Peter, SHEERAN, Paschal, MICHALSKI, Verena e SIEFERT, Andrea: «When intentions go public: does social reality widen the intention-behavior gap?», *Psychological Science*, Washington, 2009, pp. 612-618.

[74] GOLLWITZER, Peter, *Symbolic Self-Completion*, Abingdon, Oxon, UK, 1982.

DA PRIVACIDADE

anunciar as nossas metas para toda a gente. Não é bom dizer às pessoas quais são os nossos planos futuros. Testes realizados mostraram que as pessoas que falam das suas intenções têm menos probabilidade de as fazer acontecer, anunciar os seus planos aos outros satisfaz a própria identidade apenas o suficiente para que a pessoa se sinta menos motivada para fazer todos os esforços necessários. Esses autores mostraram que se uma pessoa anuncia a solução de um problema e é reconhecido pelos outros, passa a estar na mente como uma realidade social, mesmo que a solução ainda não tenha sido alcançada.

Os autores realizaram quatro testes diferentes em 63 indivíduos e descobriram que aqueles que mantêm as suas intenções privadas tem mais hipóteses de as alcançar do que aqueles que as tornam públicas. Um dos testes consistiu em pedir a esses indivíduos, que eram seus alunos, para escreverem dois objetivos que tinham em mente para a semana em curso – objetivos esses que precisavam de ser realizados com compromisso. Foram avisados de que mais tarde alguém iria entrar em contacto com eles para tomarem conhecimento do resultados obtidos. A metade da turma foi dito que as metas/objetivos que escreveram não iriam ser lidos por ninguém e que ninguém iria conferir se tinham cumprido ou não a tarefa. No final da semana, os estudantes que pensaram que ninguém tinha lido nada dedicaram muito mais tempo à concretização da tarefa, em comparação com aqueles que pensavam que tinham sido ditos aos outros indivíduos os seus objetivos.

Segundo esses autores, a partir do momento em que um determinado indivíduo revela aos outros as suas intenções, isso dá-lhe um «sentimento prematuro de plenitude». O indivíduo tem «símbolos de identificação» no cérebro que constroem a sua própria imagem. Dado que ambos, ações e falar, criam símbolos, falar satisfaz suficientemente o seu cérebro, que «negligencia a obtenção de mais símbolos». Um teste mostrou que o sucesso num objetivo (comer refeições saudáveis) reduz o esforço noutros objetivos importantes (ir ao ginásio) pela mesma razão.

O DIREITO À PRIVACIDADE

Outra das justificações apresentadas por esses autores deve-se ao facto de a pressão aumentar, ou seja, quando temos um objetivo a atingir, a motivação é maior, mas quando o revelamos a alguém iremos ter a preocupação do julgamento alheio, pois iremos pensar que as outras pessoas nos irão julgar, o que nos fará desistir mesmo antes de começarmos, pois sofremos por antecipação de um suposto falhanço, o que nos desmotiva no alcance desse mesmo objetivo. Temos aqui um exemplo da importância do ponto de vista psicológico, na não revelação de determinadas coisas da privacidade.

Existem outras justificações do ponto de vista psicológico. Por exemplo, há pessoas que tiveram um passado traumático, na infância, na adolescência ou mesmo na idade adulta. Podem ter sofrido maus-
-tratos, o seu lar pode ter sido desfeito, os pais podem ter-se separado, podem ter sofrido situações de pobreza económica extrema, pode ter ocorrido um homicídio ou um suicídio na sua família etc. Estas e outras situações marcaram algumas pessoas do ponto de vista psicológico, as quais preferem, então, não falar disso, não o querem expor, não o querem recordar, não o querem reviver, fazendo disso, portanto, um assunto privado.

Dado que a palavra *privacidade* põe a tónica no indivíduo con-creto (na sua própria privacidade), poderíamos ser levados a pensar que a privacidade é algo que tem apenas a ver com cada indivíduo, que tem apenas valor para ele, no entanto, há que sublinhar que a privacidade tem também valor político-social. Uma política que se baseie na ideologia da chamada *transparência*, imperando esta nas mais diversas áreas da vida dos indivíduos, pode conduzir a uma sociedade extremamente controlada, coerciva e disciplinar. Os laços sociais assentes na sua exposição pública acabam por se tornar no contrário da transparência: a inautenticidade. A sociedade regida pelo controlo leva as pessoas a agirem como agem apenas devido ao medo da sanção e da coação. Uma política obcecada com o controlo sobre os indivíduos tem tendência a tornar-se numa política tirânica. Uma tal política, em que o objetivo primordial é a chamada *transparência*, vai contra a democracia, se entendermos no conceito de *democracia* um regime político onde se exerce a soberania popular graças à livre consciência e à livre participação dos cidadãos.

A privacidade tem valor político-social, dado que é necessária para o exercício dos direitos básicos, que estão implícitos na conceção das pessoas como seres livres e iguais, e numa conceção democrática da privacidade, em que estão implicados tanto os homens como as mulheres, conforme defende outra autora, Annabelle Lever[75]. A privacidade é necessária para a voluntária e igual participação de todos os cidadãos, no processo de escolha coletiva, que define uma governação democrática, como no exercício do voto, cujo conteúdo é confidencial, pois só assim se possibilita que os cidadãos ajam livremente, sem se sentirem olhados e coagidos ou pressionados social e politicamente. Ainda no âmbito do valor político da privacidade, se por exemplo um refugiado político pretender utilizar as novas tecnologias para denunciar a violação das liberdades no país de onde saiu, o respeito pela sua privacidade é necessário, de modo a evitar represálias, e para que esse refugiado possa expressar livremente a sua convicção política. Algo semelhante também sucede no caso de uma pessoa pretender financiar um partido político ou um candidato a eleições presidenciais, de modo a que a pessoa que o pretenda financiar, estando protegida a sua privacidade, não seja alvo de críticas, contestações ou intimidações.

Do ponto de vista político, o direito à privacidade protege a cultura democrática. A prova disso está no facto de os regimes políticos ditatoriais terem tentado destruir a privacidade, e de ser uma característica dos totalitarismos a tendência para que os indivíduos não tenham privacidade, como bem ilustra a conhecida obra literária de George Orwell, *1984*[76]. A finalidade da organização democrática é o respeito pelo indivíduo, e dado que a privacidade protege as diferenças entre

---

[75] LEVER, Annabelle, *On Privacy*, London, Ed. Routledge, 2011.

[76] ORWELL, George, *1984*, Lisboa, Ed. Antígona, 2007.

cada indivíduo, é uma garantia das liberdades individuais, próprias da democracia, deixando ao indivíduo a possibilidade de se remeter para a esfera da sua consciência privada. Através da privacidade da sua própria consciência e dos seus sentimentos pessoais, cada indivíduo pode viver, sentir e pensar o que considera como mais indicado, válido e correto, na sua vida quotidiana. Sem uma política que proteja o direito à privacidade, é mais difícil assegurar as diferenças políticas, religiosas ou morais, e a democracia fica, por isso, mais vulnerável. Sem o direito à privacidade o indivíduo pode ficar à mercê do Estado, que pode querer perguntar e saber tudo sobre todos. Sem a proteção do direito à privacidade, não apenas o Estado, mas também a sociedade civil pode tender a expor tudo no espaço público, nomeadamente através dos meios de comunicação social e das novas tecnologias.

Por vezes ouve-se criticar a reivindicação do direito à privacidade e louvar a exposição pública, com base no argumento do «não ter nada a esconder». Criou-se a ideia de que quem defende o direito à privacidade é porque tem algo de negativo a esconder. Porém, nem sempre assim acontece, pois por um lado cada indivíduo tem o direito de não querer revelar aquilo que é seu (factos, sentimentos etc.), que lhe diz respeito, que tem a ver consigo, e não temos de o inquirir, desde que isso que ele não quer revelar não seja proibido, e por outro lado há determinadas coisas que são consideradas negativas, e que são mesmo proibidas, mas que podem ser proibidas injustamente, como a proibição de uma pessoa ter determinadas convicções políticas, religiosas ou outras (ser comunista, ser muçulmano...), ou determinadas práticas de vida, desde que praticadas de livre vontade, com mútuo consentimento, e entre pessoas adultas, como a homossexualidade.

Há várias situações em que a privacidade que as rodeia não tem a ver com algo que é negativo, condenável, ou malvisto pela sociedade, antes pelo contrário. Por exemplo, ter ganho uma soma muito elevada de dinheiro numa lotaria ou ter recebido uma avultada herança patrimonial, por falecimento de um familiar, não tem mal nenhum, mas o jogador ou o herdeiro podem, numa atitude de discrição, não o querer revelar. Por vezes há na auto preservação desta privacidade um significado ético que é de louvar, pois muitas dessas pessoas passam a ter falsos amigos, ao terem ficado ricas ficam mais rodeadas de gente que com elas querem conviver. Se não fosse o novo estatuto social e económico adquirido, muitas pessoas não as rodeariam e não quereriam ser suas amigas. A discrição sobre o património financeiro de uma pessoa dá um carácter mais genuíno a determinadas relações sociais, que se devem pautar por outros valores (o carácter, a cultura, a bondade, a inteligência), sendo que a privacidade preserva, neste caso, a sua autenticidade, evitando-se as pessoas que convivem com outras por causa do seu dinheiro, e não desses outros valores.

Um indivíduo pode ser de origem considerada elevada, do ponto de vista da sua árvore genealógica, como as famílias com brasão, e isso geralmente não é malvisto pela sociedade, antes pelo contrário, mas numa atitude de modéstia, esse indivíduo pode não querer ostentar as suas origens. Um indivíduo pode escrever um diário, e isso também não tem mal nenhum, mas pode não querer dizer a ninguém que escreve um diário, pode preferir ser deixado em paz com essa sua tarefa, fora dos olhares curiosos, cultivando o seu mundo interior. Um indivíduo pode andar absorvido a escrever um livro e isso também não tem mal nenhum, mas pode não o querer dizer (há mesmo alguns autores que usam um pseudónimo). Estas e outras coisas são algo muito sagrado para determinados indivíduos, que por isso não as querem banalizar e vulgarizar com a sua exposição pública, apesar de serem até bem-vistas pela sociedade. Nem toda a gente tem de saber o que é muito importante para cada um, precisamente por ser algo tão importante, e sobretudo devido ao facto de para alguns ser algo muito íntimo, desejam conservá-lo sob reserva e discrição. Algumas pessoas sentem a necessidade de cultivar uma espécie de jardim interior, fora dos olhares dos outros, e não fazem isso por ser algo que lhe imponham de fora, não se trata de uma privacidade a que se sentem obrigados pela sociedade, mas sim de uma necessidade interior, algo que criam em torno de si próprios. Há determinadas coisas que apesar de serem

O DIREITO À PRIVACIDADE

bem-vistas pela sociedade, fazem parte dos ideais mais elevados de determinados indivíduos, que consideram que nem toda a gente merece a sua revelação. Na grande importância que alguns indivíduos dão a determinadas coisas na sua vida, coisas essas que não têm mal nenhum (como estar apaixonado por alguém), a importância que lhes dão faz com que as *sacralizem*, as coloquem num plano elevado, distante dos outros indivíduos, acessível apenas a alguns, ou mesmo a nenhum, e portanto privado.

Todavia, não são apenas os ideais e sentimentos elevados aquilo que determinadas pessoas não revelam ou não revelam facilmente. Por exemplo, morar onde se mora não é nenhum ideal ou sentimento elevado, e não tem mal nenhum morar onde se mora, mas um indivíduo pode muito bem não querer dizer a sua morada, e em vez disso sentir que o seu espaço é mais pessoal pelo facto de essa informação não ser pública. Existe a necessidade de criar essa distância por vezes também por razões profissionais; um professor não dá a morada aos alunos; um advogado não dá a morada aos clientes; um médico não dá a morada aos doentes; um cantor ou ator famoso podem também não querer revelar o local onde moram, para não serem incomodados pelos seus fãs. Não tem mal nenhum ser cantor ou ator famoso, antes pelo contrário, mas esse cantor ou ator têm necessidade da sua privacidade, de serem deixados em paz e de preservarem o seu espaço próprio.

Graças às novas tecnologias no âmbito da Medicina, existe também hoje a possibilidade de fazer doação de órgãos do corpo humano ou de sémen para um casal cujo homem é infértil. Não tem mal nenhum doar um órgão ou doar o sémen, antes pelo contrário, é um bem, mas o nome do doador permanece sigiloso, assim como a pessoa para quem vai o órgão ou o sémen. O próprio património genético também é algo que permanece sigiloso, e que, portanto, faz parte da privacidade das pessoas (sobre esta matéria, ver o capítulo sobre a relação entre a privacidade e o direito à vida).

Há mais casos que estão rodeados de privacidade, mesmo quando se trata de coisas que não são malvistas pela sociedade. Por exemplo,

DA PRIVACIDADE

uma pessoa que se dedica à fabricação de um determinado produto, que depois põe à venda ao público, pode não querer revelar o segredo da sua invenção e fabricação. Por um lado, a invenção e fabricação de um licor não é propriamente um ideal forte e elevado, para o inventor e o fabricante não o quererem revelar publicamente, e por outro lado não tem mal nenhum inventar e fabricar determinados produtos, como um licor, e ser o autor da sua fórmula de fabricação, mas o inventor e o fabricante podem preferir não o revelar. Nisso, como em outras áreas (na arte, na tecnologia, na gastronomia etc.) existem determinados segredos, associados à expressão popular: «O segredo é a alma do negócio.»

Situando-nos no âmbito do trabalho, temos também o trabalho intelectual, que por vezes é sigiloso para alguns indivíduos, não apenas para os cientistas que estão ocupados nas suas investigações e descobertas, preservando-as da curiosidade e da rivalidade dos outros cientists, mas também para outros investigadores, e para os estudantes em geral, nomeadamente os que têm os seus trabalhos académicos guardados no seu computador pessoal, e que utilizam uma *pass-word* de acesso ao seu computador, para que não seja possível roubar e plagiar as suas investigações e os seus trabalhos. Estamos perante algo que é privado, e, por vezes, sigiloso, não apenas os trabalhos de investigação (que não têm nada de mal e proibido para que sejam sigilosos), mas também a *pass word*, para que ninguém possa entrar dentro do seu computador pessoal. Aqui, como noutros casos, a privacidade, e mesmo o sigilo, são algo necessário e justo, de modo a que determinados indivíduos não se apropriem do trabalho dos outros.

Outro dos motivos para preservar a privacidade deve-se também ao cuidado que, por vezes, se deve ter perante a tendência de alguns indivíduos para ridicularizarem facilmente os outros, mesmo em situações banais da vida quotidiana, como por exemplo quando alguém que está a dormir tem uma expressão do rosto que desperta a atenção, uma expressão eventualmente cómica, ou quando ressona, e determinados indivíduos publicarem na Internet fotografias ou vídeos

O DIREITO À PRIVACIDADE

do rosto desse indivíduo quando está a dormir, para o ridiculariza-rem. Além de o porem a ridículo e o desrespeitarem publicamente, estão a violar o seu direito à imagem (que é uma das componentes do direito à privacidade), através da divulgação de fotografias suas sem autorização.

Há muitas pessoas que gostam de ter poder sobre as outras, até mesmo em situações insignificantes da vida quotidiana, tudo bisbilhotando, vulgarizando, ridicularizando e deturpando. Invadir a privacidade de um indivíduo e procurar saber coisas sobre a sua vida, mesmo tratando--se de coisas banais, é uma falta de respeito para com esse indivíduo. A bisbilhotice é uma falta de educação, é uma vulgaridade, que cria um clima de suspeita e de rebaixamento entre as pessoas, atenta contra a sua dignidade enquanto seres humanos. A bisbilhotice não é apenas moralmente incorreta, mas também psicologicamente violenta, como escutar conversas atrás das portas, espreitar pelo buraco de uma fecha-dura, abrir e ler as cartas que são dirigidas a uma pessoa ou ler os seus *e-mails*, sem que ela o saiba. Mesmo que essa pessoa não tenha feito ou não esteja a fazer nada de mal, mesmo que essa pessoa não seja suspeita de nada, isso continua a ser uma falta de respeito. A pessoa que é alvo desses comportamentos deixa de ter o seu espaço e a sua vida própria, e ao descobrir que a sua privacidade é violentada passa a não conseguir agir naturalmente, livremente, espontaneamente, passa a sentir-se perseguida, e por vezes até se sente culpada, sem saber em relação a quê. A invasão da privacidade é uma violação da própria personalidade, uma violação de uma propriedade privada espiritual e sentimental (as convicções, as crenças, os sentimentos etc.), e é também uma violação da necessidade de se estar só, em paz consigo mesmo, dado que esta necessidade é uma característica inerente a muitos indivíduos, que pura e simplesmente desejam ficar tranquilos, sozinhos, fora da pressão social, sem pessoas a vê-los e a escutá-los, mesmo nas mais banais situações da vida quotidiana.

O facto de uma pessoa impedir a entrada de outras pessoas na sua própria casa (mesmo não sejam ladrões) não significa que quem o impede tenha algo a esconder, pois a casa é algo de muito privado, que pertence à própria pessoa, e para muitas pessoas é como algo de sagrado. Uma pessoa pode não estar a fazer ou a dizer nada de mal dentro da sua casa, pode não estar a fazer nada que seja malvisto, condenável ou criticável, mas está no seu próprio espaço. Certamente que nenhuma pessoa gostaria de ter câmaras de vigilância dentro da sua própria casa ou o telefone escutado. Ser-se espiado, vigiado, controlado, mesmo nas mais banais situações da vida quotidiana, e não apenas a propósito das convicções religiosas, político-partidárias, etc., exerce uma enorme pressão psicológica. Um indivíduo que é alvo do controlo abusivo por parte do Estado, das instituições e dos outros é como se o Estado, as instituições e esses indivíduos se apropriassem dele e sejam seus proprietários. O indivíduo que é alvo da vigilância absoluta e indiscriminada por parte do Estado, das instituições e dos outros indivíduos, por vezes, passa mesmo a sentir-se culpado, apesar de não ter feito nada de mal e de não haver acusação formal contra ele, criando uma situação absurda como a que é retratada no célebre romance *O Processo*, de Kafka([77]).

Por vezes apresenta-se o argumento segundo o qual quem não tem nada a esconder pode expor-se publicamente sem qualquer problema. Ora, conforme afirma o jurista americano Daniel Solove, docente de Direito na Universidade George Washington, a situação é mais complexa do que o argumento do «não ter nada a esconder». Segundo este autor, este argumento põe em jogo duas entidades que não têm o mesmo peso: de um lado existe o cidadão e do outro existe o poder executivo; de um lado existe o empregado e do outro existe o empregador; de um lado existe o consumidor e do outro existe o comerciante. De um lado há o fraco e do outro há o forte: pessoas que podem mudar as regras unilateralmente, que podem considerar-nos bons ou maus clientes, bons ou maus riscos que geram conflitos de interesses, na base de informações de que dispõem, de informações

---

([77]) KAFKA, Franz, *O Processo*, Lisboa, Ed. Assírio & Alvim, 1999.

que podem ser erradas, e até mesmo de informações a nosso respeito que não sabemos que eles têm. Segundo Solove, a relação contida no argumento «não tenho nada a esconder, dado que não transgrido as regras» é sempre desigual. Não é apenas do Governo que esperamos o respeito pela nossa vida privada, mas igualmente de todos os que têm um poder sobre nós: o nosso empregador, os nossos concorrentes, etc. Não queremos deixar o cuidado a organizações sobre as quais não tomámos contacto, para gerir as regras que regem as nossas vidas[78]. Solove apresenta a seguinte comparação:

> Sugiro utilizar uma metáfora, a do *Processo*, de Kafka, que descreve uma burocracia que utiliza a informação sobre as pessoas para tomar decisões a seu respeito, negando-lhes a capacidade para compreender como é que essa informação é utilizada. O problema da metáfora de Kafka tem a ver com o processo de tratamento da informação, a utilização ou a análise dos dados, mais do que a sua recolha. O problema não reside tanto na vigilância dos dados, mas na impotência e na vulnerabilidade criadas por uma utilização de dados que exclui a pessoa a eles respeitante, do seu conhecimento, ou da participação nos processos que a concernem. O resultado é o que produzem as burocracias: indiferenças, erros, abusos, frustrações, falta de transparência e de responsabilização. Um tal tratamento afeta as relações entre as pessoas e as instituições de um Estado moderno, que não se limita a frustrar o indivíduo criando nele um sentimento de impotência, mas afeta toda a estrutura social, alterando as relações que as pessoas têm com as instituições que tomam decisões importantes sobre a sua existência[79].

Na verdade, pode acontecer que as pessoas que dispõem de um poder sobre nós interpretem os nossos dados pessoais de forma diferente, que não correspondem à sua exatidão. Não podemos estar certos sobre

---

[78] Daniel SOLOVE, *Understanding privacy*, Harvard, Ed. Harvard University Press, 2010, p. 22.
[79] *Idem, ibidem*, p. 24.

DA PRIVACIDADE

quem aplica os dados sobre nós, e de que maneira, daí a necessidade de protegermos os nossos dados pessoais. Conforme sublinha Solove, o problema que coloca o uso abusivo de dados pessoais não é apenas a perda objetiva de certas liberdades, mas sim a destruição da confiança social e a criação de uma inibição generalizada na sociedade: deixamos de criar, de criticar, de opinar, de agradar, de desagradar, receando que alguém que não conhecemos possa reprová-lo ou contestá-lo. O argumento do «não ter nada a esconder» fundamenta-se numa conceção sobre a privacidade que a encara como algo que interfere ou entra em conflito com o bem comum ou outro tipo de interesses sociais. Mas, conforme sublinha também Solove, os interesses do indivíduo e da sociedade não são necessariamente distintos. As liberdades civis, a proteção do indivíduo, o respeito pela sua pessoa, formam a base de uma certa forma de elo social, de um substrato de confiança que permite à sociedade funcionar. A própria privacidade tem um valor social, mesmo quando protege o indivíduo, e fá-lo para o bem da sociedade, como afirma Solove[80].

Nem todos os problemas da vida privada são idênticos, afirma ainda Solove. É necessário compreendê-los de uma maneira pluralista. Para a grande maioria das pessoas, as suas atividades não são nem ilegais nem embaraçosas, por isso, a defesa da privacidade não significa necessariamente esconder coisas inconfessáveis. A defesa da privacidade significa, antes de mais, poder controlar o acesso a informações pessoais (como, a quem, quanto e quando). Pode ser-se alvo de uma vigilância arbitrária que consiste numa utilização de dados pessoais para inquirir ou vigiar as ações ou as comunicações entre as pessoas. O problema nos programas de vigilância está sobretudo no facto de não sabermos exatamente o que é que eles revelam sobre nós, quais são os dados que são utilizados, de que forma e com que finalidade. Conforme se pode ver n'*O Processo*, de Kafka, o problema não tem tanto a ver com a vigilância dos dados, mas sim, e sobretudo, com a

---

[80] *Idem, ibidem*, p. 27.

O DIREITO À PRIVACIDADE

impotência e a vulnerabilidade criada por essa situação, que exclui a pessoa a quem esses dados dizem respeito, do processo criado. Este problema da vigilância dos dados e da privacidade põe um problema relativamente ao modo como as pessoas são tratadas pelas instituições, criando uma situação de desequilíbrio entre o poder dos indivíduos e o da entidade que recolhe esses dados, conforme afirma ainda Solove. Essa situação coloca sobretudo questões sobre poderes estatais, institucionais e sociais, que jogam com os nossos dados pessoais, como a sua reutilização para uma finalidade diferente daquela para a qual foram recolhidos, sem existir o conhecimento e o consentimento dos indivíduos a quem esses dados pessoais dizem respeito. Trata-se de um défice democrático, numa relação de forças desigual.

Por conseguinte, o direito à privacidade deve ser encarado também com base na sua importância para a própria sociedade, e não em termos de um direito meramente individual. O direito à privacidade não é essencial apenas para a autonomia individual, mas também para o bem-estar da própria sociedade como um todo. Sem o direito à privacidade, muitos outros direitos, tais como o direito à liberdade ou à igualdade, ficariam mais vulneráveis. É necessária uma vivência da privacidade que seja consistente com esses direitos, uma vivência democrática da privacidade, em que ela seja para todos, para homens, mulheres, para pessoas mais velhas e mais novas, e para ricos e pobres. A privacidade tem também valor no âmbito político, pois por um lado o direito à privacidade é importante para a democracia (por exemplo, no voto nas eleições para eleger os representantes políticos), e por outro lado a democracia é importante para o direito à privacidade (permitindo as diferenças pessoais entre os indivíduos), e só assim entendidos o direito à privacidade e a democracia, constituem um compromisso para com outros Direitos Humanos, direitos esses que veremos especificamente no próximo capítulo.

Relações entre o direito à privacidade e outros direitos humanos

Introdução

Pretende-se no presente capítulo estabelecer algumas relações entre o direito à privacidade e outros direitos, que constam da *Declaração Universal dos Direitos do Homem*, adotada pela Organização das Nações Unidas (ONU), em 1948, e que foram também defendidos por outras declarações de Direitos Humanos em diversos países. Selecionámos apenas alguns, por serem os que consideramos que têm maior relação com o tema do direito à privacidade.

Existe uma relação entre certos Direitos Humanos, e alguns estão mesmo dependentes uns dos outros: o direito A protege o direito B e o direito B protege o direito A; o direito B protege o direito C, o direito C protege o direito D, e assim sucessivamente. Por exemplo, o direito à liberdade de opinião e de expressão protege o direito à escolha dos representantes políticos e o direito à cultura (o direito de se expressar através da literatura e das artes); o direito à dignidade protege o direito à habitação, à segurança pessoal e à saúde; o direito à greve protege o direito a melhores condições laborais e à remuneração. Alguns desses direitos relacionam-se reciprocamente: por exemplo, o direito à saúde protege o direito à vida e o direito à vida protege o direito à saúde; o direito à dignidade protege o direito à habitação e o direito à habitação protege o direito à dignidade; o direito à habitação protege o direito à propriedade privada e o direito à propriedade privada protege o direito à habitação; o direito à habitação protege o direito à privacidade e o direito à privacidade protege o direito à habitação; etc.

A Filosofia justifica o valor de algo como sendo dotado de um valor intrínseco e valor extrínseco. O valor intrínseco tem a ver com o valor que uma determinada coisa (um objeto, uma ação) tem por si só. O valor extrínseco tem a ver com o valor que uma determinada coisa pode ter, mas gerado a partir de valores extrínsecos a essa mesma coisa. O valor intrínseco é absoluto, vale por si mesmo, enquanto o valor extrínseco é relativo e contextual. O valor de algo (um objeto ou uma ação) fornece uma base sobre a qual a importância da privacidade pode ser justificada (em si mesma, ou a partir de algo extrínseco). Sendo considerado como um direito em si mesmo, a privacidade é dotada de valor intrínseco. Devido aos direitos que lhe estão associados (o direito à dignidade, à vida, à liberdade, à segurança...), a privacidade é dotada de valor extrínseco. Isto significa, por exemplo, que sem o direito à dignidade do ser humano a privacidade só por si não tem valor.

Temos aqui portanto a distinção entre os Direitos Humanos como valores em si mesmos e os Direitos Humanos como valores instrumentais. Enquanto instrumentais, têm valor devido a duas possibilidades: a primeira é a sua necessidade (no sentido de algo indispensável) para a realização dos Direitos Humanos; a segunda é o facto de facilitarem, reforçarem, protegerem ou ajudarem a concretizar outros Direitos Humanos. Todavia, recorrer a um determinado direito, como ao direito à privacidade, de modo a que os Direitos Humanos sejam realizados, não será uma contradição em relação aos próprios Direitos Humanos?

O problema não está no facto de o indivíduo utilizar o direito à privacidade como forma de usufruir de outros direitos, mas sim no facto de ter de o utilizar para poder usufruir de outros direitos. Este

RELAÇÕES ENTRE O DIREITO À PRIVACIDADE E OUTROS DIREITOS HUMANOS

problema tem como pressuposto o facto de, inerente ao conceito de *direito*, existir a obrigação de o respeitar devido ao facto de se tratar de um direito, sem necessitar de outra justificação que não seja o próprio direito em causa, não se devendo justificar, portanto, o usufruto desse direito através de outro.

Existem diferentes possibilidades: quando determinadas coisas não são direitos, é necessário o direito à privacidade para elas se exercerem, mas não são exercidas como direitos em si mesmos; quando determinadas coisas não são direitos, é necessário o direito à privacidade para elas se exercerem como direitos (de forma indireta, isto é, exercidas ao abrigo de um direito, o da privacidade); quando determinadas coisas não são direitos, não é necessário o direito à privacidade para elas se exercerem, pois o que importa é se elas são direitos, e só assim podem ser exercidas; quando determinadas coisas são direitos, não é necessário o direito à privacidade para elas se exercerem (devido ao facto de serem direitos); quando determinadas coisas são direitos, apesar de o serem, por vezes também é necessário o direito à privacidade, para as reforçar, facilitar, proteger e para as ajudar a concretizarem-se.

Assim como uma pessoa que tem direitos não tem de ser tolerada, mas sim aceite e respeitada (pois a tolerância é uma coisa facultativa, ao passo que os direitos são uma coisa que nos obriga a respeitá--los, dado que são direitos), também o indivíduo que tem direitos não deveria ter de recorrer ao direito à privacidade para os exercer. O uso do direito à privacidade como um imperativo, isto é, como uma condição necessária para determinados direitos se poderem exercer, é uma contradição com os Direitos Humanos, que deveriam impor--se por si mesmos devido ao facto de serem direitos. Uma coisa é o direito à privacidade, outra coisa é esse direito ser buscado, não por si mesmo, mas como algo a que uma determinado indivíduo se vê levado a recorrer para poder usufruir de outros direitos, como o direito à liberdade. Apesar de existir direito à liberdade de convicções políticas, religiosas, estéticas, morais e aos sentimentos amorosos e

DA PRIVACIDADE

sexuais, por vezes existe discriminação e intolerância. O direito à liberdade protege e assegura o direito a existirem essas convicções e sentimentos; por outro lado, o direito a existirem essas convicções protege e assegura o direito à liberdade.

Uma coisa é, do ponto de vista teórico, alguém justificar o que faz apresentando como justificação o direito à privacidade. Outra coisa é, do ponto de vista prático, alguém servir-se do direito à privacidade para fazer o que faz, isto é, para usufruir do seu direito à liberdade. Embora o direito à privacidade não o justifique, pois há limites quando estão em causa danos causados a outros, alguns indivíduos protegem-se através do direito à privacidade, para fazerem o que não é justificável nem permitido, como falsificar um determinado produto e colocá-lo à venda, sem que outros o vejam e saibam, pois cometeu a falsificação desse produto dentro da sua própria casa. No entanto, há coisas que são proibidas no espaço público, mas que não são no espaço privado. Por isso, por vezes é necessário e justificável recorrer ao direito à privacidade, para essas coisas poderem ser realizadas (como a exibição e a visualização de pornografia, que não pode ser exibida num espaço público como é a rua, embora haja espaços, como salas de cinema, onde é permitido, desde que seja feito por pessoas maiores de idade).

Porém, mesmo quando há coisas que não são proibidas no espaço público de acesso a todos, por vezes é difícil a sua concretização, por isso o direito à privacidade pode ter um valor instrumental (pode ser um meio para), e por conseguinte pode possibilitar, proteger, preservar, favorecer, facilitar a realização e a concretização de alguns dos Direitos Humanos. Embora quando estamos perante um direito humano este não deva ser tolerado (dado que é um direito), mas sim aceite e respeitado, o direito à privacidade pode por vezes ser uma forma de concretização de outros Direitos Humanos. O direito à liberdade de convicções político-partidárias é um bom exemplo, conforme veremos no capítulo sobre a liberdade, pois apesar de existir, nas eleições para a escolha dos representantes políticos, ou em referendos, o voto é secreto, e, portanto, a privacidade é necessária.

Todavia, a possibilidade de concretização de outros Direitos Humanos (a sua facilitação ou proteção), através do direito à privacidade, é uma das componentes das relações entre o direito à privacidade e outros Direitos Humanos. Essa possibilidade pressupõe uma compatibilidade entre os Direitos Humanos, em que uns completem os outros. O presente capítulo trata dessas possibilidades: por um lado, a possibilidade de este direito concretizar, facilitar e proteger outros Direitos Humanos, e por outro lado, a possibilidade de outros Direitos Humanos também concretizarem, facilitarem e protegerem o direito à privacidade. Veremos igualmente a possibilidade de o direito à privacidade não facilitar nem proteger, mas antes impedir a concretização de outros Direitos Humanos. Embora já abordado genericamente no capítulo sobre os limites do direito à privacidade, veremos de seguida, mais especificamente, tendo como objetivo os valores defendidos pela *Declaração Universal dos Direitos do Homem*, a necessidade de por vezes o direito à privacidade não ser respeitado, devido à prioridade de outros direitos humanos.

O direito à dignidade

Há que distinguir entre a dignidade profissional ou de um cargo e a dignidade natural. A primeira tem a ver com a profissão de uma pessoa, ou com um determinado cargo que ela ocupa, onde também existe a necessidade de preservação da sua privacidade. Há determinadas profissões e certos cargos, como por exemplo médico, psicólogo, advogado, sacerdote, etc., que são encarados como dotados de grande dignidade, e a reserva da privacidade faz parte dessas profissões e desses cargos, principalmente o sigilo profissional.

Há que respeitar diretamente a privacidade do médico, do psicólogo, do advogado, do sacerdote, etc., e indiretamente a privacidade do doente, do paciente, do cliente, do crente, etc., que com eles se relacionam, através das suas consultas, entrevistas e confissões.

DA PRIVACIDADE

Através da garantia do respeito pela privacidade, um indivíduo revela determinados pormenores da sua vida privada àqueles que são detentores dessas profissões e desses cargos, e o não cumprimento dessa garantia viola o princípio da ética profissional e da confiança. Por outro lado, o respeito pela privacidade contribui para a estima que se tem por essas profissões e cargos, relacionando-se, também, com a dignidade.

No entanto, a dignidade que aqui pretendemos salientar é a dignidade natural de todo o ser humano, e não apenas a dignidade do indivíduo que vai buscar a sua dignidade a uma profissão de grande prestígio social que desempenha, ou a um alto cargo que ocupa na sociedade. A dignidade a que aqui nos referimos tem como origem o próprio facto de o indivíduo ser um ser humano.

Assim como um indivíduo que revela a sua privacidade não perde o seu direito à privacidade, também não perde o seu direito à dignidade. Por outro lado, mesmo quando um indivíduo atenta contra a própria dignidade, através da revelação fácil e vulgar da sua privacidade, por exemplo, expondo o corpo em público, ou através de determinadas formas de vida, como a de um toxicodependente, continua, no entanto, a ter a sua dignidade enquanto ser humano.

Porém, a preservação da dignidade do indivíduo, através da preservação da sua privacidade, de que aqui falamos, não é a do desrespeito que contra ela possa fazer o próprio indivíduo a quem essa privacidade se refere (por exemplo, andar nu na rua), mas da sua preservação, e dos riscos do desrespeito pela mesma, que vêm de outros indivíduos, sejam quais forem os tipos de privacidade.

A dignidade do ser humano é um valor em si mesmo, e como tal o ser humano deve ser tratado como um fim em si e não como um mero meio para atingir outro fim. O respeito pela dignidade do ser humanos significa não tratar os indivíduos como meros objetos, que podem ser comprados, trocados, usados ou dados por outros indivíduos, mas como um fim valioso, dotado de integridade, personalidade moral e digno de respeito em si mesmo, enquanto ser humano.

RELAÇÕES ENTRE O DIREITO À PRIVACIDADE E OUTROS DIREITOS HUMANOS

Pode-se atentar contra essa dignidade de várias maneiras (por roubo, homicídio, violação, escravatura, trabalho não assalariado etc.), e a violação da privacidade é também uma delas. O conceito de *privacidade* engloba diversas aceções, sendo uma delas a do *direito à imagem*. Somos a nossa imagem e a nossa imagem é de nós e sobre nós. Embora cada indivíduo não se esgote na sua imagem (do ponto de vista da sua aparência física), esta é uma componente importante da sua identidade pessoal, algo único. A imagem pode ser boa ou má, o rosto pode ser bonito ou feio, o corpo pode ser alto ou baixo, gordo ou magro, mas a importância da imagem física de cada indivíduo não tem a ver com as suas qualidades estéticas. A imagem, o rosto, o aspeto físico, é algo único em cada um, é um dos elementos da sua identidade pessoal, e usá-la para qualquer fim, sem haver uma justificação (por exemplo, ser procurado pelas autoridades judiciárias), e excetuando isso, usar a sua imagem sem a sua autorização, é uma usurpação, uma apropriação, um abuso, como se esse indivíduo fosse um mero objeto.

Há quem sofra roubo de identidade e a sua imagem é utilizada por outros, para estes se fazerem passar pelo alvo do roubo, o que constitui uma violação da sua privacidade. Há também indivíduos que são fotografados ou filmados quando estão a dormir, e essas imagens são postas a circular na Internet, sem a sua autorização. Tratando-se, por exemplo, de um indivíduo que tem uma forma diferente de dormir, um expressão cómica etc., essa imagem seria utilizada para alimentar a mera curiosidade de desconhecidos ou para os divertir, e esse indivíduo seria coisificado, instrumentalizado, reduzido a um mero objeto, para visionamento e uso de toda e qualquer pessoa, ficaria sujeito à ridicularização pública, configurando uma forma de atentar contra a sua dignidade.

Uma outra componente importante da *privacidade* são as informações não visíveis sobre cada indivíduo, como o registo de dados pessoais em arquivos ou em ficheiros informáticos. Estas informações não devem ser utilizadas nem difundidas para outros fins que não aqueles para os quais foram recolhidas, ou para os quais não foi

DA PRIVACIDADE

dado consentimento pelo próprio indivíduo a quem essas informações dizem respeito. Quando uma determinada informação pessoal é levada, distribuída, vendida, contra a vontade do indivíduo a quem essa informação diz respeito, e sem que isso seja útil para a sociedade, trata-se de uma maneira de atentar contra a dignidade desse indivíduo. Apropriar-se de um diário pessoal de alguém, dos seus registos de compras, das suas contas bancárias, das fichas de inscrição nas suas filiações político-partidárias, das suas classificações nos estudos, das informações sobre as pessoas das suas relações, das suas viagens, dos seus dados clínicos, das suas cartas, do seu correio eletrónico, etc., sem que o indivíduo a quem isso diz respeito saiba ou queira, é como fazer desse indivíduo um objeto, que fica ao dispor dos outros. Quando alguém vasculha tudo o que quer, quando quer, como quer e onde quer, sobre outra pessoa, é como se fosse seu proprietário e violasse a sua personalidade. É como se a personalidade desse indivíduo fosse abusada, alienada e se transformasse numa mera coisa e fosse tratado como um mero objeto, como um simples meio para atingir outro fim (quando por vezes o único fim é a curiosidade ou o divertimento), atentando-se, portanto, contra a sua dignidade enquanto ser humano.

A revelação de informações pessoais evidencia a vulnerabilidade a chantagens e extorsões pelos indivíduos que têm acesso a essas informações e as roubam, sem que o indivíduo a quem elas dizem respeito tenha controlo sobre isso. O livre acesso a informações pessoais (testes psicológicos, dados clínicos, entrevistas para obtenção de emprego, cartas, registos judiciais, bancários, financeiros, créditos obtidos etc.) pode levar a alguns abusos por parte de quem as obtém, não havendo controlo em relação aos acessos e aos abusos por parte do visado. As informações sobre cada indivíduo são uma extensão da sua personalidade, e usar essas informações de forma não lícita, sem que isso seja necessário, sem uma finalidade justa e sem que daí resulte algo de positivo para o indivíduo em causa ou para a sociedade, são uma forma de atentar contra a sua personalidade e contra a sua dignidade enquanto ser humano.

RELAÇÕES ENTRE O DIREITO À PRIVACIDADE E OUTROS DIREITOS HUMANOS

No entanto, nem sempre o direito à privacidade é uma componente do direito à dignidade, nem sempre o direito à dignidade precisa do direito à privacidade (dado que aquele tende a prevalecer), e nem sempre o direito à privacidade se harmoniza com o direito à dignidade. Temos três possibilidades: aquilo que se pratica é contra a dignidade, por isso não deve ser permitido, mesmo em nome direito à privacidade; aquilo que se pratica não é contra a dignidade, por isso deve ser permitido em nome do direito à privacidade; aquilo que se pratica é contra a dignidade, mas deve ser permitido em nome do direito à privacidade.

No que diz respeito ao facto de uma coisa ser contra o direito à dignidade e, portanto, não dever ser permitida, nem mesmo em nome do direito à privacidade, há que salientar que o conceito de *dignidade* é equívoco, vago e muito subjetivo, e a defesa do chamado *direito à dignidade* pode também, em alguns casos, por um lado ser contra o direito à privacidade, e por outro lado ser contra o direito à liberdade do indivíduo. A defesa do chamado *direito à dignidade* pode implicar, por exemplo, a condenação das práticas do sadomasoquismo. Não cabe aqui analisar se estas práticas, ou quaisquer outras, são ou não contra a dignidade. O que pretendemos salientar é o facto de algumas pessoas poderem considerar essas e outras práticas como um atentado contra a dignidade, originando-se um conflito entre o direito à dignidade e o direito à privacidade (dado que essas práticas acontecem ao abrigo deste).

Porém, outras pessoas poderão não encarar essas práticas como sendo contra a dignidade, não havendo, assim, qualquer conflito entre o direito à dignidade e o direito à privacidade. Se essas práticas, feitas voluntariamente, forem consideradas como formas de autonomia do indivíduo e de este exercer o seu direito à privacidade, e se a preservação da sua autonomia e da sua privacidade forem consideradas formas de preservação da sua dignidade, então essas práticas poderão não ser encaradas como atentado contra a dignidade. O problema não está, portanto, em ter de se optar entre o direito à dignidade e o direito à privacidade, mas sim no facto de determinadas coisas que

DA PRIVACIDADE

alguns indivíduos encaram como sendo contra a dignidade não serem encaradas como tal por outros, e por isso estes defenderem que não devem ser proibidas. Existem diferentes conceções sobre o conceito de *dignidade*, pois há quem considere que certas coisas devem ser proibidas devido ao facto de, segundo a sua opinião, serem contra a dignidade, enquanto, segundo a opinião de outros, devem ser permitidas. Em suma, essas coisas são permitidas não porque são praticadas em nome do direito à privacidade, mas sim porque não são consideradas contra o direito à dignidade.

A terceira possibilidade reside no facto de, embora sejam consideradas contra o direito à dignidade, poderem ser permitidas em nome do direito à privacidade. Aqui dá-se a prioridade ao direito à privacidade. No entanto, esta prioridade só por si não deve ser defendida, senão estaríamos a permitir que uma determinada coisa, devido ao facto de ser praticada em nome do direito à privacidade, fosse praticada. Ora, há determinadas práticas (como a violência doméstica) que nem mesmo ao abrigo do direito à privacidade devem ser praticadas. Temos aqui a primazia do direito à dignidade, considerando-se a violência doméstica como um atentado contra este.

No entanto, a prática do sadomasoquismo, sendo geralmente usada como fantasia sexual, pode ser encarada de maneira diferente. Tanto a violência doméstica como o sadomasoquismo são práticas em que se faz uso de violência física, e ambas são ou podem ser consideradas contra a dignidade do ser humano. Se for dada primazia à dignidade do ser humano em detrimento do direito à privacidade, e se se considerar a prática da violência doméstica e a do sadomasoquismo como sendo contra o direito à dignidade, então estas não devem ser permitidas, apesar de serem praticadas invocando o direito à privacidade. Se for dada primazia ao direito à privacidade em detrimento do direito à dignidade, a violência doméstica e o sadomasoquismo deveriam ser permitidas, dado serem praticadas em nome deste.

Porém, existe uma diferença importante entre estas duas práticas. A violência doméstica é uma prática não consentida pela pessoa que é alvo da mesma. No caso do sadomasoquismo, trata-se de algo que é praticado de livre e mútuo consentimento, por pessoas adultas. Mesmo que o sadomasoquismo seja, segundo a opinião de alguns, considerado contra a dignidade do ser humano, segundo a opinião de outros, deve ser permitido em nome do direito à privacidade.

Todavia, como já dissemos, o direito à privacidade só por si não confere o direito de praticar tudo o que se possa praticar, senão seria permitido praticar muitas coisas simplesmente por se praticarem ao abrigo deste direito. Ora, nem o direito à dignidade nem o direito à privacidade legitimam a prática da violência doméstica. No caso do sadomasoquismo, apesar de este poder ser considerado contra o direito à dignidade, não é o simples facto de ser praticado em nome do direito à privacidade que lhe confere automaticamente a possibilidade de ser praticado. Impera o direito à liberdade, entendida enquanto escolha do próprio. O que lhe dá a possibilidade de ser praticado é o direito à liberdade das pessoas que o praticam, ao contrário da violência doméstica, pois esta é praticada contra a liberdade da pessoa a quem é infligida.

Por um lado, isso acontece porque a noção de dignidade é sub-jetiva, pois algo como o sadomasoquismo é considerado por alguns contra a dignidade, mas por outros não é. Por outro lado, mesmo que seja considerado contra a dignidade, há pessoas que dão mais valor ao direito à liberdade do que ao direito à dignidade (ou a determinadas conceções de dignidade). Finalmente, o próprio Estado e o Direito consideram que não nos devemos imiscuir nas práticas dos indivíduos, desde que sejam entre pessoas adultas, praticadas de livre vontade, com consentimento mútuo e feitas em privado. Neste caso, o direito à privacidade coloca-se ao serviço do direito à liberdade, direito este que tende a prevalecer, independentemente do chamado *direito à dignidade*. Vejamos mais pormenorizadamente, no capítulo seguinte, o direito à liberdade.

O direito à liberdade

Há coisas que se fazem por obrigação (por exemplo, respeitar os sinais de trânsito), por necessidade (comer, beber) e por livre vontade. A privacidade por vezes é uma obrigação, como a obrigação de todos os indivíduos maiores e em plena consciência dos seus atos de não exibirem em plena rua a sua intimidade corporal, ou quando um determinado indivíduo está diretamente obrigado pelos Tribunais a não falar em público sobre determinadas coisas, ou ainda no caso do sigilo profissional dos médicos, dos advogados etc. A privacidade, por vezes, é também uma necessidade, apesar de não haver nela uma obrigação. Por exemplo, um homem casado que tenha uma relação extraconjugal, devido ao pudor, à prudência, ou a outra razão, pode optar por não revelar que tem uma amante, apesar de não ser obrigado a não o revelar. Um candidato a um emprego pode também não revelar determinadas coisas sobre si no *dossier* de candidatura, com o objetivo de ser selecionado para o emprego. Essa não revelação não é propriamente uma obrigação, mas antes uma necessidade que esse candidato sente, devido ao facto de se referir a determinadas matérias delicadas. Existe também a não revelação da privacidade, não por obrigação nem por necessidade, mas sim por opção, apesar de a revelação não trazer dano para a sua vida: por exemplo, não revelar que é de origem nobre (do ponto de vista genealógico), não revelar que escreve um diário, não revelar que é autor de livros – por isso há alguns escritores que preferem usar um pseudónimo.

Aquilo que faz parte da privacidade de um indivíduo pode ser um produto da sua liberdade, como ter uma amante, fazer parte da Maçonaria, fazer anonimamente um donativo em dinheiro, no entanto, há outras coisas que pertencem à sua privacidade, em que ele não é livre de as ser, como, por exemplo, ser mulher infértil, ser homossexual ou ser de origem extremamente pobre economicamente. Temos aqui dois tipos de liberdade: a liberdade que consiste no facto de um indivíduo pretender que determinadas coisas da sua vida façam parte

RELAÇÕES ENTRE O DIREITO À PRIVACIDADE E OUTROS DIREITOS HUMANOS

da sua privacidade, e a liberdade que consiste no facto de haver determinadas coisas que um indivíduo é ou faz por sua opção (ser maçom, ser doador anónimo de uma determinada quantia em dinheiro, ter uma amante). Uma coisa é a liberdade de escolha de fazer com que algo da sua vida seja um assunto privado, não o revelando a ninguém, e outra coisa é a liberdade de ser e de ter na sua vida determinadas coisas que fazem parte da privacidade. Uma coisa é a privacidade por liberdade de escolha de determinados factos que existem na vida, por opção, assim como a opção de não os revelar, e outra coisa é a privacidade em relação a determinados factos não por opção (por exemplo, o facto de ser homossexual).

A liberdade de privacidade significa que um indivíduo pode ter a liberdade de fazer com que determinada coisa seja um assunto privado na sua vida, para muitos coisa não digna de ser um assunto privado, ou então a liberdade de não fazer que seja privada na sua vida uma determinada coisa que geralmente os outros indivíduos conservam como privada (como as relações amorosas). Em suma, a liberdade de privacidade engloba as coisas livres, isto é, feitas por opção (por exemplo, ter uma amante) e as coisas não livres, que não são uma opção sua (por exemplo, ser homossexual).

Mas mesmo que um indivíduo não seja livre de ser determinadas coisas, cuja especificidade o levam a remetê-las para a sua privacidade (ou não, no caso de ele as revelar), este pode continuar a ter um espaço de liberdade, não apenas no modo de gerir isso que ele é, apesar de não o ter escolhido (como ser homossexual), mas também no modo de gerir a privacidade que faça ou não em relação a isso: revelando que é homossexual ou não o revelando; revelando determinadas coisas sobre isso e outras não; revelando a umas pessoas e a outras não; revelando-o quando quiser; revelando da forma como quiser.

Por conseguinte, a privacidade de cada um, apesar dos condicionalismos sociais, tem uma margem importante de liberdade, para que possa gerir a sua privacidade como quiser. A liberdade de cada indivíduo é um elemento importante da sua privacidade, e embora existam algumas coisas em que não existe a liberdade de se fazer com que elas não façam parte da sua privacidade, como a obrigação de guardar a intimidade do seu corpo quando se está em público, em muitas outras coisas os indivíduos são agentes livres da sua privacidade, não apenas devido ao facto de os próprios, se quiserem ou não, fazerem delas um assunto privado, mas também devido ao facto de poderem gerir à sua maneira aquilo que é considerado privado pela sociedade. Mesmo que muitas coisas sejam privadas devido aos condicionalismos e à influência da sociedade, se quisermos podemos revelar determinadas que geralmente não se revelam (por exemplo, a vida amorosa). Embora esteja também condicionada pela sociedade, a vida amorosa, quando um indivíduo faz dela um assunto nuns casos mais privado e noutros casos menos privado (dependendo das circunstâncias que se lhe deparam), pode ser, portanto, uma privacidade gerida pela liberdade do indivíduo a quem essa vida amorosa diz respeito, pois ninguém o obriga a não revelar a sua vida amorosa, podendo ou não fazer dela uma coisa privada. Tornar público algo que a maioria das pessoas não torna, ou vice-versa, ambas as situações fazem parte do direito à liberdade sobre a privacidade.

Se a privacidade de um indivíduo é aquilo que de si próprio ele pretende não revelar, e se nesta sua pretensão faz uso da sua liberdade, o direito à liberdade e o direito à privacidade relacionam-se e completam-se. Mesmo quando tem de revelar alguns dados pessoais, por exemplo para o cadastro de trabalhador numa empresa, a proteção dos dados pessoais tem também a ver com a sua liberdade, pois na inadequada divulgação e utilização de informações guardadas a seu respeito existe a violação da autodeterminação e da liberdade do indivíduo, pois deixa de ter controlo sobre as suas próprias informações. É necessário que o indivíduo possa controlar livremente a revelação e a utilização dos seus dados pessoais, preservando a sua capacidade de autodeterminação e de livre desenvolvimento da sua personalidade. O direito à privacidade é a fonte do direito à proteção dos dados pessoais, mas para poder proteger os dados pessoais, o indivíduo precisa

RELAÇÕES ENTRE O DIREITO À PRIVACIDADE E OUTROS DIREITOS HUMANOS

também do seu direito à liberdade. O direito à liberdade protege o direito à privacidade, dado que o indivíduo tem a liberdade de controlo sobre os seus dados pessoais recolhidos, armazenados, processados, disseminados. Tendo o direito à liberdade, e relacionando-o com o direito à privacidade, o indivíduo tem o direito de controlar livremente os dados a si referentes, tem o direito de controlar livremente o fluxo desses dados, tem o direito de saber que dados estão disponibilizados e tem o direito de retificação dos mesmos.

Por outro lado, o próprio direito à privacidade pode também proteger, assegurar ou permitir concretizar o direito à liberdade. Isto significa que o direito à privacidade permite que as pessoas possam fazer livremente em privado determinadas coisas que não podem fazer em público. Por exemplo, as pessoas são livres de terem relações sexuais, enquanto pessoas adultas e em mútuo consentimento, e, portanto, enquanto pessoas autónomas, fazendo uso do seu direito à liberdade, mas em determinadas situações só o direito à privacidade permite concretizar o direito à liberdade sexual.

Há outras coisas menos condicionadas socialmente, mas em que o direito à privacidade permite também a sua concretização. Por exemplo, o voto nas eleições para eleger os representantes políticos, que é secreto, dado que, enquanto secreto, contribui para que seja realmente voluntário e livre, pois ninguém pode forçar uma pessoa a votar num determinado partido político em vez de votar noutro. A privacidade, neste caso o facto de o voto ser secreto, assegura e protege a autenticidade e a liberdade de escolha; não apenas no voto, mas também em determinadas coisas da vida quotidiana, a privacidade pode proteger a liberdade, nomeadamente a liberdade de expressão, pois se algumas pessoas souberem que estão a ser escutadas, por exemplo sobre determinados assuntos políticos ou religiosos, não concretizam livremente o seu direito a expressarem-se.

Muitos indivíduos, se souberem que as suas opiniões e ações estão a ser escutadas e observadas, mesmo que não estejam a dizer ou a fazer nada de mal, ou que seja proibido, tendem a não ser autênticas

DA PRIVACIDADE

nem criativas. Há quem não se sinta à vontade, livre, com receio de ser diferente, se estiver sujeito à observação e à escuta de outros. Se se sentir constantemente observado e que estão a escutar o que diz, mesmo que seja em situações banais do quotidiano, cria-se por vezes uma situação embaraçosa, uma certa pressão. Há situações em que o direito à privacidade é importante para se exercer livremente o direito de se ser autêntico. Se tudo for captado, visível e audível, muitos indivíduos acabam por não ser eles próprios, mesmo que aquilo que estejam a dizer ou a fazer não seja proibido. No uso do seu direito à privacidade, muitos são mais espontâneos, criativos e produtivos, em vez de estarem preocupados em prestar atenção se os outros estão ou não a olhar. Quando verificam que estão a ser observados, tendem geralmente a agir em conformidade com o que publicamente é de esperar que façam ou digam. Muitos passam a agir de maneira diferente, com pouco à vontade, quando estão a ser vigiados, escutados, fotografados e filmados, mesmo que não estejam a fazer nada de mal. Os que passam a andar constantemente sob cuidado perdem a espontaneidade, a naturalidade e, portanto, a liberdade.

No entanto, será que podemos dizer que as pessoas são realmente livres devido ao facto de fazerem determinadas coisas livremente apenas quando estão em privado? A privacidade pode ter aspetos positivos, mas também negativos. Promover a ocultação no espaço público pode também ser prejudicial para a liberdade de expressão, como é o caso da criatividade artística. Se determinadas coisas puderem ser ditas ou feitas apenas em privado, pode também acabar por se atrofiar o seu livre desenvolvimento, não apenas no campo das artes, como no campo da política ou da religião. Um clima social que incentiva as pessoas a remeter apenas para a privacidade as questões contenciosas também pode ser prejudicial para a liberdade de pensamento e para a liberdade de expressão. Por um lado, procura-se evitar problemas em público, não trazendo determinados assuntos polémicos, mas, por outro lado, o espaço público incentiva a debatê-los e a pensá-los, e é com a sua expressão pública que ao longo da História determinados assuntos lentamente têm sido aceites. É certo que a privacidade fornece condições para que as pessoas não sejam submetidas ao controlo e à violência para com as suas ideias e formas de vida diferentes, mas o ideal é que as pessoas possam também expressar livremente, no espaço público, as suas opiniões políticas, religiosas ou outras. O direito à privacidade permite, por exemplo, que o voto possa ser secreto, mas o ideal seria que todo e qualquer indivíduo pudesse dizer livremente em público em que partido político votou. Alguns indivíduos fazem-no, mas outros não, sob receio da crítica, da pressão social e da discriminação.

O direito à privacidade permite também que as pessoas possam exercer o seu direito à liberdade sexual, mas há quem se sinta constrangido e remeta, por exemplo, a sua orientação sexual para a privacidade. Se a privacidade for uma escolha (por exemplo, preferir manter o anonimato enquanto doador de uma determinada quantia em dinheiro a uma instituição), trata-se de uma privacidade do indivíduo que a escolheu. Mas no caso da homossexualidade, trata-se de uma privacidade que não é escolhida, mas muitas vezes obrigada, nomeadamente nos países onde ela não é legal, e portanto, levar os homossexuais a recorrer ao direito à privacidade pode ser uma forma de contornar o direito à liberdade, e neste caso específico, o direito à liberdade sexual. Assim como a dificuldade social, direta ou indireta, de tornar pública uma determinada coisa, tendo, portanto, de ser privada, exerce um constrangimento da liberdade do indivíduo, também a impossibilidade social, direta ou indireta, de uma coisa ser privada, tendo de ser pública, exerce um constrangimento sobre a liberdade do indivíduo. Isso acontece especialmente nos tempos de hoje, em que se tende a instaurar o direito de ver e de saber tudo, em que se vive num clima de exposição banal sobre tudo e todos. Os meios de comunicação social, as novas tecnologias, e a sociedade em geral, querem ver, saber, ouvir e controlar tudo, e as pessoas veem-se pressionadas, direta ou indiretamente, a exporem-se, sendo assim atingidas na sua liberdade.

Existe uma diferença entre a privacidade por opção e a privacidade por obrigação, assim como existe uma diferença entre a visibilidade por opção e a visibilidade por constrangimento social. Entre a privacidade e a visibilidade, cabe a cada pessoa, no uso do seu direito à liberdade, não se sentindo coagida a uma ou a outra, poder ser ela a optar por uma ou por outra, ou por ambas, dependendo de cada caso, enquanto agente livre da sua privacidade, assim como da sua visibilidade.

O direito à igualdade

Ao longo dos diversos artigos das declarações de Direitos Humanos que têm havido ao longo da História, defende-se que todos os seres humanos têm direito aos direitos mencionados por essas declarações, e ao dizer-se a palavra *todos*, afirma-se o direito à igualdade. Um desses direitos é o da privacidade, defendido pela *Declaração Universal dos Direitos do Homem*, de 1948, proclamada pela ONU. Do ponto de vista da igualdade, aparece a palavra *todos*, isto é, todos os seres humanos terem direito à privacidade. A defesa do direito à igualdade estende-se ao direito à privacidade, e por outro lado, a defesa do direito à privacidade tem implícita a defesa do direito à igualdade, dado que o direito à privacidade é para todos ao seres humanos. Portanto, o direito à igualdade inclui o direito à privacidade, como uma das suas formas de concretização, e o direito à privacidade pressupõe o direito à igualdade, para a concretização do direito à privacidade.

No entanto, e conforme já referimos ao longo deste livro, existem algumas exceções no direito à privacidade. Para se defender a segurança das populações, contra eventuais atentados terroristas, os indivíduos suspeitos desses atentados perdem o seu direito à privacidade, podendo ficar sujeitos a escutas telefónicas ou a outras formas de vigilância, feitas pelas autoridades competentes. Os fundamentalistas religiosos, os racistas, os xenófobos, os homofóbicos, podem perder a privacidade, para se vigiar, prevenir e evitar os ataques contra as

RELAÇÕES ENTRE O DIREITO À PRIVACIDADE E OUTROS DIREITOS HUMANOS

pessoas que são alvo da sua hostilidade. Também num casal onde há violência doméstica, para comprová-la, combatê-la e preveni-la, pode haver vigilância e intromissão das autoridades na privacidade do casal, e em casos mais extremos pode haver a invasão do domicílio, mesmo sem queixa da vítima, pois atualmente a violência doméstica é considerada um crime público. Também os suspeitos e praticantes de outros delitos, tais como roubos ou corrupção económica, podem perder o seu direito à privacidade no decorrer das investigações sobre os delitos de que ão suspeitos. Portanto, se estiver em risco a segurança, a liberdade, a vida, a propriedade privada e o bem-estar dos cidadãos, quem atente contra isso perde o seu direito à privacidade, logo este direito não é igual para todos, ao contrário de outros direitos.

Mas não é apenas em situações excecionais, como as acima referidas, que o direito à privacidade não existe para todos, deixando de haver, portanto, o princípio da igualdade, ao contrário do que acontece com o direito à dignidade e com o direito à vida. Há mais casos que revelam que a privacidade não é para todos, e em que é natural, e por vezes, necessário que assim seja. Por exemplo, as crianças não gozam de privacidade, pois são dependentes dos pais ou encarregados de educação. Também nas pessoas muito idosas, incapacitadas física e mentalmente, e as pessoas com determinadas doenças, que também as incapacitam física e mentalmente, o seu direito à privacidade precisa de ser invadido para se cuidar delas (perdem a privacidade do corpo, a privacidade das doenças, a privacidade das contas bancárias etc.). Esta desigualdade no usufruto do direito à privacidade é encarada como necessária e normal.

Mas há alguns casos em que, apesar de não ser necessária, é encarada como normal. O direito à privacidade não existe de forma igual para todas as pessoas – veja-se o caso das figuras públicas –, e essa desigualdade em relação às outras pessoas é, por muitos setores da opinião pública, encarada com normalidade. O direito à privacidade colide, por vezes, com os chamados *direito à informação e à liberdade de expressão*, defendidos especialmente pela imprensa, invocando o

DA PRIVACIDADE

facto de se tratarem de figuras públicas, e por essa razão estas terem menos privacidade do que o cidadão comum. Não cabe aqui discutir se é ou não é legítimo que as figuras públicas percam ou sejam alvo de diminuição do direito à privacidade, ou em que condições isso pode acontecer. Apenas referimos este caso para exemplificar uma vez mais que o direito à privacidade, por vezes, não obedece ao direito à igualdade e que essa falta de igualdade não existe apenas devido a situações de risco (como para vigiar a segurança dos cidadãos), mas em situações onde não há nenhum risco, e, apesar de tudo, essa violação da privacidade é encarada de forma natural, mas desigual, comparada com a violação da privacidade do comum dos cidadãos.

Estas desigualdades na distribuição da privacidade são contestadas, pelas mais diversas razões, defendendo-se, por isso, mais privacidade para as figuras públicas, mas também sucede por vezes defender-se menos privacidade, precisamente para concretizar o direito à igualdade, por exemplo entre o homem e a mulher, dado que o direito à privacidade do lar protege, ou pode proteger, a dominação do homem sobre a mulher. O direito à privacidade, enquanto direito de ser deixado sozinho, ou livre da ação do Estado, deixa ou pode deixar um sujeito poderoso livre de oprimir um sujeito vulnerável, sem receio da intervenção do Estado. Segundo algumas críticas que são feitas à tónica posta no direito à privacidade, nomeadamente a crítica feminista, a distinção público-privado, em que nem o poder público nem as pessoas em geral podem interferir no que é privado, despolitiza as injustiças e as desigualdades sexuais, levando as vítimas, principalmente as mulheres, a tornarem-se indefesas e a sofrerem uma grande vulnerabilidade dos seus direitos por parte dos maridos, e, portanto, a serem alvo de um tratamento desigual na sociedade, em consequência do direito à privacidade.

Todavia, embora por um lado o direito à privacidade possa esconder a prática de desigualdades e dominações, como as existentes entre marido e mulher, por outro lado, em certos casos, esse direito pode salvaguardar, proteger e favorecer o direito à igualdade e o direito à não discriminação. Por exemplo, a vigilância de dados pessoais, levada a cabo por organismos estatais ou privados, através de bases de dados, pode levar à seleção e à classificação das pessoas, o que pode afetar as suas oportunidades de vida. A vigilância hoje afeta todos, classifica as pessoas em categorias, podendo afetar as chances e a igualdade de oportunidades. As características, os sentimentos, as crenças e as convicções das pessoas, podem ser utilizadas, direta ou indiretamente, para lhes impedir ou diminuir a igualdade de oportunidades no acesso a determinadas coisas a que têm direito, como por exemplo o trabalho. Ora, a proteção da privacidade tem também como uma das funções combater a discriminação devido às convicções políticas, religiosas, à orientação sexual etc., discriminação essa que atenta contra o direito à igualdade.

Na sociedade de hoje, caracterizada pela comunicação à distância e por informações remotas, nomeadamente através da Internet, os dados pessoais acabam por ser a única forma de representação das pessoas perante os mais diversos organismos, estatais e privados, e esses dados pessoais são, muitas vezes, determinantes para abrir ou não as portas de oportunidades de trabalho, ou de outras, como os de seguros de saúde. Podem existir determinadas informações sobre os indivíduos, tais como as origens familiares, as doenças, um passado de toxicodependência, ou de alcoolismo, as filiações político-partidárias, a religião, a orientação sexual, etc., por isso é importante a proteção da sua privacidade, como meio de combater a discriminação e de promover a igualdade de direitos entre todos.

Um desses direitos é o direito ao trabalho. Existe hoje um grande controlo através das novas tecnologias e os candidatos a um trabalho são um dos principais alvos. Um indivíduo com cadastro de prisão, ou mesmo quando não houve condenação e o indivíduo foi declarado inocente, ainda assim esse indivíduo pode ser vítima de discriminação. Os empregadores têm tendência para não contratar pessoas com cadastro de prisão, mesmo que se trate de alguém que se tenha reabilitado e mudado de vida. O facto de ter sido presidiário é algo

DA PRIVACIDADE

que esse indivíduo pretende que faça parte da sua privacidade e, no uso do seu direito à privacidade, pode não querer que se saiba, para poder refazer a sua vida e para não ser discriminado.

Há outras situações de discriminação, mesmo já se exercendo uma profissão, como a filiação sindical (apesar de ser um direito), que um determinado indivíduo pode preferir que se mantenha privada, pois os sindicalistas por vezes são encarados negativamente, privacidade essa que tem como objetivo garantir o direito ao trabalho sem desigualdade de tratamento e a não ver impedida, por exemplo, a renovação do contrato. O mesmo pode suceder em relação à vida amorosa e sexual, que pode implicar, no local de trabalho, discriminação, direta ou indiretamente, havendo necessidade de recorrer-se ao direito à privacidade. Mas mesmo que a entidade patronal não discrimine, isso pode acontecer por parte dos colegas de trabalho e criar-se um mau ambiente, levando, *in extremis*, o indivíduo a ter de se despedir do trabalho.

Ainda a propósito do trabalho e da discriminação, imagine-se, por exemplo, um advogado famoso, que tenha subido na vida e alcançado sucesso como advogado, mas que possa ter tido um passado turbulento e ter levado uma vida considerada *marginal* (por exemplo a toxico-dependência, ou o alcoolismo). Um jornalista, por exemplo, pode ter tido conhecimento da história desse advogado, pode ter publicado uma reportagem e pode tê-lo elogiado, como acontece com algumas pessoas que no seu passado tiveram uma vida de má reputação sob o ponto de vista social, mas que mudaram completamente de vida. Ora, pode acontecer que alguns clientes desse advogado tenham uma reação diferente e negativa. Devido a essa reportagem jornalística, alguns clientes podem querer que esse advogado deixe de se ocupar do caso deles, ou seja, não quererem ser seus clientes. Assim que a informação sobre o seu passado seja tornada pública, o advogado pode deixar de ser capaz de manter a sua personalidade profissional em relação aos seus clientes. Pode ser competente, mas algumas pessoas podem ter preconceitos em relação ao seu passado, por isso a proteção da sua privacidade é importante, para assegurar a igualdade de oportunidades no trabalho.

Essa discriminação pode acontecer também em relação ao presente, pois esse advogado pode ter determinadas convicções político-partidárias que podem fazer com que alguns clientes não queiram que ele trate do seu caso. Essas convicções político-partidárias podem afetar principalmente determinados profissionais, mas também, de outras formas, o cidadão comum. A *Declaração Universal dos Direitos do Homem* afirma que todos os indivíduos têm direito às suas convicções políticas, mas, mesmo assim, o voto é secreto. Cada indivíduo, no uso do seu direito, deveria poder votar em quem quisesse e esse voto ser público, devendo as opções políticas de todos ser respeitadas. Todavia, a realidade é bem diferente, pois muita gente pode ser discriminada por votar num determinado partido político, e mesmo não existindo discriminação, pode sentir pressão, ser alvo de expectativas ou de críticas, e ser portanto levada indiretamente a votar num partido político no qual outros indivíduos, como a família, os colegas de trabalho, ou outras pessoas com quem habitualmente convive, esperam ou desejariam que votasse. Apesar do direito às convicções político-partidárias, o direito à privacidade pode contribuir para preservar essas convicções. O combate contra a discriminação, a preocupação de evitar a pressão social e a resistência às expectativas de outros indivíduos para com as suas convicções político-partidárias ou outras são uma forma de alguns indivíduos não sofrerem tratamento desigual devido ao facto de terem essas convicções, e por isso o uso do direito à privacidade pode ser necessário.

O direito à vida

O conceito de *direito à vida* é muito vasto e confunde-se, por vezes, com outros significados do termo *vida* – quando se aplica, por exemplo, a expressão *vida privada*, ou quando se fala em *projetos*

DA PRIVACIDADE

de vida (os sonhos, os ideais, a carreira, a profissão). O conceito de *direito à vida* que aqui analisaremos tem a ver com a defesa da vida do ponto de vista biológico, perante o real ou potencial homicídio de que pode ser alvo qualquer pessoa, incluindo os atentados terroristas. Esse conceito engloba também as diversas questões da bioética (da inseminação artificial à eutanásia), assim como os cuidados de saúde que visam proteger o direito à vida, e engloba também os diversos meios que conduzem a preservar a vida e a saúde, de entre os quais o direito à privacidade.

A vida é um direito que, quanto ao seu conceito biológico, apresenta--se de modo total. Diferentemente da liberdade ou da igualdade, por exemplo, em que pode haver meias liberdades ou meias igualdades, isto é, indivíduos mais ou menos livres ou mais ou menos iguais, e livres numas coisas e não noutras, ou iguais numas coisas e não noutras, sendo a liberdade ou a igualdade total difíceis de alcançar, no caso da vida, ou se tem a vida, ou não se tem, ou se está vivo, ou não se está. No que toca ao respeito pelo direito à vida, ou se respeita este direito na sua totalidade, ou não, pois, em sentido bio-lógico, não há meia vida. Pode-se respeitar o direito à liberdade ou à igualdade só em parte, mas o direito à vida ou se respeita ou não se respeita.

Em determinadas coisas que têm a ver com a privacidade do indivíduo corre-se o risco não ser respeitado o seu direito à vida, e em alguns países existe mesmo a pena de morte (por exemplo, para os homossexuais). A homossexualidade não lhes é reconhecida como um direito, e o facto de a sexualidade ser um assunto que diz respeito à privacidade das pessoas em geral, faz com que se possam proteger dos atentados contra a vida, protegendo-se através do direito à priva-cidade. O direito à privacidade aqui não reforça ou assegura o direito de serem homossexuais, pois esse direito não lhes é reconhecido, mas reforça e assegura o seu direito à vida.

Mesmo nos países em que não há pena de morte e em que a homossexualidade é reconhecida como um direito, poderão ocorrer

RELAÇÕES ENTRE O DIREITO À PRIVACIDADE E OUTROS DIREITOS HUMANOS

homicídios de cariz homofóbico, por isso os homossexuais poderão proteger-se dos ataques contra o direito à vida, vindos do comum dos cidadãos, recorrendo ao seu direito à privacidade. O direito à privacidade é utilizado muitas vezes como uma opção, mesmo nos países onde a homossexualidade é aceite, e onde existe um grande clima de abertura de mentalidades, mas nas situações acima retratadas, o direito à privacidade é utilizado não como uma opção, mas como uma necessidade, e sem esse direito não existe segurança no respeito pelo direito à vida. O recurso à privacidade aqui não significa apenas refugiar-se na sua própria casa, até porque de nada valeria, pois se alguém quisesse matar uma pessoa poderia fazê-lo na mesma, sabendo que ela morava em determinado lugar, e esperá-la à saída de casa. Portanto, aqui o recurso à privacidade significa o facto de se omitir determinadas coisas que colocariam a vida de determinada pessoa em risco, se em vez disso essa pessoa falasse delas publicamente.

O direito à privacidade pode proteger aqueles que correm o risco de não ser respeitado o seu direito à vida, mas o direito à privacidade também tem limites, pois se o objetivo for o de respeitar o direito à vida, em alguns casos poderá não respeitar-se o seu direito à privacidade. Por exemplo, há indivíduos que, devido às funções profissionais que ocupam, têm nas suas mãos a vida dos outros indivíduos (por exemplo, os pilotos de aviões,); esses indivíduos poderão ser submetidos a análises para se verificar se consomem drogas, ou pode-se investigar a sua saúde mental, tendo como objetivo proteger o direito à vida dos passageiros, mesmo que com isso não se respeite o direito à privacidade dos indivíduos que forem alvo dessas investigações. Poderemos também, fazendo uso do nosso direito à privacidade, de modo a não sofrermos represálias, denunciar anonimamente o consumo de drogas por esses pilotos de aviões ou motoristas de transportes públicos em geral, e a sua saúde mental (devidamente comprovados), devido ao facto de porem em risco a vida das outras pessoas. Essas denúncias tanto podem ser feitas anonimamente como podem ser comunicadas às autoridades mesmo através de identificação da pessoa que comunica

DA PRIVACIDADE

esses factos, sob garantia da proteção da sua privacidade. Em ambos os casos, o recurso à privacidade é posto ao serviço do direito à vida.

Perante uma mulher que é vítima de violência doméstica pelo marido, e que corre risco de vida, o relacionamento do marido com a mulher pode sofrer uma perda de privacidade e ser alvo de ingerências das autoridades e do poder judicial. Por outro lado, poderemos fazer uso do nosso direito à privacidade, com o objetivo de proteger o direito à vida dessa mulher, ou de outras pessoas que correm risco de vida perante pessoas que as persigam, mantendo confidencialidade sobre o paradeiro destas, ou guardando-as sigilosamente em nossa casa. Também uma mulher que possa ser perseguida por adultério, como sucede em alguns países islâmicos, não apenas pelo marido como também pelas autoridades do Estado, pode também ter protegido o seu direito à vida através da proteção do direito à privacidade, por aqueles que não queiram revelar o seu paradeiro ou que a escondam em sua casa. Indiretamente, a preservação do direito à privacidade protege o direito à vida.

O direito à privacidade dos xenófobos, dos racistas, dos homofóbicos também pode não ser respeitado, se eles se servirem da sua privacidade para preparar e levar a cabo ataques homicidas contra as pessoas que são alvo da sua hostilidade, e, por isso, poderá haver vigilância dos seus atos, incluindo escutas telefónicas, se forem devidamente justificadas e juridicamente autorizadas, de modo a proteger o direito à vida das pessoas que possam estar em risco. Também o cidadão comum, fazendo uso do seu direito à privacidade, poderá utilizar meios de combater ou denunciar anonimamente as perseguições xenófobas, racistas, e homofóbicas, e de defender portanto o direito à vida das pessoas que são ou possam ser alvo dessas perseguições.

Se numa perseguição contra determinados grupos culturais e religiosos, como, por exemplo, os nazis perseguindo os judeus ou os fundamentalistas islâmicos perseguindo os cristãos, em que se pretende matar determinadas pessoas, ou levá-las presas, e em que os perseguidores andam à sua procura, apesar de sabermos onde essas pessoas se encontram, o nosso direito à privacidade (não revelando o seu paradeiro ou guardando-as em nossas casas) pode proteger o direito à vida dessas pessoas. Por seu turno, o direito à privacidade das pessoas que são alvo dessas perseguições pode também, em algumas situações (usando pseudónimos, retirando-se para a privacidade do lar etc.), contribuir para protegerem o seu direito à vida.

Os ataques de grupos terroristas, ou a sua ameaça, assim como as atividades de delinquentes, podem levar a que os terroristas e os delinquentes sejam alvo de vigilância, apesar de se não respeitar a sua privacidade, pois tem-se como objetivo proteger o direito à vida do comum dos cidadãos. Porém, por vezes cometem-se certos exageros, por exemplo colocando câmaras de vigilância no espaço público, em qualquer lado, que atentam contra o direito à privacidade dos cidadãos em geral. A preocupação em proteger o direito à vida das populações faz com que todos os indivíduos acabem por ser vigiados e indiretamente tratados como suspeitos. Entre a proteção do direito à vida de umas pessoas e a proteção do direito à privacidade de outras, existe por vezes um conflito difícil de solucionar, pois, em determinados casos, para se proteger o direito à vida, não se protege o direito à privacidade, e vice-versa, e isso acontece não apenas em relação a determinadas pessoas (como por exemplo os fundamentalistas religiosos, ou os delinquentes), que põem em risco o direito à vida das outras pessoas, mas em relação a todas as pessoas, que também são vigiadas, e que indiretamente acabam por ter violada a sua privacidade.

Quando falamos no direito à vida e da sua relação com o direito à privacidade, levantam-se muitos outros problemas. Mesmo que determinadas práticas sejam permitidas, muitas pessoas preferem guardar privacidade sobre essas práticas, ou porque as defendem, ou porque as praticaram, ou porque não concordam com elas, e não querem causar dissabores com a sua discordância em relação a estas: a inseminação artificial, a procriação medicamente assistida, as diferentes técnicas de assistência à procriação, a fecundação *in vitro*, o prolongamento artificial da vida, as tentativas de melhorar o corpo humano, o transplante de órgãos, a clonagem, a doação de embriões, de sémen ou de óvulos, as terapias genéticas, as barrigas de aluguer, as transfusões de sangue ou a sua recusa por algumas seitas religiosas, a experimentação animal na Medicina tendo como finalidade salvar a vida humana etc.

De entre estes exemplos, merece particular destaque o da doação de órgãos, o da doação de sémen e o da preservação do património genético. No caso da doação para transplante de órgãos, conhecer quem recebeu os órgãos pode prejudicar o assumir a morte de um ente querido. Há pessoas que se agarram à ideia de que têm uma parte viva de um parente noutro corpo e forçam uma relação afetiva com o indivíduo recetor desse órgão, buscando relações que tinham com o ente falecido. Há também casos em que se cria uma relação de dívida para quem doou o órgão, em que o próprio indivíduo recetor do órgão acaba por criar laços com a família do doador e em que os familiares do doador, sendo muito pobres economicamente, o indivíduo recetor se sente na obrigação de os ajudar. Há casos em que o indivíduo recetor quer conhecer a mãe do doador do órgão, como quando recebe o coração, e a considera uma segunda mãe. Tudo isto pode originar recusas de uma das partes ou conflitos de identidade e de laços afetivos, por isso, a preservação da privacidade do doador e de quem recebeu o órgão é importante e necessária.

Com as novas técnicas de reprodução humana assistida, passou também a ser possível ter filhos através da conceção artificial, em que um indivíduo do sexo masculino pode fazer doação do sémen. O sigilo da identidade do doador é também importante e necessário, pois, sem a garantia de manutenção do seu anonimato, não haveria muitos interessados em doar o sémen a casais com problemas de infertilidade. Os doadores de sémen precisam que lhes seja garantido, do ponto de vista legal, que o seu ato não implica um vínculo de parentesco nem a necessidade de futuramente virem a assumir obrigações afetivas, morais e económicas para com a pessoa que nasceu em resultado dessa doação, por isso é necessário a preservação da privacidade de

RELAÇÕES ENTRE O DIREITO À PRIVACIDADE E OUTROS DIREITOS HUMANOS

quem doou o sémen, e da privacidade de para quem irá. A doação do sémen deve ser anónima, guardando-se tanto o sigilo da identidade dos doadores quanto dos recetores, de modo a evitar-se repercussões negativas no desenvolvimento psicológico da criança nascida através desse processo e no doador. No entanto, a legislação sobre essa matéria varia consoante os países. Em alguns essa privacidade mantém-se totalmente, noutros parcialmente, sabendo-se a identidade de uma das partes envolvidas ou podendo saber-se a identidade do doador a partir dos 16 anos de idade da pessoa que nasceu em resultado dessa doação.

No que diz respeito ao património genético, a *Declaração Universal do Genoma Humano e dos Direitos Humanos* reconhece o direito ao património genético e à privacidade desta matéria. O ADN de cada indivíduo contém informações diferentes de todos os outros tipos de informações, que não devem ser invadidas por mera curiosidade. Segundo esta declaração, o indivíduo não pode ser alvo de investigações sobre a sua privacidade genética nem pode haver divulgação dos seus dados, e, portanto, o acesso à informação sobre o património genético deve ser restrito (pode ser feito apenas por razões terapêuticas e com o consentimento do indivíduo em causa ou dos seus familiares). A *Declaração Universal do Genoma Humano e dos Direitos Humanos* diz o seguinte sobre o sigilo do património genético:

> Quaisquer dados genéticos associados a uma pessoa identificável e armazenados ou processados para fins de pesquisa ou para qualquer outra finalidade devem ser mantidos em sigilo, nas condições previstas na lei» (artigo 7.º). Por seu turno, o artigo 9.º da mesma declaração afirma também o seguinte: «Com o objetivo de proteger os Direitos Humanos e as liberdades fundamentais, as limitações aos princípios do consentimento e do sigilo só poderão ser prescritos por lei, por razões de força maior, dentro dos limites da legislação pública internacional e da lei internacional dos Direitos Humanos.

DA PRIVACIDADE

Estes problemas ligados à bioética originam, por vezes, um forte confronto de convicções ideológicas (políticas, morais e jurídicas). São problemas de ordem biológica, relacionados também com o *direito à vida*, e que têm importantes implicações éticas sobre a opção a tomar, por parte de quem tem de a tomar, e por outro lado suscitam também divergências na opinião pública em geral. Há mesmo pessoas que preferem não se pronunciar publicamente sobre isso, remetendo essas questões para a sua privacidade ou para a privacidade das pessoas a quem esses problemas dizem diretamente respeito. Essa atitude surge um pouco à semelhança das pessoas que preferem guardar para a sua privacidade as suas convicções políticas e religiosas e que, aliás, estão muitas vezes na origem das suas opiniões em relação aos problemas que se colocam a propósito do direito à vida e da bioética.

Há muitos mais exemplos da relação entre o direito à vida, os cuidados de saúde e a privacidade. Recorrer a um médico em vez de recorrer a outro, pagar uma quantia exorbitante a um médico, recorrer a um médico num país estrangeiro, adotar um determinado tratamento médico em vez de outro, consumir ou não consumir álcool, tabaco ou carne, recusar os tratamentos médicos ou determinados tratamentos médicos, recorrer a medicinas alternativas e não convencionais, por vezes polémicas, tem a ver com os cuidados de saúde e com o direito à vida, mas também com o direito à privacidade, pois há pessoas que não querem que essas suas opções sejam de conhecimento geral.

O direito à vida e os respetivos cuidados (incluindo a preservação da saúde) estão também associados ao direito à não discriminação, pois há doenças que podem originar discriminação social, como a sífilis, e mesmo que uma pessoa já não tenha essa doença, pode ter tido no passado e preferir manter isso na sua privacidade. Em relação a outras doenças como o cancro, a SIDA, ou determinadas doenças psiquiátricas, que acompanham muitas pessoas ao longo da sua vida, algumas pessoas optam por mantê-las privadas, tendo como objetivo não serem discriminadas. Ora, não ser discriminado é também um direito, logo, o direito à privacidade, em alguns casos, tem também valor precisamente por ser posto ao serviço da não discriminação.

No caso de uma doença, o direito à privacidade não protege a pessoa no direito à doença, mas sim no direito à saúde e no direito a não ser discriminada pelo facto de ter essa doença. Nos outros direitos, como o direito à liberdade política ou religiosa, o direito à privacidade pode contribuir para que uma pessoa não seja discriminada, pois tem direito às suas convicções políticas e religiosas, mas no caso da doença, não tem sentido invocar o direito à doença, isto é, ter de se refugiar no direito à privacidade para ter a doença, mas sim invocar o direito à saúde, tendo em alguns casos de se proteger através do direito à privacidade para assegurar o seu direito à saúde, e indiretamente o seu direito à vida.

Apesar de as pessoas terem direito às suas convicções políticas e religiosas, por vezes têm necessidade de se protegerem através do direito à privacidade, para facilitar a sua concretização e para não serem discriminadas. Uma pessoa, sendo discriminada pela prática das suas convicções, e apesar de estas serem um direito, o direito à privacidade pode contribuir para exercer esse direito. Uma pessoa também pode ser discriminada pela sua doença, mas neste caso, a pessoa não reivindica o direito à doença, mas sim o direito de viver a doença com dignidade, e o direito à vida, através do direito à saúde. As convicções políticas e religiosas são algo que a pessoa encara positivamente e deseja ter, enquanto uma doença é algo que a pessoa, geralmente, encara negativamente e que desejaria não ter.

O direito à vida e o direito à saúde estão também ligados à sexualidade. Todos os serviços de saúde sexual e reprodutiva, incluindo a informação e o aconselhamento, deverão ser facultados com privacidade e deve haver a garantia de que essas informações permanecerão confidenciais. Muitas mulheres que recorrem à interrupção voluntária da gravidez, e que requerem os respetivos cuidados de saúde, preferem manter confidencial essa sua opção. Muitas pessoas, de modo a poderem desfrutar de uma vida sexual segura, procuram os respetivos

DA PRIVACIDADE

profissionais (sexólogos, ginecologistas, endocrinologistas, especialistas em doenças infecciosas, psicólogos), dos quais esperam a preservação da sua privacidade. Algumas pessoas pretendem aumentar o seu potencial na atividade sexual, outras pretendem resolver determinados problemas de desempenho sexual, e outras pretendem evitar ou resolver doenças sexuais e, para isso, procuram profissionais de saúde, desejando manter confidenciais os seus relatos e os cuidados médicos com o seu desempenho e a sua saúde sexual. Por isso, existe a preocupação das autoridades competentes em facultar serviços de cuidados em saúde reprodutiva e sexual, incluindo serviços de informação e aconselhamento, preservando, além desses serviços, os direitos dos seus utentes à privacidade e à confidencialidade.

A prática da Medicina, assim como dos seguros de saúde, alterou--se bastante a partir da informatização dos arquivos médicos, pois possibilitou a ampliação da recolha de dados, do armazenamento das informações sobre o paciente, desde a informação sobre os seus genes até aos dados clínicos. A preservação da privacidade na Medicina tem uma grande importância, pois o paciente relata os sintomas da sua doença a um médico em quem confia, com o objetivo de receber um diagnóstico e o tratamento respetivo. Por isso, a relação médico--paciente é caracterizada por um importante grau de confiança. No caso de os dados clínicos do paciente serem postos a circular, a expectativa de confiança e de sigilo é violada e tende a criar atitudes prejudiciais para o paciente.

De entre os diversos assuntos respeitantes à privacidade, um dos mais sensíveis é o do armazenamento e da circulação de dados genéticos sobre o paciente, que são pretendidos, por exemplo, pelas companhias de seguros, que por interesses económicos podem recusar um seguro a determinada pessoa, apesar de esses dados serem sempre informações baseadas em probabilidades, pois a propensão genética para uma determinada doença não significa que realmente essa doença se venha a manifestar. Por conseguinte, a perda da privacidade através da difusão dos dados genéticos pode acarretar situações de discriminação, e

RELAÇÕES ENTRE O DIREITO À PRIVACIDADE E OUTROS DIREITOS HUMANOS

por outro lado de contradição, pois só passam a ter acesso ao seguro de saúde aquelas pessoas que não precisam, enquanto as que poderão precisar ficarão excluídas, sendo portanto necessário o sigilo e a proteção desses dados, com o objetivo de garantir o direito à saúde e o direito à vida de todas as pessoas.

Relações entre o direito
à privacidade e a tolerância

Introdução

Existem algumas origens, embora remotas, do conceito de *privacidade*, com a distinção na Grécia Antiga, e presente em Aristóteles, entre *oikos* (espaço doméstico), e *polis* (espaço público), mas diziam respeito à privacidade da família, pois não havia ainda propriamente a defesa da privacidade do indivíduo, singularmente entendido, tal como o entendemos hoje, desassociado dos outros indivíduos, incluindo dos da sua própria família. O conceito de *privacidade* foi adquirindo sucessivamente importância no contexto da tradição liberal anglo--saxónica, com a defesa da liberdade de consciência individual, no momento em que a Europa se encontrava dilacerada por guerras de religião, nomeadamente entre católicos e protestantes.

Na sua origem, a ideia de tolerância significava que o Estado não pode interferir onde não tem competência e que a crença religiosa tem a ver com a esfera privada. O Estado não pode dizer o que é religiosamente importante ou não, o que implica, portanto, o respeito pela pluralidade de crenças religiosas. Esta ideia deu lugar à teorização em torno do conceito de *tolerância*, feita por John Locke, na sua *Carta*

135

DA PRIVACIDADE

Sobre a Tolerância, autor este para quem, a partir do momento em que as nossas opiniões ou o nosso modo de vida não ponham em causa a preservação do Governo e da sociedade civil e não provoquem dano ao que é público, devem ser tolerados. Conforme Locke afirma, «penso que é absolutamente necessário distinguir aqui com toda a exatidão possível o que diz respeito ao Governo civil e o que diz respeito à religião, e traçar os justos limites que separam os direitos de um em relação aos direitos do outro»([81]). Para Locke a religião é um assunto de privacidade, que não é da competência do Estado, uma vez que a religião não atente contra cada indivíduo e a sociedade em geral: «O Estado não tem que se preocupar com aquilo pelo qual os indivíduos se possam prejudicar apenas a si mesmos, sem prejudicar os outros, e sem ameaçar em nada os interesses civis dos outros indivíduos.»([82]) Por conseguinte, John Locke é o precursor da tradição política da tolerância religiosa baseada na separação entre a Igreja e o Estado: a religião diz respeito à vida privada e o Estado à vida pública. Esta ideia já tinha sido defendida também por Espinosa, no último capítulo do seu livro *Tratado Teológico-Político*, publicado em 1670: «A finalidade do Estado está na liberdade do indivíduo e este, enquanto ser racional, não pode renunciar ao seu direito natural de pensar e julgar livremente. O Estado, portanto, deve oferecer condições para que os indivíduos usem livremente a sua razão e deixem de se relacionar com preconceitos e com violência.»([83])

Por outro lado, a tolerância também se pode fundamentar na limitação da intervenção da própria sociedade e da opinião pública em assuntos privados, segundo um outro autor também pertencente ao Liberalismo: John Stuart Mill. Assim, se o Estado deve permitir aos indivíduos prosseguirem os seus objetivos, que eles próprios estabeleceram no âmbito da sua privacidade, a opinião pública também não

---

([81]) LOCKE, John, *Carta Sobre a Tolerância*, Lisboa, Ed. 70, 2015, p. 11.

([82]) *Idem, ibidem.*

([83]) ESPINOSA, Baruch, *Tratado Teológico-Político*, Lisboa, Ed. Imprensa Nacional Casa da Moeda, 2004, p. 265.

deve interferir na vida privada. Convém não apenas limitar o campo de intervenção do magistrado, ou seja, de reduzir a esfera pública (e a lei não poderia, portanto, condenar nem as opiniões nem os chamados vícios, desde que não infrinjam os interesses dos outros indivíduos, porque têm a ver com a escolha individual e a sua privacidade), mas também proteger o indivíduo contra a tirania da opinião e dos sentimentos dominantes, isto é, contra aquilo a que Stuart Mill chama a «tirania da maioria»[84].

Em consequência destas ideias, o modelo liberal da tolerância está relacionado com a defesa da privacidade, e foi a partir da defesa da separação entre o público e o privado, e a tónica posta na privacidade, que historicamente se defendeu a tolerância. Para além das múltiplas justificações da tolerância que possam existir, a condição da sua possibilidade reside fundamentalmente no reconhecimento por parte do Estado de que as áreas em que se exercita a escolha individual não são politicamente importantes e que, portanto, a interferência do Estado não é necessária. Se essas áreas, fora da área política, definem o privado (o não-político) como as áreas próprias da tolerância, a área pública é aquela em que a atividade coercitiva do Estado se exercita legitimamente, e onde, portanto, a liberdade dos indivíduos é reduzida, em conformidade com as obrigações políticas unanimemente instituídas para todos os cidadãos. Com o advento da tolerância na Idade Moderna, as diferenças deveriam ser toleradas no circuito privado, e no circuito público deveriam ser ignoradas e tornar-se invisíveis. Assim, por exemplo, quando os judeus alemães do século XIX se descreveram a si mesmos alemães na rua e judeus em casa, esta ideia fez da privacidade uma condição necessária da tolerância. Atualmente, a separação entre vida privada e vida pública constitui também o fundamento da laicidade, e é condição fundamental da separação entre as Igrejas e o Estado, e, consequentemente, da neutralidade do Estado.

---

[84] STUART MILL, John, *Sobre a Liberdade*, Lisboa, Ed. 70, 2015, p. 49.

Possibilidades da tolerância

A possibilidade de praticar as crenças religiosas, referida no capítulo anterior, não é absoluta, mesmo que faça parte da vida privada dos crentes, pois há determinadas práticas de algumas religiões ou de seitas religiosas que podem ser limitadas, interditas, toleradas ou não toleradas. Por outro lado, se a privacidade enquanto campo da tolerância outrora tinha a ver com a religião, atualmente existem outras situações para as quais se passou também a falar de tolerância (por exemplo, em relação aos imigrantes). Os limites da privacidade, assim como o que é considerado como privado, divergem consoante os povos, os grupos e as culturas.

Alguns imigrantes que provêm de sociedades onde a privacidade não é tão importante como no Ocidente, sociedades onde tudo se passa sob o domínio e a influência das comunidades (clãs familiares, sociedades tribais etc.), veem-se confrontados com um choque de mentalidades. Há também que ter em conta a proveniência cultural dessas pessoas chegadas à Europa, quando fazem algo que na cultura europeia é considerado como violação do direito à privacidade. Entre a reivindicação do direito à privacidade pelos Europeus e a sua menor importância ou a sua ausência para outros povos e culturas, e perante determinadas violações da privacidade, a que estão subjacentes fatores culturais (que alguns povos ou culturas não consideram como uma violação), encontra-se também, por vezes, um dilema difícil de solucionar. É necessário haver uma certa tolerância da parte dos Europeus em relação a esses povos, quando os Europeus são alvo de violações à sua privacidade, e também da parte dos juízes quando têm de decidir, ou dos advogados ao defenderem as respetivas causas em Tribunal. A mesma tolerância deve ser verificada da parte dos imigrantes em relação aos europeus e aos norteamericanos, imigrantes esses que devem respeitar a mentalidade destes povos, que é mais aberta em determinados assuntos, mas que para os imigrantes de determinados países podem ser considerados como invasão da sua privacidade.

Existem alguns rituais religiosos ligados à identidade cultural de determinados indivíduos, como por exemplo o Candomblé (uma religião derivada do animismo africano), rituais esses como sacrifícios de animais, práticas de curandeirismo, etc., que podem ser intoleradas, limitadas, ou proibidas, mesmo que façam parte da identidade cultural dessas pessoas e do seu direito à privacidade (que neste caso está associado ao seu direito às crenças religiosas). Existem aqui conflitos entre a identidade cultural, a liberdade de crença religiosa, o direito à privacidade e o bem público. Determinados rituais e crenças de outras religiões, como as penitências corporais extremas, as exortações religiosas fundamentalistas, as doutrinas que difundem a discriminação e o ódio, a prática de suicídios coletivos, a não permissão de transfusões de sangue, a exploração económica por parte de algumas seitas religiosas, etc., não devem ser toleradas, apesar de estarem ligados às crenças religiosas, apesar de serem aceites pelos que as professam no íntimo da sua consciência e apesar de as crenças religiosas fazerem parte do direito à privacidade.

Aquilo que é privado e aquilo que é mais ou que é menos privado depende da maneira como é encarado, maneira essa que varia consoante cada região do mundo e que suscita, eventualmente, a necessidade de praticar tolerância (pois determinadas coisas são consideradas do âmbito privado por pertencerem a determinada cultura, que as considera como tais). Além disso, conforme já referimos, existem povos e culturas onde não há privacidade nem essa necessidade: por um lado, os povos sem Estado, como certas sociedades tribais em África, por exemplo, e por outro lado, os povos cuja sociedade não está fora do controlo do poder político e onde o Estado não reconhece um espaço para as liberdades individuais. Muitas pessoas provenientes de sociedades onde culturalmente a privacidade não é tão importante como na Europa, e onde tudo acontece sob a influência do grupo, são confrontadas com um choque de mentalidades. Entre a reivindicação do direito à privacidade pelos Europeus, e por outro lado a sua ausência para certos povos, e até mesmo algumas violações do direito à privacidade,

DA PRIVACIDADE

por razões culturais (que alguns povos ou algumas culturas que as cometem não consideram como mal nem sequer como violação da privacidade), a prática da tolerância pode por vezes ser necessária: da parte dos Europeus em relação a esses povos que vêm para a Europa, vice-versa (perante os costumes e os ideais diferentes, entre os quais se inclui o da privacidade). Pode, aliás, acontecer também o contrário, isto é, esses povos defenderem a privacidade para determinadas coisas, enquanto na Europa não acontece tanto assim. Há povos e culturas em que determinadas coisas pertencem totalmente à privacidade, como por exemplo mostrar o corpo, enquanto os povos de países europeus podem encarar isso com naturalidade, como por exemplo as mulheres usarem biquíni na praia.

Para a defesa da privacidade, e as formas de encarar e compreender o que é privado, dado os graus de relatividade e subjetividade que existem nas mesmas, a tolerância entre europeus e não europeus pode ter um papel a desempenhar. Embora o direito à privacidade exista na cultura ocidental, aquilo que se entende por *invasão da privacidade* varia de país para país, de cultura para cultura e mesmo de pessoa para pessoa. Algumas pessoas podem encarar determinadas atitudes como ofensivas da sua privacidade, ao contrário de outras, e por isso pode ser necessária uma certa tolerância em relação a essas atitudes.

Por outro lado, a privacidade umas vezes é fonte de tolerância e outras vezes o oposto, nuns casos é aquilo que permite tolerar (pelo facto de se passar na privacidade), e noutros casos é aquilo que permite não tolerar. A privacidade só protege da intolerância se for utilizada pelo indivíduo como forma de não sofrer, pois em alguns casos a privacidade, em vez de proteger alguém da intolerância, pode precisamente levar a que uma pessoa seja alvo de intolerância, por se encontrar fora do olhar público. Há pessoas que são tolerantes em público, mas que são intolerantes em privado (por exemplo, uma pessoa que não aceita uma empregada doméstica de cor negra na sua casa). Há pessoas que são intolerantes em público (ou que pelo menos se mostram intolerantes), mas que são tolerantes em privado, como no

RELAÇÕES ENTRE O DIREITO À PRIVACIDADE E A TOLERÂNCIA

caso da homossexualidade: há quem a tolere nas outras pessoas, mas não numa pessoa da sua família (não a toleram na sua vida privada), e há quem não a tolere nas outras pessoas, mas a tolere numa pessoa da sua família, por se tratar de uma pessoa da sua família (toleram-na apenas na sua vida privada). Em relação a este exemplo, como aliás em relação a outros, há também as pessoas que são intolerantes tanto em público como em privado, e vice-versa. No entanto, do ponto de vista da tolerância, conforme veremos no capítulo seguinte, o que tem realmente impacto e importância é a tolerância em público, pois é em público que existe maior visibilidade e a possibilidade de maior conflitualidade.

A reivindicação do direito à privacidade pode justificar-se no direito de não ser alvo de intolerância, assim como o direito de não ser alvo de intolerância pode justificar-se no direito à privacidade, mas justificar a tolerância através do direito à privacidade, colocando a ênfase na privacidade como um direito, é contraditório. É inegável o papel que a luta em prol da tolerância religiosa, no século XVII, desempenhou para a consciencialização progressiva sobre a importância daquilo que hoje designamos por *Direitos Humanos*. É inegável que a luta por uma sociedade mais tolerante contribuiu para que, pouco a pouco, fossem reconhecidos às pessoas os seus direitos. Todavia, a tolerância existe quando determinada coisa não é um direito, e onde há direitos não tem sentido falar em tolerância, por isso estamos perante uma oposição.

Há duas alternativas a esta oposição: ou a tolerância se torna uma obrigação, de modo a conciliar-se com a obrigação de respeito pelos Direitos Humanos (mas então vai contra o conceito de *tolerância*, que implica uma predisposição facultativa de quem tolera), ou o respeito pelos Direitos Humanos torna-se uma atitude facultativa, de modo a conciliar-se com a tolerância, mas sendo assim vai contra o conceito de *direitos*, que implica a obrigação de os respeitar, dado que se trata de direitos.

Assim, tolerar uma pessoa, tendo como fundamento o facto de ela ter direito à privacidade, e dado que o conceito de *tolerância* implica a possibilidade de não tolerar (enquanto condição inerente ao próprio conceito), não a tolerar implica a possibilidade de não respeitar o seu direito à privacidade. Ora, dado que se trata de um direito, não tem sentido falar em tolerância. Se uma pessoa tem direito à sua privacidade (religiosa, política, amorosa, etc.), não tem sentido falar em tolerância. Se determinadas coisas pertencem à privacidade de uma pessoa, se essa privacidade é um direito, e se enquanto direito deve ser respeitado, essas coisas não têm de se tolerar, mas sim respeitar.

A visibilidade como condição da tolerância

Existem outras dificuldades em justificar a tolerância tendo como fundamento a privacidade, dificuldades essas de carácter mais específico, de que falaremos de seguida.

Uma das diversas justificações que se podem encontrar para a tolerância é a separação entre vida pública e vida privada e, portanto, historicamente, a defesa da posição segundo a qual o que faz parte da vida privada deve ser tolerado. Esta justificação, que tem a sua origem na *Carta Sobre a Tolerância*, de John Locke, originariamente utilizada para justificar as crenças religiosas, expandiu-se gradualmente para outras crenças e comportamentos, de tal modo que o direito à vida privada passou a ser empregue no sentido de um distanciamento da esfera pública, para justificar a tolerância, em diversos âmbitos (religioso, político, cultural, moral etc.).

No entanto, não é possível definir se uma pessoa é realmente tolerante quando não existe nenhum confronto concreto e real. Somente o que é visível e mostrado, confrontável socialmente, pode expor-se à eventualidade da intolerância e, portanto, à necessidade da tolerância. Se não se está perante uma determinada coisa incómoda, não há necessidade de a tolerar. Quando falamos aqui em privacidade *versus* visibilidade, isso não significa que a privacidade tenha necessariamente a ver com o espaço físico da casa da pessoa, mas sim com o

RELAÇÕES ENTRE O DIREITO À PRIVACIDADE E A TOLERÂNCIA

estar resguardado do olhar público. Por um lado, a pessoa pode estar sozinha, sem ser em sua casa, e por outro lado, até mesmo sem estar sozinha pode manter muitas coisas em privado. Por *privacidade* entendemos, conforme já referimos, o conjunto de coisas (crenças religiosas, convicções político-partidárias, situação financeira, clínica, amorosa etc.) que o indivíduo decide não apresentar, ou omitir, a fim de se preservar do olhar público, e, portanto, fazer com que essas coisas não tenham visibilidade.

Há várias formas de se preservar do olhar público, e certamente a mais importante é o facto de uma pessoa guardar um determinado conhecimento (sobre si ou outra pessoa) apenas para si, mesmo que se encontre no espaço público, fazendo desse conhecimento um segredo. Embora nem todo o segredo diga respeito à privacidade (pois existe também o segredo de Estado, o segredo de Justiça e o segredo profissional), o segredo é o grau mais importante, é o que de mais privado pode existir em alguém, e que mais do que à privacidade diz respeito à sua intimidade (o que não significa, no entanto, que todos os indivíduos façam segredo da sua intimidade).

Quando a privacidade e o segredo se identificam, defender a privacidade e, portanto, o segredo, como justificação da tolerância, não tem razão de ser: se não soubermos que existe um determinado comportamento ou uma determinada pessoa cuja diferença nos incomoda ou de que discordamos, não tem sentido falar em tolerância (ou em intolerância). A privacidade protege uma pessoa da intolerância, pois essa pessoa guarda só para si as suas convicções políticas, religiosas, morais ou outras. No entanto a privacidade, se uma determinada coisa for algo privado e apenas privado, não pode justificar a tolerância, pois a prática de uma real e concreta tolerância (e não apenas a tolerância em abstrato) precisa de visibilidade e de confronto social no que diz respeito ao que é tolerado (exceto a tolerância na privacidade de uma família ou entre amigos, como, por exemplo, o facto de uma pessoa do círculo de amigos ser homossexual). Porém, tolerar um filho ou um amigo homossexual não tem muito impacto social, pois a família e os amigos têm mais a ver a ver com a privacidade de cada indivíduo que tem essa família e esses amigos. Pode-se tolerar um comportamento íntimo de um filho ou de um amigo, mas isso não significa que quem tolera esse comportamento estenda a sua tolerância a todos os casos, pois pode-o tolerar apenas devido ao facto de ser uma pessoa que lhe é próxima.

Todavia, mesmo na privacidade da família ou da amizade, é necessário que a família ou os amigos conheçam pessoalmente a pessoa em causa, é necessária uma presença real da pessoa tolerada. Portanto, a privacidade enquanto intimidade, preservada por um determinado indivíduo em relação a outros indivíduos, e não sabendo estes nada sobre essa intimidade, não lhes dá a possibilidade de tolerar esse indivíduo. Deve-se saber que um determinado indivíduo crê ou sente algo com o qual não se concorda, ou de que não se gosta, ou que tem um determinado comportamento ou estilo de vida com o qual também não se concorda ou não se gosta, e isso não deve ser, portanto, um segredo para quem o tolera.

Segundo a justificação da tolerância pelo respeito à privacidade[85], o comportamento incómodo não deve ter lugar no espaço público; pode existir (enquanto tolerado), mas apenas no espaço privado. No entanto, tolerar implica a possibilidade de não tolerar e, portanto, a possibilidade de criticar, contestar, não permitir, ou a possibilidade de colocar algum obstáculo ou limite, em relação ao comportamento que não é tolerado. Ora, isso não se pode fazer se o comportamento em causa acontecer na privacidade do lar das pessoas, não se pode invadir o seu domicílio, se o seu comportamento for legalmente permitido, e, portanto, não se pode entrar dentro de casa de uma pessoa para criticar, censurar, limitar ou impedir esse comportamento. Não há que tolerar ou não tolerar, e, portanto, a vida privada de cada indivíduo, tendo a ver com o espaço privado, que é um dos seus elementos mais

---

[85] Esta justificação, historicamente influenciada por John Locke, através da sua *Carta Sobre a Tolerância*, continua a ter hoje os seus defensores. Ver, por exemplo, Yves Charles Zarka, *Difficile Tolérance*, Paris, Ed. PUF, 2003.

importantes, não pode realmente ser uma justificação para a tolerância. Bastaria que tudo se passasse no espaço privado de uma pessoa (a propriedade privada, a casa, o escritório), para que tudo fosse tolerado. Mas como tolerar o que está apenas limitado ao que se passa dentro da casa de uma pessoa?

Por exemplo, no que diz respeito à homossexualidade, esta seria uma coisa que tem a ver com a privacidade, e por essa razão deveria ser tolerada, sendo esta uma justificação que historicamente tem também a sua origem em Jeremy Bentham. Neste autor, a homossexualidade é pensada em termos de condição individual. A distinção estabelecida por Jeremy Bentham entre a esfera privada e a esfera pública leva-o a considerar que as relações no âmbito privado são da ordem da moral de cada indivíduo e dos direitos individuais, em que não deve haver interferência do Estado. Segundo este autor, a homossexualidade na esfera privada, entre pessoas adultas e com mútuo consentimento, não deve ser punida[86].

Esta ideia de esfera privada poderá apontar para algo mais do que a privacidade respeitante ao espaço privado da casa, e na verdade, não é exclusiva da casa da pessoa. No entanto, será a sexualidade uma coisa única e exclusivamente privada? Embora a sua prática possa ter a ver com o espaço privado, a sexualidade em si não é um assunto que diga respeito única e exclusivamente a cada indivíduo. Um dos exemplos disso é a prostituição, que é ilegal, e o Estado hoje preocupa-se com a sexualidade das pessoas, através da prevenção e do cuidado com as doenças sexualmente transmissíveis, e, por conseguinte, a sexualidade não é uma coisa meramente privada.

Há que sublinhar também a visão recente que consiste em pôr em causa a posição que faz da homossexualidade uma simples questão de privacidade, posição essa que critica a sexualidade como sendo um mero instinto, um impulso vital apenas relacionado com a biologia ou

---

[86] BENTHAM, Jeremy, *Défense de la Liberté Sexuelle* («Defesa da Liberdade Sexual»), Paris, Ed. Mille et une nuits, 2004.

com o simples prazer corporal. Esta nova visão sobre a sexualidade, presente nas Ciências Sociais, é herdeira de obras de autores como Michel Foucault. Segundo este autor, a sexualidade é socialmente construída e organizada, o seu significado e as suas normas estão intimamente ligadas à sociedade, a estruturação social da sexualidade implica uma influência da cultura, dos papéis de género, da importância ou não da procriação, da influência das classes sociais, das divisões raciais e étnicas sobre o comportamento sexual[87].

Finalmente, ainda no que diz respeito à sexualidade, a tolerância em relação à homossexualidade, em nome do respeito pela vida privada, admite a existência de homossexuais, mas recusa-lhes a manifestação de emoções no espaço público, e em muitos países recusa-lhes o reconhecimento público oficial (o casamento, a adoção de crianças etc.). As leis que garantem a criminalização da homofobia, e que colocam a tónica na privacidade para os homossexuais, são contraditórias: por um lado, protegem os homossexuais, mas por outro lado remetem-nos para uma existência privada. Segundo esta conceção, o Estado não pode interferir na esfera privada penalizando a homossexualidade (mesmo que se saiba que determinada pessoa é homossexual), mas esta não pode, no entanto, pretender a manifestação e o reconhecimento público. A justificação da tolerância em relação aos homossexuais, baseada no respeito pela sua privacidade, significa que podem ser homossexuais, mas exigindo-lhes que se remetam para a sua privacidade enquanto homossexuais. Não lhes é afirmado realmente o direito à homossexualidade, mas sim o direito à privacidade, e é em consequência disso que podem ser homossexuais.

Uma coisa é o indivíduo optar para que algo seja privado, outra coisa é ter de o fazer, não tendo alternativa. No fundo, em vez de um direito (o direito à privacidade), trata-se mais de um dever (o de ter uma vida privada): a homossexualidade pode existir, sob condição de que permaneça invisível, portanto, estamos não apenas perante uma

---

[87] FOUCAULT, Michel, *História da Sexualidade,* Lisboa, Ed. Relógio d'Água, 1994.

invisibilidade, mas também, e sobretudo, perante uma invisibilização, que é incutida pela sociedade e pelo Estado em alguns países. A invisibilização traduz-se numa recusa da existência legítima, pública de algo, ou seja, reconhecida e defendida enquanto direito em si mesma, e por uma estigmatização que se nota claramente quando os homossexuais reivindicam a sua visibilidade no espaço público e esta lhes é recusada, como, por exemplo, um casal homossexual poder estar num café, tal como acontece com um casal heterossexual, notar-se que é um casal homossexual (por exemplo, ao darem a mão um ao outro, como fazem os heterossexuais) e isso ser-lhes interdito. Pede-se-lhes a dissimulação ou a máxima discrição (que se remetam para a privacidade), como condição de uma suposta tolerância.

Quando falamos aqui em visibilidade, falamos na homossexualidade, porque é o exemplo mais forte, apesar de haver exemplos semelhantes. A visibilidade significa a possibilidade de, por exemplo, um casal de homossexuais estar num espaço público, perceber-se que são homossexuais e não serem alvo de intolerância. Significa não terem de se remeter para guetos, como aconteceu ao longo da História com outras minorias, como os Judeus, que tinham de viver à parte, em espaços privados. Em suma, o que pretendemos sublinhar é que uma sociedade verdadeiramente tolerante é aquela em que as pessoas diferentes não tenham de se remeter para a privacidade das suas casas para que possam ser toleradas. Só na visibilidade, isto é, no facto de poderem viver e mostrar-se perante as outras pessoas (apesar da discordância que isso possa causar), existe realmente tolerância.

A impossibilidade de justificação da tolerância pelo direito à privacidade, devido à identidade visível de algumas das pessoas toleradas

Há identidades que não são visíveis, do ponto de vista da aparência da pessoa, pelo menos em grande parte dos casos, como ser homossexual. Por isso, os homossexuais podem proteger-se da intolerância recorrendo à privacidade. No entanto, existem outros casos, como a cor da pele, que são imediatamente visíveis. Não se pode ser negro somente na vida privada, não se pode ter uma cor de pele em casa e outra na rua. O mesmo acontece em relação a pessoas que têm fisionomias diferentes e em que essas diferenças são visíveis, como sucede com muitos estrangeiros, que apesar de serem brancos, se nota que são estrangeiros. Isso acontece também em relação a outras características fisionómicas, como as de um transexual, em que por vezes se nota que determinada pessoa, antes da intervenção cirúrgica, era homem ou mulher. É impossível que na privacidade da sua casa um homem seja transexual e que no espaço público deixe de o ser, pois em alguns transexuais, embora o seu corpo tenha sido alvo de uma transformação, do ponto de vista cirúrgico, restam alguns traços fisionómicos que revelam que são transexuais, e que não se conseguem apagar.

A maneira diferente de vestir de determinadas pessoas, como os árabes ou pessoas de alguns países muçulmanos, coloca também problemas devido à dificuldade de fazer com que não seja visível a sua diferente identidade. Não é fácil encontrar como solução para estas diferenças fazer uma separação entre o espaço privado e o espaço público, defendendo-se que em casa um árabe ou um muçulmano podem vestir-se como quiserem e que no espaço público devem vestir--se como todos os outros indivíduos, como se o árabe ou o muçulmano pudessem adotar duas identidades.

O mesmo acontece por vezes em relação à filiação político-partidária, pois esta não se pode limitar ao espaço privado, tem uma componente social muito forte, e se tivesse de ser remetida para o espaço privado, não poderia haver debates políticos e manifestações de rua (marchas, comícios etc.). Também a arte dita de vanguarda, incompreensível e contestada por muitas pessoas, apesar de tudo não pode ser remetida para o espaço privado, pois é próprio da arte ser pública.

RELAÇÕES ENTRE O DIREITO À PRIVACIDADE E A TOLERÂNCIA

Émile Durkheim – o grande intérprete dos fenómenos sociais – mostrou-nos que mesmo os sentimentos ditos pessoais têm um significado social e com consequências inevitáveis no espaço público. Este autor prestou uma atenção especial a um fenómeno que, como sabemos, provoca por vezes muita intolerância na sociedade: a religião. Segundo Durkheim, a religião é uma forma de absolutização dos valores sociais, conferindo a estes o estatuto de obrigações sujeitas ao julgamento individual. Este autor define a religião como um sistema de representações (crenças) e de práticas coletivas em relação às coisas sagradas, opondo-se às profanas.

Durkheim sublinha que é próprio da religião pôr uma força externa, separada, impessoal, prescritiva e vinculativa, que não é senão a transfiguração da sociedade à qual pertencem originariamente essas qualificações. A lei divina é uma reprodução da lei social, o seu reforço e a afirmação da autoridade dessa mesma lei. Portanto, é da própria essência da sociedade que deriva a religião. Durkheim mostra que a religião é o facto social fundamental, fonte de todos os outros. Assim, é ela que forma as categorias do pensamento, as noções de tempo ou de espaço, por exemplo. É ainda a fonte da exigência de racionalidade que levará ao nascimento da ciência moderna. Finalmente, é na própria religião que reside a moralidade da sociedade, e por outro lado, é nas necessidades da sociedade que se cria a religião. Este autor resume assim estas suas ideias:

> «A conclusão geral do livro que se vai ler é que religião é uma coisa eminentemente social. As representações religiosas são representações coletivas que exprimem realidades coletivas; os rituais são maneiras de agir que se originam dentro de grupos organizados e que são destinadas a suscitar, a manter ou a refazer determinados estados mentais desses grupos.»[88]

---

[88] DURKHEIM, Émile, *Les Formes Élémentaires de la Vie Religieuse*, Paris, Ed. CNRS, 2007, p. 48.

Na verdade, basta constatar que a religião é inseparável das igrejas, como este autor mostra nesta obra. Não se pode dizer que uma pessoa pode praticar a sua religião apenas se a praticar na sua casa, pois a prática religiosa é muito dependente das igrejas, e para além dos ajuntamentos públicos nos próprios edifícios religiosos, há ainda uma série de rituais, doutrinas, hierarquias e proselitismo nas religiões, mesmo nas menos numerosas, que mostram bem o seu carácter institucional e sua relação com o espaço público. As coisas que se devem proteger como sendo um assunto da vida privada, como as convicções religiosas, não são tão privadas quanto isso, pois são afinal um fenómeno social que está bastante ligado ao espaço público. A sua visibilidade por vezes é grande e está presente no dia a dia, mesmo indiretamente, no caso dos não crentes (por exemplo, as já referidas procissões religiosas no espaço público).

Sob o ponto de vista dos direitos, a liberdade de pensamento implica também o direito de professar publicamente ideias adotadas na consciência individual. Já não é exigido que o indivíduo guarde para si mesmo ou para as pessoas que lhe são íntimas as suas opiniões e as suas opções de ordem religiosa, filosófica, política ou moral. Expressar a religião ou a crença é também poder ensiná-la. Neste caso, o direito à educação refere-se não apenas aos adeptos que aprofundam a sua formação espiritual, mas também implicitamente às pessoas exteriores à fé ensinada, junto das quais o crente efetua uma missão pública em espírito de testemunho. Se esta missão pública e a adesão a uma nova religião não forem impostos, são reconhecidos como legítimos. Há que reconhecer aqui um aspeto fundamental das religiões, que é o da manifestação e da pregação pública, assim como o proselitismo. O direito ao culto e às manifestações religiosas é explicitamente reconhecido pelas declarações dos Direitos do Homem. Assim, a religião é, antes de mais, protegida pelo direito à liberdade de pensamento, de consciência e de religião, e apesar de haver práticas religiosas feitas na privacidade, não significa que é devido ao direito à privacidade que as pessoas têm o direito de ter ou de praticar uma religião.

RELAÇÕES ENTRE O DIREITO À PRIVACIDADE E A TOLERÂNCIA

Esse direito, defendido pela *Declaração Universal dos Direitos do Homem*, tem um alcance jurídico devido à *Convenção Europeia*, de 1950, ao *Pacto dos direitos civis*, de 1966, e a outros documentos internacionais. O alcance jurídico do direito de professar e praticar uma religião não tem a ver com tolerância, pois a religião deve ser aceite e respeitada (embora por vezes não se concorde com determinados dogmas ou práticas de algumas religiões). O mesmo acontece em relação a outras convicções, sentimentos e estilos de vida diferentes da maioria das pessoas, que são legalmente permitidos, apesar de serem por vezes incómodos para algumas pessoas, incluindo os que são considerados como uma questão de privacidade. Mesmo que não aceitemos determinada forma de ser e de viver de uma pessoa, se isso fizer parte da sua privacidade, e sendo o direito à privacidade defendido e protegido pelas declarações dos Direitos do Homem, assim como por outros documentos internacionais, e que têm um alcance jurídico, também em relação a este direito, como sucede com outros, não se trata de haver tolerância. Tolerar significa implicitamente a possibilidade de não tolerar, isto é, de intervir em sentido contrário. Ora, excetuando alguns casos dos quais já falámos, sobre os limites do direito à privacidade, o carácter obrigatório sob o ponto de vista jurídico, do respeito pelo direito à privacidade, e do que se refere a esse direito, implica respeitá-lo como tal, e não como uma questão de tolerância.

A comunicação individual pessoal e o autocontrolo da privacidade

Introdução

Fala-se hoje em privacidade e no seu direito como uma necessidade que se coloca cada vez mais devido à sua invasão pela sociedade civil e pelo Estado. Assim como se fala hoje em direito à privacidade, fala-se também noutros direitos, como o direito à comunicação (no sentido de direito à informação), resultando por vezes um conflito entre esses dois direitos. Mas o direito à privacidade existe também na comunicação. O direito à privacidade na comunicação existe no sigilo jornalístico e nas relações do dia a dia, nomeadamente nas conversas íntimas das pessoas, que têm o direito de não quererem ser escutadas. O direito à privacidade na comunicação estende-se ao correio, ao telefone pessoal e às novas formas de comunicação proporcionadas pelas novas tecnologias. A invasão da privacidade significa o não respeito por esse direito, invasão essa feita pela sociedade (indivíduos, empresas, associações) ou pelo Estado. O direito à privacidade implica o direito à não comunicação (o direito que temos de não comunicarmos e de não termos de comunicar factos da nossa vida privada). Por isso, o direito à privacidade não é uma consequência do direito à não

DA PRIVACIDADE

comunicação, mas o direito à não comunicação é uma consequência do direito à privacidade.

O desrespeito pelo direito à privacidade significa uma perda da privacidade. No entanto, a perda da privacidade não se deve apenas à sua invasão pela sociedade, ou pelo Estado, mas também à exposição da privacidade feita pelo próprio, à exposição de si e através de si, para os outros. A perda da privacidade não é apenas uma consequência da sociedade de informação e da liberdade de expressão, a sua perda não se deve apenas às ações em prol da segurança dos cidadãos, não acontece apenas por causa do combate contra a corrupção, ou ainda a propósito das empresas que detêm os dados pessoais dos indivíduos para fins comerciais, sem que estes saibam, ou os riscos que daí possam vir, motivos pelos quais a privacidade pode ou poderá não ser respeitada. A perda da privacidade a que aqui nos referimos não tem como origem a sociedade ou o Estado, mas sim o próprio indivíduo, de si para com os outros.

Vinda do próprio, trata-se de algo que resulta contraditório, o que nos remete, uma vez mais, para as contradições da privacidade. Há situações em que fazemos, defendemos ou pretendemos algo que é contrário a outra coisa que também fazemos, defendemos ou pretendemos (por exemplo, a preservação da nossa privacidade). Há outras situações em que permitimos, não das nossas atitudes, mas das atitudes dos outros indivíduos, algo que é contrário com o que fazemos, defendemos ou pretendemos (permitimos a invasão da nossa privacidade, em contradição com a autoproteção da mesma). Algumas pessoas afligem-se por estarem vulneráveis perante a espionagem eletrónica, digital e mediática de hoje em dia, mas são elas próprias que, por vezes, desvelam a sua privacidade, ao permitirem que pessoas desconhecidas tenham acesso ao seu computador, em redes de trocas de arquivos, ao aderirem às redes sociais ou quando se expõem ou se deixam expor através dos meios de comunicação social. Encontramo-nos perante uma contradição, que consiste fundamentalmente no facto de uma pessoa procurar a privacidade mas também permitir a sua invasão, direta ou indiretamente.

A perda de privacidade pode ter como origem a sociedade, o Estado e a própria pessoa. Tratando-se da própria pessoa, essa perda pode ser voluntária ou involuntária, podendo estas duas serem origem de conflito. No caso da perda voluntária, esta pode originar um conflito, quando, por exemplo, uma pessoa opta pela segurança em detrimento da privacidade, revelando dados privados sobre si própria para que a sua segurança possa ser protegida por alguém que tenha de saber esses dados, de modo a que a segurança dessa pessoa possa ser garantida por esse alguém. Se é a própria pessoa que o permite, apesar de por outro lado lutar pela sua privacidade, pode por vezes estar perante um conflito, em que reconhece valor nas duas coisas (na segurança e na privacidade), mas tem de prescindir de uma delas. O mesmo sucede quando os bancos pretendem conhecer o património financeiro dos seus clientes, quando estes lhes solicitam um crédito para adquirirem um determinado bem. Também as companhias de seguros pretendem ter conhecimento sobre o historial clínico dos seus potenciais novos clientes, antes de lhes concederem um seguro. O património financeiro, assim como os dados clínicos, pertencem à privacidade de cada indivíduo. Nestas situações, alguns indivíduos podem sentir uma indecisão sobre se devem ou não comunicar esses dados da sua privacidade, e essa indecisão pode originar um conflito pessoal, pois podem pretender preservar a privacidade, mas simultaneamente pretender obter um crédito bancário, ou um seguro, e para isso terem de revelar algumas coisas da sua privacidade. Porém, em ambos os casos o indivíduo é livre de o fazer ou não, pois pode optar por manter a privacidade, à qual dá mais valor, e não adquirir então os bens pretendidos, em resultado da sua própria e livre vontade. Trata-se de uma atitude voluntária e pessoal no direito de não comunicar determinadas coisas, como forma de salvaguardar um outro bem.

Nas situações atrás apresentadas, existem dois valores importantes em disputa. Por exemplo, no caso da proteção da sua segurança por alguém (por guarda-costas, por agentes policiais, por determinada pessoa que contratou etc.) e a proteção da sua privacidade (não revelando por isso determinados dados privados a quem a protege), por vezes tem de optar por uma proteção em detrimento da outra. Pondo acima de tudo a proteção da sua segurança pessoal, o indivíduo revela determinadas coisas da sua privacidade aos guarda-costas, aos agentes policiais, ou a outra pessoa que contratou, como por exemplo onde mora, qual o seu percurso diário a pé ou de carro, as casas que frequenta, onde passa as suas férias, de modo a que estes possam garantir realmente a sua segurança. Nestes casos, o indivíduo tem possibilidade de escolha, isto é, pode permitir ou não o conhecimento da sua privacidade.

Ora, se um indivíduo não permitir a transmissão da sua privacidade, e apesar de tudo for ele próprio que a transmite, sem ser por sua própria e livre vontade, e em que nem sequer há possibilidade direta e premeditada de o fazer ou não fazer, estamos perante um outro tipo de conflito, e mais forte: o querer e o não querer algo e o poder de o realizar ou não (no que diz respeito ao autocontrolo da privacidade). Trata-se do facto de esse indivíduo não querer que determinada coisa lhe aconteça e, no entanto, não estar ao seu alcance que essa coisa não lhe aconteça. Verifica-se em várias situações do dia a dia, como é o caso das condições climatéricas desagradáveis que desejaríamos que não ocorressem e que não está ao nosso alcance mudar. No entanto, quando aquilo que um indivíduo não quer que lhe aconteça vem dele mesmo, como sucede com a transmissão da sua privacidade feita pelo próprio, em que, como veremos, não tem liberdade de a transmitir ou não transmitir, isso provoca um conflito interior, e muito maior, como veremos.

A comunicação individual pessoal

A comunicação humana é um processo que envolve a transmissão unilateral, ou a troca de informações entre dois ou mais interlocutores, que utiliza determinados sistemas simbólicos para essa finalidade.

A COMUNICAÇÃO INDIVIDUAL PESSOAL E O AUTOCONTROLO DA PRIVACIDADE

Nesse processo estão envolvidos vários modos de comunicar (a voz, os gestos, a escrita e instrumentos tecnológicos que o permitem, como o telefone). Referimo-nos aqui à comunicação humana.

A comunicação pode ser social, grupal, individual, interpessoal, intrapessoal etc. Interessa-nos aqui não a comunicação social, cujo emissor é alguém no sentido geral (a televisão, os jornais), ou a comunicação grupal, cujo emissor pode ser, por exemplo, uma empresa, uma associação ou um clube, mas sim a comunicação cujo emissor é alguém em particular, o indivíduo. Mesmo que o recetor da comunicação seja um grupo ou um público mais alargado, como sucede na rádio ou na televisão, o que pretendemos aqui analisar é a comunicação que provém de um único emissor, sendo por isso aqui denominada como comunicação individual. O conceito de *individual* tem diferentes significados: aquilo que é próprio do indivíduo; aquilo que é destinado apenas a um indivíduo; aquilo que é feito apenas por um indivíduo (como uma exposição de pintura individual, em vez de coletiva). Associado à comunicação, temos o conceito de *comunicação interindividual* (entre dois ou mais indivíduos). O conceito de *individual* é também, por vezes, usado com o significado de *pessoal*, significado esse do qual resulta, quando associado ao termo *comunicação*, o conceito de *comunicação interpessoal*.

A comunicação interpessoal é aquela onde existe a troca de informações entre duas ou mais pessoas. Por seu turno, a comunicação intrapessoal é aquela que uma pessoa tem consigo mesma, o diálogo interior, de que um dos melhores exemplos são os diários. Mas o conceito de *pessoal* é um adjetivo de dois géneros: pode ser respeitante ao sujeito (àquele que é autor de um ato), e por isso pode ser usado como sinónimo de individual, ou pode ser respeitante àquilo que é próprio de cada pessoa. Neste último caso, o conceito de *pessoal* pode ter um significado patrimonial, como sucede com os bens materiais (por exemplo, um computador pessoal), ou um significado não patrimonial, mas experiencial, que tem a ver com a experiência de vida de cada pessoa, ou com a sua maneira de sentir e de ser (assuntos pessoais).

DA PRIVACIDADE

Portanto, quando falamos aqui em *pessoal*, referimo-nos não ao significado patrimonial, mas ao significado experiencial e psicológico.

A comunicação interpessoal, conforme a palavra indica, é uma comunicação pessoal. Porém, a comunicação interpessoal pode não ser uma comunicação pessoal no significado que aqui adotamos (aquilo que diz respeito a assuntos que são pessoais), pois duas ou mais pessoas podem comunicar entre si sobre assuntos que não são pessoais, mas sim sobre banalidades (por exemplo, sobre futebol). É uma comunicação pessoal por ter a ver com o sujeito que a realiza, mas não com os conteúdos da comunicação. Por outro lado, até mesmo a comunicação interpessoal, embora proferida por um sujeito (e por isso se diz pessoal), pode não ser pessoal no significado que aqui adotamos (os assuntos do foro íntimo e privado). Por um lado o sujeito dessa comunicação pode pensar em banalidades e ter um diálogo consigo mesmo sobre coisas que não são necessariamente pessoais (por exemplo, sobre futebol), e por outro lado pode escrever um diário abordando temas que não são propriamente assuntos pessoais (por exemplo um político pode ir escrevendo um diário sobre as atividades políticas do dia a dia, que não são um assunto pessoal, mas que diz respeito a todos).

Ora, empregamos aqui o conceito de *individual*, para o diferenciar de outras formas de comunicação, como a social, pois é disso que realmente aqui se trata (a comunicação feita por um indivíduo concreto). Isto diz respeito ao sujeito da comunicação (quem comunica). Por outro lado, embora sendo comunicação individual, que tem o indivíduo como emissor, não se trata de uma comunicação qualquer, mas de uma comunicação de determinados assuntos (privados). Isto diz respeito ao conteúdo da comunicação. A comunicação individual pode não ser pessoal, e por outro lado, a comunicação pessoal (com o significado de *conteúdos pessoais*) pode ter outro sujeito comunicador: podem ser conteúdos de carácter pessoal sobre um indivíduo transmitidos não pelo próprio, mas sim pelos meios de comunicação social, por amigos, por uma associação cultural de que faz parte, pela sua empresa, pelo seu banco etc. Trataremos aqui da transmissão individual de assuntos pessoais (respeitantes à privacidade), isto é, da transmissão de assuntos pessoais feita pelo próprio, que pode ser voluntária ou involuntária.

O conceito de *voluntário* significa aquilo que se faz de livre vontade, sem constrangimento nem imposição de ninguém, aquilo que está sob o nosso poder ou que depende do nosso livre arbítrio. Nesse sentido, voluntário é sinónimo de autónomo, que significa independente, livre, que se rege por si próprio. Voluntário, e autónomo, por seu turno, pressupõem o conceito de *indivíduo*, que evoca a conceção de uma liberdade subjetiva, independente em relação aos outros e aos contextos sociais em que a existência individual se desenrola. O conceito de *indivíduo* está, portanto, ligado à ideia de liberdade e do seu valor. O indivíduo apresenta-se como autónomo, porque não deve obediência a regras impostas pela tradição, como numa sociedade de castas, ou corporações, originando a noção de indivíduo como um ser de direitos. O indivíduo tem direitos devido ao facto de ser indivíduo, e não devido ao facto de pertencer a um grupo, a uma comunidade, a um Estado ou a uma nação. O direito está fundado na noção de autonomia, o próprio indivíduo está no fundamento dos direitos, e todos os direitos são, portanto, individuais, de que um dos mais significativos (tendo em conta os conceitos de autonomia e de individuo) é o chamado *direito à privacidade*. O indivíduo, enquanto sujeito autónomo, tem sido analisado e criticado sob diversas perspetivas. Pretendemos aqui analisar o indivíduo (e a pressuposta ideia de liberdade do mesmo) sob a perspetiva do direito à privacidade, tendo como fio condutor o tema da comunicação.

A privacidade e o seu autocontrolo

Há autores que empregam o termo *vida privada* como sinónimo de *privacidade*, e distinguem-no do conceito de *intimidade*, que

DA PRIVACIDADE

consideram algo mais específico, e mais privado ainda[89]. Por seu turno, alguns autores colocam a ênfase no conceito de *privacidade*[90], enquanto outros no conceito de *intimidade*[91]. Assim, por exemplo, os filhos ou os amigos são considerados como aquilo que pertence à privacidade, enquanto determinadas coisas mais pessoais, as que não são imediatamente visíveis, são consideradas como sendo aquilo que pertence à intimidade. No entanto, em alguns casos, os filhos podem também pertencer à intimidade, como os filhos fora do seu casamento, assim como os próprios amigos, como, por exemplo, o facto de ter um amigo homossexual. Portanto, nem sempre é fácil fazer a distinção entre *privacidade* e *intimidade*, pois uma determinada coisa que para algumas pessoas é considerada privada, para outras pessoas é considerada mais do que privada (é íntima), e vice-versa. Embora esta distinção seja importante, não fazemos aqui a distinção entre *privacidade* e *intimidade*, portanto, quando nos referimos à privacidade, englobamos também a intimidade, devido à subjetividade que existe nessa distinção e devido ao facto de o conceito de *privacidade* ser um conceito mais abrangente, que pode incluir os diversos graus, como o de intimidade e outros conceitos associados.

Têm surgido recentemente outros conceitos, como o de *direito à proteção de dados* e o de *direito à autodeterminação informativa*, conforme já referimos no capítulo sobre os limites do direito à privacidade. Todavia, conforme também já referimos, defendemos que o conceito de *proteção de dados* pode ser considerado uma nova ramificação do direito à privacidade, pois quando os indivíduos defendem o direito à proteção de dados pessoais, implicitamente defendem algo que,

---

[89] Ver, por exemplo, José Adércio Leite SAMPAIO, *Direito à Intimidade e à Vida Privada*, Belo Horizonte, Ed. Del Rey, 1998.

[90] Ver, por exemplo, SAMARAJIVA, Rohan, «Interactivity as though privacy mattered», *in Technology and Privacy: the new landscape*, Massachusetts, Ed. MIT Press, 2001, p. 283.

[91] Ver, por exemplo, YUSTE OLGA, Estadella, *La Protección de la Intimidad Frente a la Transmisión Internacional de Datos Personales*, Madrid, Ed. Tecnos, 1985.

no fundo, está incluído também no direito à privacidade. O que há a salientar, no conceito de *direito à proteção de dados* e no conceito de *direito à autodeterminação informativa*, principalmente neste último conceito, como elementos constituintes do conceito de *direito à privacidade*, é a ideia de autocontrolo do sujeito implicado, em que este pode, se quiser, comunicar ou recusar-se a comunicar determinados dados e informações sobre a sua privacidade.

No que diz respeito aos conteúdos da privacidade, quando se fala em privacidade fala-se geralmente do seguinte: a imagem física, a anatomia ou a intimidade corporal, a voz, o estado de saúde, as origens sociais e familiares, os tempos livres de cada pessoa, os hábitos de consumo, a correspondência epistolar e eletrónica, os amigos, a vida familiar, a vida sentimental e sexual, a situação patrimonial, os aspetos pessoais ligados à sua profissão, o salário, a situação fiscal e bancária, as convicções político-partidárias e as crenças religiosas. Não pretendemos aqui falar de nenhuma destas privacidades em específico, fazemos referência a elas apenas como exemplos. No entanto, alguns destes serão referidos como pertinentes para o tema da presente reflexão: o conflito entre o desejo de autocontrolo da própria privacidade e a impossibilidade da sua concretização, devido ao facto de, por vezes, o próprio indivíduo a quem essa privacidade diz respeito não conseguir controlar a comunicação sobre si, quando ele próprio é o sujeito comunicador da sua privacidade.

A ideia de defesa da privacidade tem tradicionalmente existido em relação a eventuais condicionantes exteriores da privacidade (o Estado, a sociedade etc.). Esta conceção de perda de privacidade tem a sua origem, conforme já referimos, num texto de Samuel Warren e Louis Brandeis, publicado na revista *Harvard Law Review*, em finais do século XIX, intitulado «O direito à privacidade», que estes autores definiram essencialmente como o «direito de ser deixado só». Ainda hoje o conceito de *privacidade* está, por vezes, ligado ao significado espacial, isto é, ao direito de se estar num espaço afastado dos olhares dos outros indivíduos, e algumas conceções de privacidade tendem

DA PRIVACIDADE

a defini-la como isolamento. Existem mesmo no Direito, nomeadamente no Direito norte americano, expressões como *right to be alone* («o direito a estar só»). Todavia, consideramos que esta perspetiva é dificilmente satisfatória para conceptualizar e valorizar a privacidade atualmente.

Segundo a nossa perspetiva, a forma mais correta de conceptualizar e valorizar a privacidade é em termos de controlo: a possibilidade de os indivíduos terem controlo de algo sobre si mesmos. Geralmente entende-se este «algo» como «informação», isto é, a capacidade de o próprio controlar as informações sobre si mesmo e a sua capacidade de controlar como e até que ponto essas informações podem comunicar-se a outros. Partimos desta conceção de privacidade para a conceção de *autocontrolo*: aqueles territórios do eu, a informação sobre o mesmo, sobre os quais o indivíduo procura manter por si o controlo, e restringir o acesso de todo e qualquer outro indivíduo, e por conseguinte a capacidade e a possibilidade da sua autoproteção.

Conforme afirma Rohane Samarajiva, «privacidade é a habilidade, explícita ou implícita, de negociar condições de delimitação nas relações sociais»[92]. Segundo este autor, «tal definição inclui o controlo do fluxo de informações que podem ser estratégicas ou de valor ético para a pessoa, e do influxo de informações.»[93] Para um outro autor, Mota Pinto, «o titular da privacidade tem a faculdade de conformar as fronteiras e os limites do exercício do seu direito à privacidade»[94]. Também para Gomes Canotilho e Jónatas Machado, o conceito de *privacidade* envolve a ideia de autonomia e de autocontrolo: «o direito à privacidade consiste na possibilidade da pessoa controlar, tanto quanto possível, a massa de informações sobre si mesma a que

---

[92] SAMARAJIVA, Rohan, o. c., p. 283.

[93] *Idem, ibidem*, p. 283.

[94] PINTO, Paulo Mota,«A proteção da vida privada e a Constituição», *in Boletim da Faculdade de Direito*, vol. LXXVI, Coimbra, Ed. Universidade de Coimbra, 2000, p. 190.

A COMUNICAÇÃO INDIVIDUAL PESSOAL E O AUTOCONTROLO DA PRIVACIDADE

outros podem ser acesso»([95]). Conforme se pode constatar, não obstante o facto de haver diversos conceitos de privacidade, a conceção que prevalece nestes autores é a ideia de controlo do indivíduo sobre as suas informações, em detrimento da ideia de isolamento, pois este pode muito bem-estar isolado dos outros, como numa prisão, e não ter controlo sobre as informações que lhe dizem respeito. Encarada sob uma diferente perspetiva, a privacidade tem, portanto, a ver com a existência de autonomia do seu titular na sua preservação e proteção, e com a autodeterminação e o autocontrolo dos dados pessoais.

O controlo da nossa privacidade pode referir-se ao exterior (aos dados sobre nós que circulam, por exemplo, em bases de dados), ou ao nosso interior, isto é, à possibilidade de controlo sobre nós mesmos a respeito da divulgação dos nossos dados. A perda de autodeterminação e a impossibilidade de autocontrolo dos dados sobre a nossa privacidade têm duas grandes causas: externa (social) e interna (nós mesmos). No primeiro caso, temos, por exemplo, a dificuldade de controlarmos o que andam ou podem andar a fazer com os nossos dados pessoais (as empresas que detém a ficha e o perfil do cliente ou os usuários das redes sociais, por exemplo). O mesmo se pode dizer da posse de dados pessoais (familiares, financeiros, etc.) por parte de empresas seguradoras. Não podemos prever nem controlar as consequências do fornecimento dos nossos dados pessoais, que podem ser utilizados por terceiros, para outras finalidades, como publicitárias. No segundo caso, a dificuldade ou a impossibilidade de controlo dos nossos dados pessoais, embora esteja também associada a uma falta de liberdade, e sendo, portanto, algo involuntário, tem como origem o próprio indivíduo. Nesta perda de privacidade, não é o Estado o risco ou o inimigo, nem a sociedade, mas o indivíduo o próprio risco e o inimigo para si mesmo, que pode ser o risco e o inimigo de si próprio, ao desvelar a sua privacidade, através da comunicação verbal e não

---

([95]) CANOTILHO, Gomes, e MACHADO, Jónatas, *Reality Shows e Liberdade de Programação,* Coimbra, Ed. Coimbra Editora, 2003, pp. 55-56.

DA PRIVACIDADE

verbal. Ora, essa situação provoca um conflito, quando não quer que isso lhe aconteça, mas não o consegue evitar. Para melhor compreendermos, distingamos entre comunicação voluntária e involuntária.

A comunicação voluntária

Referimos no capítulo antecedente a ideia de autocontrolo da privacidade, autocontrolo esse que implica uma atitude voluntária e livre: por um lado, tem a ver com a vontade do indivíduo, por outro, tem a ver com a possibilidade, no que diz respeito ao poder de controlo de cada indivíduo em relação aos seus dados pessoais (querer e poder ver onde e como estão registados, e as consequências disso, isto é, poder controlar se são ou não utilizados para outros fins). O autocontrolo da privacidade significa também, do ponto de vista da comunicação, poder transmitir o que se quiser, a quem se quiser, como se quiser e quando se quiser. Esta atitude e a forma de a gerir implica uma comunicação voluntária, comunicação essa que, tal como a não voluntária, pode ser verbal ou não verbal.

A comunicação verbal é todo o tipo de transmissão ou troca de informações através da linguagem escrita ou falada. Por seu turno, a comunicação não verbal é a comunicação que não é feita com sinais verbais, que não é feita nem com a fala nem com a escrita: a comunicação gestual, as expressões faciais, a postura do corpo em geral ou o vestuário.

A comunicação voluntária verbal da privacidade pode ser, por exemplo, revelar a alguém factos da sua vida privada, através de uma conversa presencial, de uma confidência por telefone, por carta, por *e-mail*, por *chat*, ou através de confissão clínica, perante um médico ou um psicólogo, ou na confissão religiosa perante um sacerdote ou um diretor espiritual. Muitas pessoas, apesar de sentirem necessidade de preservar a privacidade, sentem também necessidade de falar de si próprias, não apenas por razões clínicas ou espirituais, não apenas por desejo de protagonismo, de exibição ou de fama, mas também por uma necessidade de ter alguém com quem falar sobre os seus anseios, as suas angústias, as suas preocupações, os seus problemas. Essa necessidade pode ser gerida pelo indivíduo, que pode comunicar o que quiser, como quiser, quando quiser e a quem quiser.

A comunicação da privacidade feita pelo próprio pode também acontecer para um recetor mais vasto. Neste caso temos, por exemplo, as revelações feitas em emissões televisivas de *reality shows*, e na Internet os blogues e as redes sociais, os vídeos pessoais no YouTube. Também através de determinados programas da televisão, da rádio ou através das chamadas revistas cor-de-rosa, alguns indivíduos expõem voluntariamente os dados pessoais e familiares, as suas preferências e tendências, os hábitos de consumo, os ideais, os planos, os amores, as capacidades financeiras. Uma entrevista concedida a um órgão de comunicação social pode também ser uma forma de comunicação verbal voluntária da privacidade. Tendo em conta um público mais vasto, como o da televisão, o conceito que melhor se aplica é o de *testemunho* (num programa de televisão sobre a violência doméstica, uma mulher que testemunha factos da sua vida privada, por exemplo). O testemunho também se aplica a outras situações, como quando uma pessoa pede a outra pessoa para testemunhar algo em Tribunal, e ao testemunhar a favor ou contra alguém, a pessoa que testemunha pode comprometer a sua privacidade. Analisaremos em pormenor o testemunho no próximo capítulo.

A liberdade de comunicação de hoje aumenta a responsabilidade pessoal nas mensagens e nos seus efeitos, originando, por vezes, alguns conflitos. Em algumas situações prevalece a reserva da privacidade, enquanto noutras prevalece a necessidade de comunicação, como forma de uma pessoa se sentir aliviada dos seus problemas. Quando há conflito interior e tem de se optar, em algumas situações há maior conflito do que noutras. A nossa vontade é superada por outras vontades (do próprio ou de outros), ou pelo sentido do dever, por exemplo, no caso do dever de dar testemunho, suscitando uma ética no dever

DA PRIVACIDADE

de comunicação (o que deve comunicar, quando deve comunicar, a quem deve comunicar e como deve comunicar).

Estes exemplos de comunicação que implicam com a nossa privacidade são exteriorizações voluntárias (mesmo que o indivíduo se sinta influenciado por determinadas condições sociais que o levam a revelar-se). Não se trata de um automatismo da comunicação, mas de algo em que o indivíduo tem liberdade na construção, reconstituição, e na forma de comunicação da sua privacidade. Devido ao facto de ser uma comunicação voluntária da sua privacidade, é a revelação de uma interioridade em que o sujeito, por um lado, se revela, mas, por outro lado, se esconde ou se pode esconder. O sujeito pode controlar aquilo que diz, ao perscrutar o seu interior para o tornar revelado aos outros (e, portanto, ao exteriorizar-se), pode opacificar a sua comunicação, criando zonas de sombra que são zonas de não dito, propositadamente, intencionalmente, voluntariamente.

No que diz respeito à comunicação voluntária não verbal da privacidade, temos, por exemplo, a linguagem gestual, em que dois ou mais surdos expõem entre si, ou em público (traduzido por pessoas conhecedoras da linguagem gestual), factos da sua privacidade. Temos também determinados códigos de comunicação usados entre determinados grupos para comunicarem entre si (outrora entre os Judeus, ou mesmo atualmente entre algumas seitas religiosas, entre maçons, ou entre grupos políticos separatistas), para que os que estão fora do seu circuito social não o descubram. Estas formas de comunicação não verbal existem também em contexto amoroso, com determinados gestos e expressões ou olhares, usadas entre um rapaz e uma rapariga para expressarem os seus sentimentos amorosos quando estão em público, como forma de não os darem a perceber aos outros, ou usadas entre os homossexuais, para serem discretos quanto à sua orientação sexual.

Na privacidade comunicada voluntariamente, tanto a verbal como a não verbal, não se destrói o seu carácter privado. Pode-se ter confiança em alguém e voluntariamente revelar algo (comunicação em circuito privado). Revelado em público (meios de comunicação social),

A COMUNICAÇÃO INDIVIDUAL PESSOAL E O AUTOCONTROLO DA PRIVACIDADE

aquilo que era privado expõe-se no ato da comunicação, tornando-se em algo público apenas do ponto de vista da comunicação. Mesmo que tenha sido comunicado a outros, continuará a ser algo que é pertença da privacidade de determinada pessoa. A privacidade, enquanto qualidade inerente a determinada experiência de vida de um indivíduo, é dele mesmo enquanto indivíduo, e embora revelada, continua a ser uma coisa que lhe pertence. Por outro lado, este não perde o direito à privacidade pelo facto de transmitir determinadas coisas a outros.

A transmissão de algo privado através da comunicação, não obstante o facto de ser pública, também não anula o carácter privado daquilo que é transmitido. A transmissão pública de algo privado só por si não anula o carácter privado de determinados assuntos. Mesmo que um indivíduo exponha voluntariamente assuntos da sua vida privada a outro, esses assuntos continuam a ser considerados como privados para esse indivíduo (que por alguma razão os expõe só a alguém e num determinado momento). Por outro lado, mesmo que um indivíduo não encare determinados assuntos seus como privados, e, portanto, os exponha com toda a facilidade perante o público, ou mesmo que os encare como privados mas não os proteja, aquilo que eventualmente não proteja do ponto de vista da privacidade, ou que não encare como privado, pode ser encarado como privado por outros, assim como pela cultura e pelo país onde esse vive ou ainda pela cultura e pelo país em que vivem os indivíduos a quem transmite a sua privacidade.

Há também a salientar o facto de que, mesmo que a sua privacidade seja revelada por um determinado indivíduo, a revelação não a revela totalmente, pois há sempre mal-entendidos na receção da comunicação, por exemplo, devido ao contexto psicológico e social do recetor, que nem tudo consegue entender, ou ainda devido ao facto de o emissor poder ocultar voluntariamente algumas coisas, podendo o recetor ter ou não a perceção disso. Dificilmente saberemos quais as razões (vergonha, medo, insegurança, timidez) que levam alguém a ocultar um facto ou a ocultar parcialmente outros. O emissor continua na sua esfera privada, mesmo ao revelar a sua privacidade ou ao revelar apenas parte dela.

Não é apenas o silenciar voluntário que protege, defende e assegura a privacidade. O próprio ato de falar, voluntário e consciente, pode também ser uma forma de o fazer. Uma pessoa pode apresentar justificações das suas gafes linguísticas, da sua gaguez, do rubor das suas faces, que são reveladores indiretos da sua privacidade, justificações essas que são apresentadas como forma de a proteger. Uma pessoa pode sentir-se atrapalhada ao revelar involuntariamente a sua privacidade, dizendo então algo de diferente para disfarçar ou para desviar a atenção dos outros. Uma pessoa pode recorrer voluntariamente à comunicação verbal para disfarçar, ofuscar ou desculpar a transmissão não voluntária da sua privacidade. Os casos referidos provêm da própria pessoa, mas há também casos em que isso não acontece, como quando uma mulher aparece com sinais no corpo que atestam violência doméstica, devido aos problemas com o marido. Trata-se, neste caso, de uma comunicação involuntária da sua privacidade, que pode, por vezes, ser contornada, disfarçada ou justificada voluntária e verbalmente através de mentiras, em que ela diga, por exemplo, que sofreu uma queda numa escada, recorrendo a essa justificação como forma de preservar a sua privacidade.

Neste exemplo, a comunicação verbal é uma proteção utilizada, e portanto voluntária, devido à existência de uma comunicação não verbal involuntária da privacidade (o indivíduo revelar algo de diferente do que o seu corpo revela, tendo como objetivo proteger a sua privacidade). Mas pode também acontecer que seja a própria comunicação não verbal (a comunicação corporal) que seja utilizada como forma de proteger a privacidade. Na comunicação não verbal voluntária recorre-se a determinadas formas de comunicação para proteger ou transmitir coisas privadas, formas de comunicação essas que podem ser utilizadas precisamente como uma alternativa à comunicação verbal, com o objetivo de proteger a privacidade de quem as comunica. Isso pode acontecer, por exemplo, através de determinados gestos, sinais,

A COMUNICAÇÃO INDIVIDUAL PESSOAL E O AUTOCONTROLO DA PRIVACIDADE

piscadelas de olhos ou outras expressões faciais, como quando duas pessoas estão a conversar e de repente uma delas toca num assunto delicado, recorrendo então a essas formas de comunicação não verbal para não serem ouvidas por outras pessoas e não revelarem determinadas coisas que pretendem que fiquem no âmbito privado. Em ambas as situações há um conflito latente, uma possibilidade de conflito com os outros. Por isso usa-se tanto a comunicação verbal como a não verbal, dependendo dos casos, com a intenção de proteger a privacidade, sendo o caso mais habitual o do recurso voluntário à comunicação não verbal para salvaguardar o que se pretende que fique como privado.

Porém, quando a comunicação não verbal é involuntária, quando acontece não como forma de determinado indivíduo proteger a sua privacidade, ou seja, quando acontece não para evitar um conflito, mas sim quando um determinado indivíduo não a consegue evitar, essa comunicação é ela própria causadora de conflito. A comunicação não verbal involuntária não existe para que o conflito não aconteça, a comunicação não verbal involuntária existe não como proteção, mas enquanto transmissão pura e simples da privacidade (o contrário da proteção, pois nessa comunicação o indivíduo não se esconde, mas revela-se). Enquanto na comunicação voluntária não verbal o indivíduo esconde a sua privacidade (recorrendo, por exemplo, a gestos, para não ser ouvido), na comunicação involuntária (verbal ou não verbal) já estava escondido, mas apesar de tudo a comunicação brota, espontaneamente, automaticamente, não premeditadamente, ficando este prisioneiro da sua própria comunicação, isto é, não conseguindo fugir dela. É o que veremos de seguida.

A comunicação involuntária

Existem causas externas e internas da comunicação da privacidade de uma pessoa, feita por essa mesma pessoa, a quem essa privacidade diz respeito. As causas externas podem ser, por exemplo, a forte

DA PRIVACIDADE

pressão de um grupo em que determinada pessoa vive inserida, que direta ou diretamente a leva a fazê-lo, por condicionamentos sociais, culturais, familiares, comunitários etc. As causas externas da revelação involuntária da privacidade podem ser também, por exemplo, o próprio Estado, ao obrigar as pessoas a prestarem declarações fiscais sobre os rendimentos e o seu património em geral. Pode ser ainda, por exemplo, a obrigação de prestar testemunho em Tribunal sobre alguém, o que pode implicar a revelação indireta da privacidade da própria pessoa que testemunha, por estar envolvida, diretamente ou indiretamente, nos factos testemunhados. O confessar obrigatoriamente factos da sua privacidade, ou da de outra pessoa, sob coação da tortura, é o exemplo mais extremo. Ora, de acordo com o fio condutor da nossa análise, colocamos aqui a tónica no próprio indivíduo, como origem da revelação da sua privacidade. Dado o facto de não estar sob coação, poderíamos pensar que essa revelação é algo voluntário e que o indivíduo gozaria então de liberdade, mas mesmo assim isso não acontece. Portanto, não nos referimos aqui à falta de liberdade exterior (cultural e política), mas à falta de liberdade interior (biológica e psíquica).

Charles Darwin, no seu livro publicado em 1867, intitulado *A Expressão das Emoções nos Homens e nos Animais*, revelou que existem formas de comunicação involuntária não verbal, expressões corporais espontâneas, que são comuns a diferentes povos e culturas, e que transmitem muito sobre os estado de ânimo e a privacidade: o enrubescimento do rosto, como sinal de vergonha; o brilho nos olhos quando se está contente; falar muito depressa quando se está nervoso; o arregalar dos olhos e da boca e a elevação das sobrancelhas, no estado de surpresa; franzir o rosto quando a pessoa se concentra ou tenta resolver algum problema; balançar a cabeça verticalmente em sinal de afirmação e horizontalmente em sinal de negação; encolher os ombros e virar para dentro os cotovelos, em sinal de frustração, e portanto quando não se pode impedir algo, ou quando não se consegue fazer alguma coisa, virar o lábio inferior para baixo e elevar o lábio

A COMUNICAÇÃO INDIVIDUAL PESSOAL E O AUTOCONTROLO DA PRIVACIDADE

superior com uma súbita expiração, em manifestação de nojo; a boca firmemente fechada, o rosto baixo e as sobrancelhas levemente franzidas, em expressão de tenacidade; franzir o rosto, manter a cabeça e o corpo erguidos, aprumar os ombros e cerrar os punhos, em estado de indignação; descer os cantos da boca e elevar a extremidade interna das sobrancelhas, quando se está abatido[96]. Mesmo que não queiramos revelar estes sentimentos ou estados de espírito, dado que fazem parte da nossa privacidade e são espontâneos e involuntários, como Charles Darwin demonstrou, nestas formas de comunicação não verbal não temos liberdade de comunicarmos ou não aquilo que comunicamos.

No que diz respeito à comunicação verbal involuntária, o melhor exemplo são os lapsos de linguagem. Um definição para lapso de linguagem encontra-se descrita por Hotopf: «Um lapso de linguagem, de acordo com o *Shorter Oxford Dictionary*, é um desvio, ou erro não intencional, na escrita, na fala, etc.»[97] .Uma outra definição afirma: «Um lapso de linguagem (…) é um desvio involuntário no desempenho do falante a partir de uma intenção fonológica, gramatical ou lexical que esteja em andamento»[98]. É de salientar que ambas as definições apresentam as ideias de não intencional e de voluntário.

Entre os precursores das pesquisas sobre os lapsos de linguagem estão o filólogo Rudolf Meringer e o psiquiatra Karl Meyer, que publicaram juntos, em 1895, a obra intitulada *Erros na Fala e na Leitura: um estudo psicológico*, na qual destacam cerca de 8800 erros verbais de escrita e leitura. Mas quem estudou os lapsos de linguagem com mais profundidade foi Sigmund Freud, na sua obra *Psicopatologia da Vida Quotidiana*, escrita em 1901. Freud estuda diversos tipos

---

[96] DARWIN, Charles, *A expressão das emoções nos homens e nos animais,* São Paulo, Ed. Companhia das Letras, 2000.

[97] HOTOPF, W. H. N., «Semantic similarity as a factor in whole-word slip of the tongue», *in* FROMKIN, V., (Ed.), *Errors in Linguistic Performance: Slips of the Tongue, Ear, Pen, and Hand,* London, Ed. Academic Press, 1980, p. 104.

[98] BOOMER & LAVER, «Slips of the Tongue», in FROMKIN V., (Ed.), *Speech Errors as Linguistic Evidence,* Mouton, Ed. The Hague, 1973, p. 123.

DA PRIVACIDADE

de lapsos que acontecem diariamente nas nossas vidas, que são consequências do nosso psiquismo, e que fogem ao nosso controlo, como esquecer nomes próprios ou substituir palavras por outras, que surgem por influência de algo que perturba o nosso inconsciente. Segundo Freud, essa autoexposição seria a confissão involuntária de um conflito interior, escondido da nossa consciência e escondido dos outros indivíduos. Para Freud, é a dimensão involuntária que dá valor particular ao lapso: «No procedimento psicoterapêutico que utilizo para resolver e eliminar os sintomas neuróticos, apresenta-se com frequência a tarefa de encontrar um conteúdo mental nos discursos e nas ideias aparentemente casuais do paciente. Esse conteúdo tenta ocultar-se, mas não consegue evitar trair-se inadvertidamente de diversas maneiras. É para isso que, frequentemente, servem os lapsos. Por exemplo, falando da tia, um paciente insiste em chamá-la: *minha mãe* sem perceber o seu erro, ou ainda, uma senhora que fala do marido como se fosse o *irmão*. Para esses pacientes, tia e mãe, marido e irmão são, portanto, *identificados*, ligados por uma associação pela qual se evocam mutuamente»[99].

Existem outras formas de comunicação verbal, mas também não verbal, das quais se pode obter uma informação que é involuntária por parte do sujeito que as transmite. Se uma pessoa subir as escadas de madeira do prédio onde habita, onde se ouvem os passos dessa pessoa ao subi-las, o vizinho habituou-se a identificar a pessoa que sobe as escadas, através da forma de andar (passo pesado, leve, lento, rápido, com sapatos de salto alto, etc.). Além disso, o vizinho pode saber através do som do subir a escada a que horas essa pessoa entra em casa, o que transmite uma informação sobre factos da vida privada dessa pessoa. O vizinho sabe quem vai a subir a escada, sabe quando essa pessoa o faz habitualmente, em determinados dias, por exemplo, e se essa pessoa chega cedo ou tarde a casa. Trata-se de uma informação

---

[99] FREUD, Sigmund, *Psicopatologia da Vida Quotidiana*, Lisboa, Ed. Relógio d'Água, 2007, p. 38.

que lhe é fornecida através de uma comunicação não verbal. O ato de subir a escada é voluntário, mas a pessoa que a sobe não fornece voluntariamente a informação que esse ato pode conter. O ato de subir as escadas é premeditado, livre e voluntário. A informação contida no ato (quem vai a subir as escadas e a que horas regressa a casa) não é intencional nem premeditado, é uma informação fornecida de modo indireto e involuntário.

Todavia, esta comunicação involuntária não verbal, produzida pelo ato de subir a escada, não é causadora de conflito para a pessoa que realiza esse ato, ou o eventual conflito, no caso de existir (por exemplo, entrar tarde em casa), não é grave, exceto se essa pessoa habitualmente fizer barulho de noite ao entrar em casa e acordar o vizinho, ou se por algum outro motivo não quiser que o vizinho a sinta entrar. Em alternativa, essa pessoa pode entrar tarde em casa, mas sem fazer barulho. Nesta forma simples de comunicação não verbal (o ato de subir as escadas), essa pessoa tem liberdade no agir (pode não entrar tarde, pode entrar sem fazer barulho, pode mudar de casa), por isso não existe conflito entre o facto de querer algo e a impossibilidade da sua realização.

No caso de algum conflito poder existir, poderá ser, por exemplo, um estudante que tenha um quarto alugado numa casa onde não pode levar visitas. Esse estudante pode entrar de noite em casa, já muito tarde, subindo as escadas acompanhado com uma jovem que usa saltos altos, ouvindo-se o ruído dos saltos altos ao subir as escadas, revelando através de uma comunicação não verbal esses factos da vida privada do estudante. No entanto, apesar de serem factos da sua vida privada, revelados de forma não verbal, ele pode ter controlo sobre isso, pois entrar em casa não é um ato espontâneo e automático, mas escolhido.

Ora, falamos aqui de outro tipo de comunicação da privacidade: aquela em que o indivíduo, apesar de consciente dos seus atos, não tem intrinsecamente autocontrolo nem liberdade na comunicação sobre ela. Nesta atitude a que nos referimos, aquela em que o indivíduo deixa, portanto, escapar a privacidade, este pode ou não dar-se conta desse

DA PRIVACIDADE

facto. Na realidade, a privacidade é um domínio que não é integralmente inteligível nem integralmente transparente, oferece-se e recusa-se, exprime-se ou não se quer exprimir, manifesta-se e dissimula-se, de forma confusa. Os outros podem constatar a autoexposição da nossa privacidade e nós não nos apercebermos nem dessa autoexposição nem do facto de os outros a estarem a constatar. Nesse caso não existe conflito, pois não sabemos que isso está a acontecer em nós nem que outros o estão a constatar. Ora, referimo-nos aqui à comunicação da privacidade feita pelo próprio, sobre si próprio, em que existem dois conflitos: por um lado, porque esse indivíduo não queria que isso lhe acontecesse mas acontece-lhe, e, por outro lado, porque os outros veem que isso acontece nele (determinados gestos, tiques ou olhares comprometedores) e esse indivíduo vê que os outros veem isso nele, e mesmo assim não consegue solucionar a situação, ao contrário do que deseja, o que lhe causa ainda maior conflito.

Este último conflito pode ocorrer de duas maneiras: pode ser um conflito direto e explícito, quando, por exemplo, uma mulher reage ao facto de um homem olhar frequentemente e de uma forma pouco habitual para os seios dela enquanto está a falar com ela. Essa mulher pode reagir chamando o homem à atenção e pode até criticá-lo, mas pode reagir de forma não verbal, exprimindo através do rosto um incómodo por se sentir assim olhada, e o homem aperceber-se desse incómodo da parte dela. Mas mesmo que a mulher nada lhe diga ou que ele não veja uma reação não verbal da parte dela, o homem tem a autoperceção de que vai olhando assim para os seios dela e tem a consciência de que essa atitude não é correta do ponto de vista moral, e, apesar de tudo, não se consegue controlar na sua forma de olhar enquanto fala com ela.

Existe aqui um possível conflito não verbalizado, dado que a mulher nada lhe comunicou verbalmente, nem ele a ela, um conflito implícito, através de uma comunicação silenciosa, pois o homem vê-se a olhar para os seios da mulher, e apercebe-se de que ela está a ver que ele está a olhar, e apesar de tudo não consegue evitar isso. Esta situação traz consigo várias impossibilidades: não conseguir não olhar; não conseguir que a mulher não se aperceba de que ele está a olhar; não conseguir que a mulher saiba que ele não quer olhar; não conseguir que a mulher saiba que ele faz um esforço para não olhar (o que só agrava o problema, pois quanto mais ele pensar nisso, quanto mais fizer para não olhar, mais olha). Trata-se de uma comunicação não verbal da privacidade, que revela sentimentos íntimos desse indivíduo e que é causadora de incómodo: por um lado porque esses sentimentos íntimos se exteriorizam para alguém, e são ou podem ser incómodo para o recetor, por outro lado porque são ou podem ser incómodo para o emissor, mesmo que não o sejam para o recetor. Neste caso a mulher que constata que o homem olha para os seus seios pode não se sentir incomodada com isso, mas o homem pode-se sentir incomodado: por um lado devido ao facto de olhar e por outro lado devido ao facto de estar a expor os sentimentos íntimos. Quando o indivíduo deseja que essa sua forma de olhar não lhe aconteça, mas não consegue evitá-la, não é apenas motivo de incómodo para ele, mas também – e sobretudo – de conflito interior.

No entanto, a comunicação não verbal pode por vezes ser ambígua. Por exemplo, um piscar de olhos pode ser interpretado de diferentes maneiras: para uns poderá tratar-se de um sinal de confirmação, de aprovação e de cumplicidade, para outros um sinal de agradecimento, para outros assédio, para outros um tique, etc. Por outro lado, o emissor pode fazê-lo com uma intenção e ser interpretado de outra maneira, o que é exemplo dos mal-entendidos e da dificuldade de comunicar entre os seres humanos. Embora a comunicação não-verbal possa ser considerada mais autêntica, pois através dela transmite-se espontaneamente a nossa intimidade, e devido ao facto de não se conseguir controlá-la, à primeira vista parece que ela põe para fora a nossa intimidade, mas por outro lado encerra-nos nela, pois não conseguimos estabelecer comunicação com a outra pessoa, dado que a nossa intimidade pode ser interpretada de diferentes maneiras, devido à heterogeneidade psicológica e cultural do recetor, interpretação essa

DA PRIVACIDADE

que pode não corresponder à verdade sobre a nossa privacidade. Por um lado, o emissor não consegue comunicar como gostaria (não se expressando não verbalmente da forma como o faz), e por outro lado o recetor não capta nem sabe compreender do emissor aquilo que este lhe desejaria comunicar. Consequentemente, estão ambos encerrados numa não comunicação difícil de solucionar, na privacidade não apenas das suas vidas pessoais, mas na privacidade da própria comunicação, por esta ser tão ambígua ou pouco transparente quanto ao seu significado.

A maneira de olhar é uma das formas mais ambíguas da comunicação não verbal. Para alguns indivíduos, determinada maneira de olhar, apesar de espontânea, pode ser considerada assédio sexual, enquanto para outros pode não ser suficiente para ser considerada como tal. Além disso, mesmo que fosse suficiente, o recetor dessa forma de olhar poderia não reagir de forma negativa, poderia até sentir agrado e poderia mesmo estabelecer um *feedback* cúmplice na sua forma de olhar, retribuindo com um *olhar malicioso* à pessoa que o olhasse dessa maneira.

Um dos melhores exemplos da ambiguidade da comunicação não verbal, e de como a mesma pode ser enganadora quanto à intimidade da pessoa que olha, é, por exemplo, um indivíduo do sexo masculino que olhe compulsivamente para as pernas e para as partes mais íntimas de uma mulher, mas que também o faça em relação a um homem. Isto pode dar origem a um mal-entendido. Um indivíduo que sinta que outro indivíduo do mesmo sexo desvia de vez em quando o olhar para as suas pernas e para os seus órgãos genitais poderá pensar algo que é falso, pois poderá pensar que esse indivíduo é homossexual e que sente desejo por ele, podendo não corresponder à verdade. Esse olhar pode ser um hábito adquirido por ser feito obsessivamente e compulsivamente com as mulheres, e involuntariamente acabar por se estender para todos os indivíduos, sendo um automatismo adquirido, uma reação incontrolada em relação a mulheres, progressivamente estendida a todo o ser sexuado. Pode também ser devido a uma certa bissexualidade ou uma espécie de tique, como sucede no piscar de olhos involuntário a todas as pessoas, o piscar de olhos espontâneo tanto a mulheres como a homens.

O mesmo pode acontecer com olhares obsessivos involuntários para outras partes do corpo, por exemplo para o cabelo ou para o que outra pessoa traz a adornar o corpo, como joias. Neste caso, pode ser revelador de uma obsessão por pedras preciosas ou do eventual desejo de as roubar. Pode também ser uma espécie de obsessão estética (o grande apreço pela beleza das pedras preciosas). Pode também acontecer, para quem está pouco habituado a ver determinada forma de trajar, olhar demasiado para isso, ter uma compulsão no olhar, não o conseguir evitar e incomodar, assim, a pessoa que é olhada. São exemplos de invasão da privacidade de outro indivíduo, em que o próprio indivíduo que a invade revela indiretamente a sua privacidade, mas que também podem originar mal-entendidos na comunicação não verbal, pois podem transmitir erradamente o que se passa dentro da cabeça de quem tem esses gestos ou olhares; por vezes são difíceis de solucionar, sobretudo quando são um conflito para o próprio, por não conseguir evitar esses gestos.

Estas e outras formas de comunicação involuntária não verbal, tanto faciais como não faciais, podem ter diferentes causas (biológicas, psicológicas, hereditárias ou adquiridas). Uma das causas podem ser transtornos obsessivos compulsivos. Nesses transtornos a pessoa tem pensamentos de natureza sexual exagerados, obsessões económicas, escrúpulos religiosos, tendências agressivas, que são difíceis de afastar da mente, que se exteriorizam através de comportamentos, atitudes, gestos, rituais, e que desvelam traços íntimos da sua personalidade. Noutro nível, estão os lapsos de linguagem e os atos falhados, provenientes do inconsciente, segundo a Psicanálise[100].

Porém, o facto de uma pessoa olhar de determinada forma para onde não pretende nem sempre significa um distúrbio mental, assim

---

[100] FREUD, Sigmund, *Psicopatologia da Vida Quotidiana*, o. c.

como os lapsos de linguagem nem sempre significam que a pessoa tenha pretendido esconder algo. É certo que desvelam muito da sua intimidade, e essa intimidade brota espontaneamente, mas nem sempre é sinónimo de uma carga negativa reprimida. A comunicação involuntária, de que são exemplo determinados olhares que se escapam, ou os lapsos de linguagem, nem sempre significam algum tipo de repressão, ao contrário do que defende Freud. A comunicação involuntária de certos dados da sua privacidade pode ser conflituosa para uma pessoa que comunica esses dados, pois ela desejaria que se mantivessem privados (a sua sexualidade, a sua família, os seus problemas financeiros, os seus dados clínicos, as suas crenças religiosas, as suas convicções políticas) e não o consegue. Por um lado, deseja protegê-los, e, portanto, não os transmitir, mas quanto mais deseja mais pensa nisso, e acaba por os transmitir através de deslizes de linguagem (as chamadas gafes). Por outro lado, essas coisas podem ser muitíssimo importantes para a pessoa, por isso, embora privadas, a pessoa tem uma grande necessidade de falar delas, e acabam por transbordar no ato da comunicação (por exemplo, no amor romântico, uma pessoa que anda muito apaixonada por vezes não o consegue esconder dos outros, mesmo que pretenda).

Portanto, o facto de uma pessoa deixar escapar uma frase não significa que tenha a ver com algum problema mental ou com as repressões de que fala Freud. Uma das conclusões dos estudos sobre este tema é que os lapsos são multifactoriais e que há muitas mais razões para a pessoa se equivocar do que as que Freud apresenta. Eis algumas dessas: estar concentrado num pensamento ou numa determinada tarefa e responder a alguém; sentir-se pressionado para falar depressa e não ter tempo para pensar; ser impulsivo de carácter; falar muito; falar demasiado depressa; estar, de forma geral, sob *stress*; nervosismo; euforia; estar sujeito a estímulos que recordam a palavra que não se quer proferir; ter bebido em excesso ou estar sob o efeito de drogas; estar demasiado preocupado em não cometer deslizes; ocorrer uma distração no momento em que se está a falar; ser idoso

A COMUNICAÇÃO INDIVIDUAL PESSOAL E O AUTOCONTROLO DA PRIVACIDADE

(a quantidade de comunicações involuntárias, tais como os erros de linguagem, aumenta consoante a idade).

Determinados autores como Anthony Greenwald defendem que se deve abandonar a ideia de um inconsciente povoado de fantasias e em vez disso entender os lapsos de linguagem como uma coisa natural, produzidos pela sobrecarga mental[101]. Esses lapsos podem ter mais a ver com o facto de se querer dizer muitas coisas ao mesmo tempo do que com o facto de haver algo que não se quer dizer. Gary Dell é um dos psicólogos que defendem essa tese, para quem esse facto psíquico é, aliás, um sinal de criatividade e capacidade linguística[102]. A noção de que nem sempre os lapsos de linguagem implicam algum tipo de repressão foi também confirmada por Michael Motley[103]. São, portanto, algo de normal, que sucede, por vezes, no dia a dia, em que a nossa privacidade brota naturalmente no simples ato de comunicarmos uns com os outros.

Considerações finais

A privacidade foi analisada neste texto sob a perspetiva da comunicação, nomeadamente a comunicação feita pelo próprio sobre a sua privacidade. Contendo em si a distinção entre público-privado como condição de possibilidade, a privacidade contém também, enquanto comunicação, a distinção entre verbal e não verbal, o que pode constituir uma antítese. O facto de, por vezes, não existir conformidade entre a comunicação não verbal e a comunicação verbal significa que

---

[101] GREENWALD, Anthony, «On doing two things at once. Confirmation of perfect timesharing when simultaneous tasks are ideomotor compatible», *in Journal of Experimental Psychology: Human Perception and Performance,* Nova Iorque, 2003, n.º 29, pp. 859-868.

[102] DELL, Gary, *Inhibition in Interactive Activation Models of Linguistic Selection and Sequencing,* Illinois, Ed. University of Illinois, 1993.

[103] MOTLEY, Michael, *Overcoming Your Fear of Public Speaking: a proven method,* London, Ed. Pearson, 1997.

as mesmas surgem como antítese uma da outra, enquanto formas de comunicação. A antítese, a contradição, o desfasamento entre aquilo que se diz oralmente e a linguagem corporal, ocorre em determinadas situações em que o indivíduo diz uma coisa e os seus gestos ou a sua expressão facial mostram o contrário. Porém, noutras situações a comunicação não verbal corrobora e reforça a comunicação verbal, sendo-lhe complementar.

O público e o privado são complementares, como condição de existência de cada uma deles, mas implicam também uma relação potencialmente conflituosa no ato da comunicação, quando há um desfasamento entre a comunicação não verbal perante a verbal, em que um indivíduo deseja que algo não se transmita sobre si mesmo, mas esse algo se transmite involuntariamente, pelo próprio, e ao dar-se conta desse facto procura que isso não lhe aconteça, mas descobre--se incapaz de evitar. Enquanto o público e o privado, para o serem, têm de existir ambos, mas separadamente, a comunicação verbal e a não verbal não precisam de existir separadamente para serem verbais ou não verbais, pode haver as duas juntas no ato da comunicação (a chamada *comunicação paraverbal*, em que o gesto complementa o que se diz pela palavra) ou pode haver uma sem a outra (por exemplo, a linguagem gestual, enquanto forma de comunicação entre os surdos). Pode acontecer que uma exista porque a outra é impossível de realizar ou ainda porque uma exista como forma de evitar o que a outra pode originar (a revelação da privacidade), recorrendo-se por isso à comunicação não verbal, como forma de proteger a privacidade.

Vimos também a distinção entre comunicação involuntária e involuntária. Na comunicação voluntária da privacidade pode-se invocar o direito à liberdade de expressão, para garantir a liberdade de uma pessoa se expor verbalmente, mesmo que se trate de coisas da sua vida privada. Mas defender aqui o direito à liberdade de expressão é, como em outros direitos, algo que sucede contra a eventualidade de a liberdade de expressão ser retirada, ou de encontrar obstáculos, através do Estado ou da sociedade civil. Isso poderia suceder num

PREFÁCIO

Estado totalitário, em que os indivíduos não tivessem a liberdade de falar sobre a sua privacidade no espaço público, em que não pudessem dar entrevistas pessoais e em que os meios de comunicação social apenas pudessem falar de assuntos considerados de interesse público. Contra essa censura, não apenas os meios de comunicação social, mas também o próprio indivíduo poderão reivindicar o direito à liberdade de expressão. O indivíduo poderá também reivindicar o direito à privacidade, direito este reivindicado num outro sentido, uma vez que a privacidade lhe seja negada pelo facto de não a poder revelar (à semelhança de outros direitos no caso de não os poder concretizar). Esta revelação não anula a privacidade, nem a sua possibilidade enquanto direito, e se o indivíduo a revela, isso significa que a comunicação da privacidade decorre da existência do direito a comunicá-la. Se hipoteticamente se anulasse a privacidade do indivíduo, através de uma sociedade e de um Estado totalmente vigilantes, hipoteticamente este não teria nada a expor da sua privacidade. Assim, tal como para haver público tem de haver privado, e vice-versa, também para haver a possibilidade de expor ou não a sua privacidade (que decorre do direito à liberdade de expressão) teria de haver o direito à privacidade, para que a transmissão da mesma feita pelo próprio indivíduo, através do seu direito à liberdade de expressão, também fosse concretizável.

Habitualmente considera-se que existe ou pode existir um conflito entre o direito à liberdade de expressão e o direito à privacidade, mas vê-se essa possibilidade apenas sob a perspetiva da oposição entre dois sujeitos (por exemplo, um jornalista e uma outra pessoa). No entanto, o direito à liberdade de expressão pode também ser uma justificação da revelação da privacidade feita pelo próprio indivíduo, e é em nome dessa mesma liberdade de expressão que o indivíduo se expõe, não estabelecendo limites para o que deve ou não deve revelar sobre si próprio. Assim, o direito à liberdade de expressão não é um obstáculo para o indivíduo, que pode encarar essa liberdade também como liberdade de se expor no que diz respeito aos seus assuntos privados, sem que o Estado ou a sociedade imponham censura (em que,

DA PRIVACIDADE

por exemplo, os órgãos de comunicação social, enquanto censurados, apenas pudessem exprimir assuntos de interesse público).

A situação anterior pressupõe a liberdade do indivíduo, nomeadamente o direito à liberdade de expressão. Todavia, na revelação involuntária da privacidade não tem sentido reivindicar o direito à liberdade de expressão como justificação, pois por um lado ninguém tira essa liberdade, para que seja necessário reivindicar esse direito, e por outro lado porque o indivíduo não exerce livremente a transmissão da sua liberdade, para reivindicar esse direito face a um eventual impedimento desta. Aqui o direito à privacidade poderia ser protegido noutro sentido: devido ao facto de um determinado indivíduo, como, por exemplo, um doente mental, não ter autocontrolo sobre a sua privacidade, por ter perdido a noção do seu valor, e o Estado e a sociedade civil preocuparem-se com a sua situação e fazerem algo para que não exponha, ou não exponha tanto, a sua privacidade. Este cuidado da parte do Estado e da sociedade seria, portanto, em prol do respeito pela dignidade desse indivíduo, encarando-se a preservação da privacidade como uma das formas de preservação da dignidade do ser humano (por exemplo, num indivíduo que por algum transtorno psíquico tenha perdido a noção da necessidade de proteger a sua nudez corporal). Certamente que aqui seria duvidoso estabelecer os limites, de modo a saber se o Estado e a sociedade estariam mais preocupados em proteger a dignidade do indivíduo, protegendo-o do desvelamento da sua privacidade corporal, ou se estariam mais preocupados consigo enquanto Estado e enquanto sociedade (num Estado e numa sociedade moralistas), protegendo-se dos chamados atentado contra o pudor, atentados esses que são por vezes suscetíveis de serem encarados de forma subjetiva. No caso de se fazer algo, por exemplo, através de tratamento clínico, teria de interferir-se na sua privacidade, para a proteger, o que é paradoxal (proteger a privacidade através da invasão da privacidade).

No âmbito das contradições da privacidade, encaradas sob a perspetiva da sua voluntariedade e involuntariedade e da sua relação com

PREFÁCIO

a problemática do autocontrolo, seria também contraditório dizer a alguém para não pensar numa determinada coisa, pensando em não pensar nisso. De entre as situações mais problemáticas, como vimos, está uma comunicação não verbal específica: desviar o olhar de uma forma pouco vulgar para as partes mais íntimas do corpo de outro indivíduo. Essa atitude, por um lado, faz com que o indivíduo que olha entre involuntariamente na privacidade do outro, e por outro lado faz com que o indivíduo olhado entre na privacidade do que o olha, ao captar os sentimentos íntimos do seu *olhar malicioso*. Ambas as situações são involuntárias: entrar na privacidade do indivíduo B ao olhá-lo e ser alvo do olhar do indivíduo A ao ser olhado. O indivíduo B não sabe que o indivíduo A o faz sem querer. O indivíduo A, além de não conseguir evitar o automatismo do seu olhar, também não consegue falar nisso à pessoa que é olhada, nomeadamente tratando-se de um olhar considerado malicioso. Temos, portanto, uma impotência no olhar e uma impotência na comunicação, que pode levar a mal-entendidos.

Tendo em conta que o indivíduo não quer olhar, o que deve fazer para não o fazer? Não olhar? Numa experiência clássica em Psicologia, Daniel Wegner, psicólogo da Universidade de Harvard, solicitou aos participantes de um estudo para não pensarem num urso branco durante cinco minutos e falarem sobre aquilo que quisessem. No caso de pensarem, mesmo assim, no animal, deviam tocar uma campainha de cada vez que isso acontecesse. Os resultados mostraram que os voluntários tinham tocado as campainhas em média seis vezes, alguns chegaram a quinze. Ficaram todos frustrados e surpreendidos por perderem o controlo dos seus pensamentos[104]. O ser humano não é apenas um ser racional e consciente, pois a sua mente divide-se e os seus pensamentos e sentimentos são múltiplos, e muitas das suas emoções e dos seus sentimentos são involuntários. Conforme referimos, essa

---

[104] WEGNER, Daniel, *White Bears and other unwanted thoughts: supression, obsession, and the Psychology of Mental Control*, Nova Iorque, Ed. The Guilford Press, 1994.

involuntariedade pode ter como origem certos distúrbios psíquicos, mas pode também ter outras origens.

Neste texto vimos a falta de liberdade na comunicação, mas não a falta de liberdade como geralmente costuma ser encarada, em que lhe são atribuídas causas exteriores (a censura do Estado e da sociedade). Colocámos a ênfase na falta de liberdade interior. Vimos que o ser humano está a todo o momento sujeito a falhas de comunicação, dado que está suscetível a esquecimentos, a perturbações, a lapsos da fala, da escrita e do olhar, entre outros, e que constituem uma comunicação involuntária de muitos factos da sua privacidade, em que o indivíduo não tem, portanto, liberdade. Nessa comunicação, o indivíduo deixa escapar a sua privacidade e esta situação pode ser motivo de constrangimento para ambas as partes (o emissor e o recetor daquilo que é comunicado), e não apenas de constrangimento como também – e sobretudo – de conflito interior. O indivíduo revela involuntariamente a sua privacidade na sua maneira de olhar considerada socialmente *maliciosa*, gostaria que essa sua maneira de olhar não lhe acontecesse, mas acontece-lhe, não consegue evitar esta situação, e ao não conseguir evitá-la, assim como no facto de não conseguir falar nisso ao indivíduo a quem olha dessa maneira (dado tratar-se de um assunto delicado), instaura-se um duplo conflito interior.

A revelação voluntária da privacidade

Introdução

Distinguindo-a do tipo de comunicação que vimos no capítulo anterior (a comunicação involuntária da privacidade), veremos de seguida a comunicação voluntária. Dado que há diferentes formas de transmitir involuntariamente a nossa privacidade, empregámos no capítulo anterior o termo *comunicação*, pois a comunicação não é apenas a comunicação verbal (abrange, por exemplo, as expressões corporais). Além disso, a comunicação pode ser voluntária ou involuntária. Ora, embora nem toda a comunicação involuntária seja verbal, pois pode ser também por exemplo as referidas expressões corporais, e embora nem toda a comunicação verbal seja voluntária, pois podem ocorrer por exemplo lapsos de linguagem, sendo portanto involuntária, a comunicação voluntária é verbal (ou é por vezes feita através de gestos), e sendo uma comunicação voluntária sobre a privacidade, o termo que melhor a exprime é o termo *revelação*.

Nem toda a comunicação humana é uma revelação. A comunicação humana é um processo que envolve a permuta de informações e que utiliza sistemas simbólicos para essa finalidade. Assim, por exemplo, os sinais de trânsito são uma forma de comunicação e não uma revelação. Na comunicação podemos ter como sinónimos os termos *informação*, *divulgação*, *transmissão*, etc. O termo *revelação* pode também ser empregue como sinónimo de comunicação, mas a revelação não é uma mera comunicação. Revelar não é um mero falar ou dizer. Uma pessoa pode comunicar, falar de algo que todos sabem ou dizer uma determinada coisa, enquanto a revelação tem um carácter mais específico. Não se trata de toda e qualquer forma de dizer algo, mas sim de uma determinada forma de o dizer, atendendo ao que se diz, à forma como se diz e a quem se diz, conforme veremos. Inerente à palavra *revelação* está o desvelamento de algo que não era conhecido e passou a ser. A revelação é uma informação nova, um elemento inédito. Significa fazer conhecer o que era desconhecido ou secreto, revelar algo surpreendente, tornar patente, divulgar, confidenciar, desvelar o que estava velado. A revelação está relacionada com a palavra *descoberta*, mas no ato da descoberta a ênfase é posta no sujeito que descobre algo que não era por ele conhecido, mas que era conhecido por outros, enquanto no ato de *revelar* a ênfase é posta no sujeito que sabe algo que não era conhecido e que o revela. Uma revelação é aquilo que é feito pelo sabedor de uma determinada coisa, que é desconhecida por um indivíduo ou por outros indivíduos. Por seu turno, a descoberta é aquilo que é feito por outros indivíduos que descobrem algo que desconheciam. No entanto, o descobrir e o revelar podem ligar-se, como quando os *paparazzi* descobrem onde determinada figura famosa passa as férias, a fotografam e revelam ao público essas fotos.

Tal como sucede com o conceito de *comunicação*, o conceito de *revelação* pode ter mais do que um significado, dependendo do contexto em que é aplicado (teológico, jurídico, interpessoal, social etc.). Na sequência do sucesso, ou do escândalo, alcançado pela publicação de um determinado livro, pode dizer-se: «Este livro foi a revelação do ano.» Esse livro pode falar da privacidade de um ou mais indivíduos,

A REVELAÇÃO VOLUNTÁRIA DA PRIVACIDADE

e nesse caso essa revelação tem um impacto social (o escândalo político, por exemplo), e trata-se de uma revelação realizada por um determinado emissor, voluntariamente, sobre alguém.

Mas a origem da revelação pode não ser uma determinada pessoa em concreto, mas uma experiência de vida, que foi também uma revelação. Por exemplo, quando alguém fala sobre determinada viagem e diz «Esta viagem foi uma revelação para mim», aplica o termo *revelação*, mas não no sentido das relações interpessoais. Embora possa incluir este sentido (tendo contactado com as pessoas desse país), aplica o termo *revelação* no seu todo, incluindo o que aprendeu e conheceu do seu contacto com os monumentos antigos (que foram para ele uma revelação, mas no sentido involuntário do emissor dessa mesma revelação). Ora, trataremos aqui da revelação voluntária e consciente feita por uma pessoa a outras, tratando-se de um emissor que o faz de livre vontade e não sob coação ou sob tortura, como sucede no caso de algumas revelações. Trataremos aqui da revelação no sentido das relações interpessoais, e que se aplica especialmente quando nos referimos à privacidade. Por conseguinte, mais do qualquer outro termo, aquele que melhor se aplica à comunicação da privacidade é o termo *revelação*.

Nos dois capítulos que se seguem iremos ver a revelação privada e a revelação pública da privacidade. Analisaremos o significado do conceito de *revelação privada* associada à privacidade de alguém, assim como do conceito de *revelação pública*, mostrando determinadas dificuldades da definição desses conceitos, e da sua distinção, e terminaremos com uma abordagem sobre alguns dos valores (positivos e negativos) da revelação privada e da revelação pública da privacidade. Falaremos de um tipo de específico de revelação da privacidade: a revelação voluntária. Fazemos esta distinção porque há revelações sobre a nossa privacidade que são feitas por algumas pessoas contra a nossa vontade, como quando alguém trai a nossa confiança e revela a outras pessoas um segredo que lhe revelámos. A revelação pode também ser involuntária, como quando um jornalista

DA PRIVACIDADE

revela algo sobre uma figura pública, contra a sua vontade, sendo esta uma revelação tipicamente pública.

Porém, no que diz respeito à revelação pública, esta pode ser entendida de diferentes maneiras. Quando um grupo de cientistas, após laboriosos anos de investigação, revela publicamente o resultado das suas investigações, estamos perante uma forma de revelação pública. A revelação pública pode também ser um depoimento, um manifesto, uma propaganda, um alarde ou uma ostentação, saciando os desejos de bisbilhotice das pessoas. Ora, interessa-nos aqui a revelação pública que é feita por alguém para dar testemunho de algo, não sobre um acontecimento, como por exemplo sobre uma guerra militar em que um indivíduo participou (dado que não tem a ver com a sua privacidade), mas sim sobre o que um indivíduo sabe sobre um indivíduo suspeito (como sucede no testemunhar em Tribunal), ou um indivíduo falar sobre si mesmo, dar testemunho sobre si próprio, daquilo que dantes não era conhecido e passou a ser, no que diz respeito à sua privacidade (quando concede uma entrevista a um órgão de comunicação social).

O conceito de *testemunho* é o que expressa melhor o que pretendemos aqui analisar enquanto revelação pública da privacidade, por um lado porque, sendo a própria pessoa a falar sobre si mesma, voluntariamente, presta com isso um testemunho do ponto de vista de uma confissão, mas dá também um testemunho de vida (não apenas sobre algo que sabe, mas também sobre si enquanto pessoa). Embora falemos no testemunho no sentido de prestar-se informações sobre alguém (por exemplo em Tribunal), e nas diversas formas de testemunho e dos seus possíveis objetivos, colocaremos aqui a ênfase no testemunho voluntário e não jurídico (em que uma pessoa é obrigada a testemunhar em Tribunal), o testemunho de uma pessoa sobre si mesma, associado não apenas ao dizer algo, mas também à personalidade e à identidade da pessoa que testemunha sobre si mesma.

A REVELAÇÃO VOLUNTÁRIA DA PRIVACIDADE

O conceito de *revelação privada*

Na revelação privada da privacidade distinguimos entre revelação involuntária e voluntária. A revelação involuntária é de dois grandes tipos, e de que já falámos no capítulo sobre a comunicação individual pessoal: uma delas é aquela que é feita por outras pessoas, sobre nós próprios, e sem que quiséssemos que isso acontecesse, e a outra é aquela que é feita por nós, sobre nós próprios, mesmo que não queiramos que isso aconteça (por exemplo, os lapsos de linguagem). Existe também a revelação de algo por parte de uma pessoa, sobre si mesma ou sobre determinadas pessoas, sob o efeito da tortura, e por isso não pode ser considerada uma revelação voluntária. Existe ainda a revelação feita em privado sobre outras pessoas, voluntariamente. A revelação privada da privacidade que aqui pretendemos destacar é aquela que é feita sobre nós, e não sobre outras pessoas, e feita por nós próprios. Porém, conforme vimos no capítulo anterior, existem dois tipos de revelação privada da privacidade feita por nós próprios: a involuntária e a voluntária.

O facto de uma pessoa revelar algo da sua privacidade implica que essa pessoa tenha determinadas coisas privadas na sua vida que, se quiser, pode revelar, mas nem sempre esse facto implica que essa pessoa as possa revelar, mesmo que queira. Referimo-nos não à impossibilidade derivada das interdições ou dos preconceitos sociais, que fazem com que uma pessoa não fale sobre determinadas coisas da sua vida privada em público (por exemplo, sobre a sua homossexualidade), mas sim a outro tipo de impossibilidade. Referimo-nos aqui ao facto de haver determinadas coisas que nem em público nem em privado um indivíduo pode falar delas, simplesmente porque as não sabe, apesar de fazerem parte da sua vida privada: ou porque não se lembra delas (a fome que passou quando era criança, por ter tido uma família muito pobre economicamente), exceto se alguém que o saiba lho revelar, ou então porque determinados factos que pertencem à sua vida privada são por ele ou por qualquer outra pessoa desconhecidos (por exemplo, quem é o seu pai). Neste caso o indivíduo pode apenas revelar que é filho de pai incógnito, pois sabe-o, e também isso pertence à sua privacidade, mas apesar de o saber pode ou não querer revelar.

Em suma, para que exista uma revelação da privacidade por parte do indivíduo a quem a mesma diz respeito, há quatro elementos que são fundamentais: tem de haver algo privado na sua vida; tem de o saber; tem de o poder revelar; tem de o querer revelar. Concluindo estas distinções, há também que salientar que a revelação voluntária da sua privacidade, feita por um indivíduo, pode ser uma revelação privada ou uma revelação pública. Analisaremos a revelação privada no presente capítulo e a revelação pública no seguinte.

Uma revelação privada é geralmente encarada dessa forma devido ao carácter privado daquilo que é revelado. Todavia, o carácter privado daquilo que é revelado também se deve ao facto de ser revelado apenas em privado, isto é, não apenas o *quê*, mas também o *como*. Esta revelação pode ser feita em casa, na rua, num jardim público, na esplanada de um café, desde que não haja pessoas a escutar, e pode também ser feita de modo não presencial – por carta, por telefone, por um canal de conversação na Internet, etc. Nada é privado *a priori*, pois há coisas que alguns consideram privadas e outros não. O facto de algo ser revelado apenas em privado não significa que o que é revelado tenha um carácter privado absoluto. A revelação, por ser privada, e apenas privada, ou seja, o facto de determinadas pessoas (ou culturas) revelarem determinadas coisas apenas em privado não significa que essa coisa seja privada em si mesma.

Nem tudo aquilo que é dito no espaço privado faz com que se torne numa coisa privada, aquilo que é dito dentro de casa de uma pessoa pode ser encarado como *privado*, por ter sido dito dentro de casa sem que mais ninguém o ouça, mas pode não ser de um assunto que geralmente pertence à privacidade das pessoas, pois pode ser sobre um assunto banal, que tanto pode ser dito em casa como na rua, e na rua poder ser ouvido por quaisquer outros indivíduos, mas para

A REVELAÇÃO VOLUNTÁRIA DA PRIVACIDADE

o indivíduo que o diz isso pode ser-lhe indiferente (e pode até querer mesmo que seja ouvido por qualquer pessoa). Por outro lado, nem tudo o que é privado significa que tenha de ser dito apenas no espaço privado, pois pode também ser dito num espaço público, desde que preservado dos ouvidos alheios, e, por outro lado, embora possam ser assuntos que dizem respeito à privacidade, há indivíduos que falam facilmente da sua privacidade mesmo no espaço público, perante os ouvidos dos outros, como numa esplanada, falando em voz alta, mesmo que haja pessoas ao lado a ouvir.

Não é o facto de uma determinada revelação ser feita no espaço privado ou público que define o carácter privado ou público de uma revelação. Há revelações privadas que são feitas no espaço público, como uma conversa entre dois amigos, na rua, na esplanada ou no banco de um jardim, sem que ninguém os ouça; há revelações públicas feitas num espaço privado (por exemplo, uma entrevista na televisão transmitida a partir da casa de uma pessoa particular); há revelações públicas feitas no espaço público (quando uma pessoa é entrevistada também para a televisão mas em plena rua, por exemplo); há revelações privadas feitas no espaço privado (quando um amigo revela a outro amigo algo privado, dentro de casa, por exemplo). Há também as conversas através da Internet (Skype, Messenger etc.), através do telefone, ou as cartas que se escrevem a alguém, que não são reveladas em nenhum espaço, no sentido físico do termo, mas sim em espaço virtual, ou em espaço no sentido abstrato e figurado do termo. Porém, independentemente da sua inserção espacial, são conversas privadas (exceto se houver escutas telefónicas, se alguém intercetar a ligação por Skype ou abrir as cartas). No que diz respeito ao espaço real, a casa é o melhor exemplo de um espaço privado na revelação privada da privacidade, mas para que a revelação seja privada, conforme já referimos, não é necessário que o espaço seja privado, pois pode haver uma revelação privada feita no espaço público, desde que a pessoa não esteja a ser ouvida, ou no caso de ser ouvida, o seja involuntariamente.

DA PRIVACIDADE

Porém, conforme vimos no capítulo sobre a dicotomia público-privado, nomeadamente no subcapítulo sobre a dificuldade de distinção entre público e privado, mesmo no significado concreto do termo *espaço*, por vezes é difícil distinguir entre espaço público e espaço privado, pois há situações que não são totalmente privadas e há outras que não são totalmente públicas, pois há espaços intermédios entre o privado e o público, espaços semiprivados e semipúblicos. Assim, por exemplo, uma festa em casa de uma pessoa é uma coisa privada, por se passar dentro da sua casa, mas também tem um carácter público, por nela haver muitos convidados e alguns deles não serem sequer amigos, mas simples conhecidos do anfitrião. Por exemplo, nas inaugurações de exposições de pintura, as pessoas formam pares, ou pequenos grupos, vão percorrendo a exposição, vão tomando uma bebida e vão conversando entre si, no meio da sala, falam em voz alta, o que se passa na conversa entre elas é algo privado, mas ao mesmo tempo a conversa pode ser ouvida (e por vezes a pessoa sabe que está a ser ouvida por outras pessoas), acabando a conversa por ser privada e pública. Portanto, exceto se uma pessoa segredar ao ouvido da outra, uma conversa privada entre dois amigos, apesar de ser só entre eles dois, nem sempre é privada, pois pode ser ouvida, e quem a ouve não tem culpa de a ouvir e não fez nada para a ouvir (acontece-lhe ouvir). O facto de não nos metermos na conversa entre duas pessoas revela por si mesmo que se trata de uma conversa privada (e por vezes de um assunto privado, isto é, de temas que geralmente pertencem à privacidade das pessoas), mas é feita no espaço público, onde existem mais pessoas que a podem ouvir.

Há também os espaços virtuais, como a Internet, ou ainda o telefone pessoal ou uma carta. Não se passam dentro de um espaço ou fora dele, fisicamente falando, não se pode por isso dizer que sejam um espaço privado como quando uma pessoa está dentro de casa, ou quando está na rua e vai falando com alguém que vai ao seu lado, em privado. Mas também não são espaços públicos propriamente ditos, pois não existem em lado nenhum em concreto (como a esplanada de um

A REVELAÇÃO VOLUNTÁRIA DA PRIVACIDADE

café), trata-se apenas da utilização privada de algo público (a Internet, o telefone ou os Correios). Embora o telefone possa estar num local privado, e a sua utilização ser privada, em si mesmo o telefone não é um espaço privado (como é uma sala). Trata-se de uma conversa à distância, que é transmitida num sistema tecnológico. O telefone pode ser utilizado por todos (ao contrário da casa de uma pessoa), e por essa razão é algo público. As conversas que acontecem no telefone, na Internet ou as revelações numa carta, através do correio postal (que também é um serviço público e que não acontece em nenhum lugar concreto), têm um carácter público num sentido, e um carácter privado noutro, mas são uma revelação privada, no caso de ninguém as escutar ou ler, e o facto de ninguém escutar ou ler é aquilo que faz delas revelações privadas (pois pode haver conversas privadas por Skype que todos podem escutar, por exemplo, através da televisão).

Não obstante o facto de haver espaços intermédios entre aquilo que supostamente é privado e aquilo que supostamente é público, entendemos por revelação privada da privacidade aquela que acontece entre determinadas pessoas entre si, e apenas entre si: a que uma pessoa faz a um amigo ou a um grupo de amigos, a uma ou mais pessoas da sua confiança, ou quando, por exemplo, um filho revela algo à mãe ou ainda quando uma pessoa revela algo a um advogado, a um médico, a um psicólogo, a um padre, a uma assistente social, etc., e que não é escutado por outras pessoas. No caso de ser escutado por outras pessoas, se o facto de outras pessoas o poderem escutar ser pretendido pela pessoa que o revela deixa de ser uma revelação privada (exceto se for escutado sem que a pessoa que revela determinada coisa saiba que está a ser escutada).

A revelação voluntária e privada da privacidade pode também, por vezes, acontecer em situações esporádicas e acidentais, ao ser feita a outros indivíduos, que não têm laços de amizade, familiares, de assistência médica, jurídica, etc., com o indivíduo a quem um determinado indivíduo revela algo da sua própria privacidade. A revelação privada da privacidade pode ser feita a pessoas desconhecidas,

DA PRIVACIDADE

a pessoas conhecidas mas sem laços afetivos com a pessoa que a revela, ou a pessoas conhecidas e com laços afetivos com a pessoa que a revela (amigo, namorado, cônjuge). No caso dos desconhecidos, por exemplo, uma pessoa que ande à procura de casa para arrendar, e para que o proprietário lhe arrende a casa, pode mostrar-lhe documentos sobre o seu salário, para lhe mostrar que tem possibilidade de pagar a renda, e isso é uma forma de revelação da privacidade a um desconhecido. Um indivíduo, antes de ser admitido num emprego, pode revelar determinadas coisas da sua privacidade (as suas boas origens familiares, as suas convicções políticas ou religiosas, quando as mesmas estão em sintonia com as do patrão, etc.), como forma de conseguir ser selecionado para o emprego, e isso é também uma forma de revelação privada da privacidade feita a um desconhecido. Um homem de negócios, para enveredar numa relação contratual com outro homem de negócios, por vezes revela-lhe coisas da sua privacidade (por exemplo, a sua experiência pessoal em negócios), e isso é também uma forma de revelação privada da privacidade feita a um desconhecido. Quando dois indivíduos, numa longa viagem de comboio, vão sentados ao lado um do outro, acabam por meter conversa, e no desenvolvimento da conversa um deles acaba por revelar ao outro alguns problemas pessoais – isso é também uma forma de revelação privada da privacidade feita a um indivíduo desconhecido, o que, aliás, por vezes acontece mais facilmente com pessoas estranhas e que nunca mais se voltam a ver do que com pessoas próximas. Isso acontece ainda mais facilmente se um indivíduo estiver na Internet, a falar com pessoas desconhecidas. O anonimato na Internet faz com que seja mais fácil, para a maior parte das pessoas, revelarem algo que não revelariam em público.

Mas nem sempre é necessário que seja a uma pessoa desconhecida, ou em situação de anonimato total, para que uma pessoa revele algo da sua privacidade a outra pessoa, mesmo que esta não seja um amigo, um familiar ou o namorado. Pode ser uma revelação feita a pessoas conhecidas, mas com as quais a pessoa que revela algo não

A REVELAÇÃO VOLUNTÁRIA DA PRIVACIDADE

tem laços afetivos. Por exemplo, um inquilino que deve ao senhorio o pagamento da renda de casa, ou que lha paga frequentemente com atraso, e que revela ao senhorio (e apenas a ele) que está a atravessar graves problemas financeiros, e especifica que problemas são, para se justificar da falta ou do atraso frequente do pagamento da renda de casa, isso é uma forma de revelação privada da privacidade a um indivíduo conhecido, mas com o qual não se tem laços afetivos. No caso de um empregado que foi repreendido pelo patrão, devido ao fraco desempenho profissional, patrão que o chama para falar com ele pessoalmente, esse empregado pode revelar ao patrão (e apenas a ele) que anda a atravessar graves problemas familiares que o atingem psicologicamente, e especificar quais são, para se justificar do seu fraco desempenho profissional – essa revelação feita pelo empregado ao seu patrão é também uma forma de revelação privada da privacidade. Quando alguém revela a um jornalista que uma determinada figura pública frequentava uma casa noturna de má reputação, a pessoa que o revela está também a revelar a sua privacidade, pois a pessoa que revela esse facto sabe-o porque também ela própria a frequenta. Trata-se de uma revelação privada indireta da privacidade da pessoa que o revela, dado que o jornalista não revela as suas fontes.

Estes tipos de revelação têm carácter esporádico, não há laços afetivos que ligam essas pessoas umas às outras, assim como também no caso da revelação privada, que têm como recetor uma pessoa de determinada profissão (médico, psicólogo, assistente social, advogado etc.). Cada uma destas últimas formas de revelação privada da privacidade, feita voluntariamente pelo próprio indivíduo a quem essa privacidade diz respeito, feita por razões de saúde, sociais ou jurídicas, é protegida pelo sigilo profissional e não pelos laços afetivos entre os indivíduos em questão. Trata-se de uma revelação que fica em privado devido a um código deontológico próprio e tem, portanto, a sua ética própria, uma ética institucional e profissional.

O modelo por excelência da revelação privada da privacidade, que é considerado como o mais importante nas relações entre os indivíduos, não é de carácter ocasional (entre desconhecidos), institucional ou profissional, mesmo que nestes últimos casos exista apenas um sujeito único como destinatário dessa revelação. A revelação privada da privacidade, considerada como modelo típico, porque é aquela que existe como referência quando se trata de um indivíduo revelar a alguém a sua privacidade, tem geralmente como destinatário um amigo, um amante, um cônjuge, um familiar ou um grupo de pessoas restrito (que também pode ser um grupo de pessoas de confiança, de amigos ou a família).

O critério para que uma revelação seja considerada como privada é o facto de estar protegida dos ouvidos públicos, mas este critério, por vezes, também não é fácil de definir, mesmo que essa revelação seja feita só para um grupo de amigos. O círculo de amigos de uma pessoa pertence à vida privada dessa pessoa. Ora, se essa pessoa organizar uma festa no aniversário, juntar os amigos e lhes comunicar algo importante da sua vida, como, por exemplo, um homossexual que apresenta o namorado e anuncia, nesse grupo de amigos, que vai casar brevemente com o namorado, isso é uma revelação privada, porque por um lado diz respeito a um assunto da vida privada de quem o revela, e por outro, porque é feita apenas num grupo de amigos.

Todavia, tratando-se de uma festa de aniversário onde estejam presentes vários amigos, e sendo essa revelação feita a esses amigos, apesar de ser só aos seus amigos, acaba por ser uma revelação mais pública do que privada. É privada por ser um assunto privado e por ser feita só ao seu grupo de amigos (que fazem parte da sua vida privada), mas a forma como essa revelação é feita, isto é, em grupo, e numa festa, em que, por isso, o ambiente é de grande sociabilidade e em que todos eles ficam a saber o que foi revelado, ao mesmo tempo (no caso do discurso do aniversariante), faz dela uma revelação com um carácter público. Num círculo de relações estreitas, a preservação da privacidade, nomeadamente quando se trata de um segredo, vê-se dificultada devido ao facto de esses indivíduos estarem demasiado próximos uns dos outros, pela frequência e intimidade dos contactos

A REVELAÇÃO VOLUNTÁRIA DA PRIVACIDADE

entre eles provocar fortemente a tentação da revelação, por existirem diferentes graus de amizade, entre eles ou para com o aniversariante, etc. Este exemplo mostra como, por vezes, é difícil considerar uma revelação como privada, mesmo num contexto privado.

Valores da revelação privada

Na receção de uma informação sobre um determinado indivíduo feita por outro indivíduo, em resultado de uma revelação voluntária da privacidade daquele, as formas são diferentes e os graus de intensidade também. A revelação privada da privacidade pode ser feita pelo indivíduo A ao B, sobre si mesmo, ou pode ser feita pelo indivíduo A ao B sobre C, isto é, aquela que é feita por um indivíduo sobre si ou sobre outro, revelando algo da sua privacidade ou da de outro. Essa revelação pode ter sido solicitada (quando alguém pergunta a um amigo algo sobre este) ou pode ter sido feita por iniciativa do próprio amigo que a revela, sendo que ambas são respondidas de livre vontade, embora o segundo caso se nos afigure mais autêntico. Tanto pode ter valor de verdade aquilo que uma pessoa revela a outra pessoa, por ter sido solicitada a revelá-lo, como aquilo que uma pessoa revela a outra por sua própria iniciativa, mas enquanto iniciativa espontânea ou por necessidade da própria pessoa em fazê-lo, parece haver mais empenho e maior autenticidade, e, portanto, maior valor. Porém, em termos de empenho, o indivíduo tanto se pode empenhar muito a auto revelar-se quando solicitado como quando revela algo mesmo sem ser solicitado. O mesmo se aplica à autenticidade.

Por que razão é que um determinado indivíduo revela factos da sua privacidade (quando perguntado ou por sua iniciativa própria) apenas a determinadas pessoas? Que valor é que encontra nisso?

Em alguns casos, é porque muitas pessoas da sociedade não aceitam, não compreendem, não veem com bons olhos ou discriminam, por exemplo uma mãe solteira, uma pessoa com uma determinada doença,

DA PRIVACIDADE

um comunista, um homossexual, um membro de uma determinada seita religiosa. A revelação privada da privacidade feita apenas a determinadas pessoas permite escapar ao olhar escarnecedor, desprezador, condenador, e por vezes a atos de violência, vindos de outras pessoas, que atentam contra a dignidade do ser humano. Ser o guardião consciente e voluntário da sua própria privacidade, revelando-a apenas em privado, a pessoas da sua confiança (ou nem sequer revelando a ninguém), permite uma posição ativa do indivíduo sobre si, e sobre o saber sobre si, sendo, por vezes, necessário recorrer à privacidade para se proteger dos preconceitos, dos mal-entendidos e das deturpações.

Há também casos em que o indivíduo revela apenas em privado determinadas coisas, tendo como objetivo evitar conflitos com outros, noutras situações e por outros motivos. Por exemplo, alguém que discorde do comportamento de outra pessoa, por exemplo, de um colega de trabalho, sobre a sua falta de pontualidade, mas que não lho diz, por não querer criar conflitos com ele, mas que também não o diz a toda a gente, pois poderão ir dizer isso à pessoa visada e criar conflitos, ou até deturpar tudo, criando ainda mais conflitos; a pessoa diz isso apenas a um colega de confiança ou a um amigo. Não é possível conhecer todas as pessoas, e não se sabe como elas poderão encarar determinadas coisas que lhes possam ser ditas, pois poderão deturpá-las, criticá-las ou usá-las contra quem as diz, por isso muitas pessoas preferem dizê-las apenas a pessoas da sua confiança, a colegas mais íntimos, a familiares ou a amigos.

A revelação da privacidade, se não tiver interesse público, e se o seu objetivo for o ultraje e a humilhação de uma pessoa (mesmo que os factos sejam verdadeiros), é moralmente condenável. Todas as pessoas são dignas de respeito, independentemente do que fazem ou fizeram, e se o objetivo da revelação da privacidade não for o interesse público (e no caso de este existir, deve ser feita não a todo e qualquer indivíduo mas às autoridades competentes), se o objetivo da revelação da privacidade for fazer troça de outras pessoas, se o objetivo da revelação da privacidade for a chacota e o escárnio, essa

A REVELAÇÃO VOLUNTÁRIA DA PRIVACIDADE

revelação é moralmente reprovável. A inveja, a competição e o querer ter poder sobre as outras pessoas faz com que algumas pessoas se aproveitem de outras e as usem para as dominar e humilhar, não olhando a meios para atingir os fins, tirando partido de coisas da privacidade de uma determinada pessoa, até mesmo das coisas mais insignificantes. As frustrações de algumas pessoas são a causa de muitas atitudes de maledicência, e quando se trata de dizer mal de outras pessoas, ou de fazer-lhes mal, a vida privada delas é o principal alvo a atingir, até mesmo quando aquilo que se quer criticar numa pessoa nada tenha a ver com a sua vida privada. Quando algumas pessoas não têm argumentos para contrapor a outra pessoa sobre determinadas ideias com as quais não concordam (ideias políticas, religiosas etc.), e quando estão a perder o debate, de modo a descredibilizar o adversário, acabam por criticar a sua vida privada.

Um indivíduo que no seu passado tenha sido toxicodependente, alcoólico, sem-abrigo, presidiário etc., não deve, no entanto, ficar toda a vida marcado pelo seu passado, tem o direito de seguir em frente com uma nova vida, daí a necessidade que tem por vezes de guardar privacidade sobre o seu passado, que considera algo muito pessoal, e no caso de o revelar, tem o direito de escolher a quem o revelar, de o revelar apenas a amigos, a familiares, a outras pessoas da sua confiança ou de não o revelar a ninguém. A revelação da privacidade feita apenas no círculo privado, pelo indivíduo a quem diz respeito, e feita a quem ele quiser, quando quiser, como quiser e onde quiser, é, por vezes, uma forma de esse indivíduo se proteger da mesquinhez, da maledicência, da mera curiosidade, do sensacionalismo, das frustrações ou dos mal-entendidos de determinados indivíduos que não conhece ou que ele conhece mas que não são seus amigos.

Até mesmo nas situações que não são consideradas socialmente negativas, como por exemplo o sucesso de uma determinada pessoa na arte, nas letras, na ciência ou na política, provoca, por vezes, inveja, e há pessoas que procuram coisas da vida privada dessa pessoa, nomeadamente um passado atribulado, para a humilhar. A preservação da

DA PRIVACIDADE

privacidade não existe apenas devido ao facto de haver coisas que são incompreendidas ou malvistas pela sociedade, pois em alguns casos são coisas encaradas positivamente. Muitos indivíduos a quem essas coisas dizem respeito não as querem banalizar com a sua divulgação, apesar de não terem mal nenhum, como, por exemplo: o facto de um determinado indivíduo ter origens nobres do ponto de vista genealógico; o facto de ser filho de uma figura pública; o facto de ter um grau académico e um currículo muito elevados; o facto de ter ganho uma soma muito elevada de dinheiro; o facto de ter feito uma doação avultada em dinheiro a uma instituição; o facto de ser o inventor de um determinado produto comercial importante; o facto de ser o autor de determinados livros publicados; o facto de estar apaixonado por alguém. Em algumas ordens esotéricas, a aura sagrada da sua doutrina mística implicava que os seus membros não a revelassem a qualquer indivíduo, e implicava mesmo a obrigação da não revelação a quem não era membro desse grupo. O próprio facto de não ser revelada publicamente, criando-se um círculo muito restrito de pessoas a quem era revelado, ainda acrescentava mais, indiretamente, o seu carácter sagrado.

É precisamente o grande respeito que algumas pessoas têm por determinadas coisas que faz que não as revelem facilmente, prefiram discrição sobre essas coisas e pretendam guardar silêncio ou revelá--las só a algumas pessoas. Há quem não goste de chamar à atenção e seja naturalmente discreto, reservado e modesto, que recuse o alarde e a ostentação apregoada. O dia a dia tem várias situações que muitos indivíduos preferem não revelar, ou só revelar a certas pessoas, apesar de essas situações, conforme já dissemos atrás, não serem malvistas nem incompreendidas pela sociedade. Por exemplo, estar apaixonado por alguém não tem mal nenhum, não é encarado negativamente, não é alvo de incompreensão pela sociedade, não se é discriminado por se estar apaixonado, mas é uma coisa muito pessoal e íntima para algumas pessoas, que por isso preferem revelá-la apenas a pessoas da sua confiança ou nem sequer revelar a ninguém.

A REVELAÇÃO VOLUNTÁRIA DA PRIVACIDADE

Aquilo que para as pessoas é íntimo, algumas revelam-no apenas a pessoas que lhes são igualmente íntimas. Há determinadas coisas que são sagradas, e nem toda a gente tem de saber aquilo o que é sagrado, pois faz parte dos ideais mais elevados. Tratando-se de algo que uma determinada pessoa considera valioso, não o quer vulgarizar e banalizar, e por isso não o põe em praça pública, mas revela-o apenas a algumas pessoas.

O conteúdo do que não é revelado cede em importância ao simples facto de permanecer não revelado, ou pouco revelado (uma pessoa saber algo que as outras não sabem, ou que a pessoa a quem esse algo diz respeito querer que poucas pessoas o saibam). O segredo, ou a revelação muito restrita de algo, dá uma posição excecional à pessoa sua detentora e exerce um atração social, independente do seu conteúdo. Por vezes trata-se de um conteúdo pouco importante, mas o facto de a pessoa o guardar para si, de não o revelar, ou de o revelar apenas a uma pessoa, ou a um número muito restrito de pessoas, confere-lhe uma certa aura de eleição, um certo mistério, confere-lhe um valor que acaba por vir do próprio facto de não ser revelado, ou do facto de apenas uma determinada pessoa, ou algumas, receberem essa revelação.

Nem tudo o que é profundo e importante é privado, pois muitas pessoas o revelam facilmente, e por outro lado, nem tudo o que é privado é profundo e importante, pois podem ser coisas banais, mas o facto de não ser revelado confere-lhe um estatuto importante. Não é o conteúdo que o define como intrinsecamente privado, mas a não revelação, ou a revelação socialmente restrita. Não é o carácter privado *a priori* do assunto que faz com que seja um assunto privado, mas sim o facto de uma pessoa não o revelar ou de o revelar a um número muito restrito de pessoas, pedindo-lhes que não o revelem a outras pessoas.

A não revelação da privacidade, proveniente de alguém de quem sabemos algo, que ela não sabe que o sabemos, e que continua a não revelar-nos, apesar de sabermos que existe algo que não nos revela, torna-nos conscientes do carácter privado que determinada coisa tem para uma pessoa. O carácter privado de algo, neste caso, vem da sua não revelação, pela pessoa a quem diz respeito. Se uma pessoa não revela um assunto a outra pessoa, apesar de esta última o saber (por exemplo, que ganhou muito dinheiro numa lotaria nacional), é porque isso para ela é um assunto privado, mesmo que para a pessoa a quem ela não o revela seja um assunto banal, e portanto de carácter não privado. A sua não revelação, ou o facto de uma pessoa não falar sobre determinada coisa ou de falar muito pouco faz disso um assunto privado entre essas duas pessoas. A não revelação de uma determinada coisa, independentemente do seu conteúdo (que varia de pessoa para pessoa, de cultura para cultura ou de época para época) confere-lhe o seu carácter privado.

Do ponto de vista da sua revelação, as coisas passam-se no sentido contrário (é privado não pelo facto de não ser revelado, mas pelo facto de ser revelado e ficarmos como guardiões da sua privacidade). Neste último caso, a privacidade de um assunto resulta do facto de alguém no-lo ter revelado e nos pedir para não o revelarmos, e então o mantermos como privado. Também aqui o assunto pode ser considerado um assunto banal para a pessoa a quem ele foi revelado, e que, portanto, esta revelaria facilmente a qualquer outra pessoa, por considerar que não existe nada nesse assunto que o faça ser privado, mas passa a ser se a pessoa que o revelou pede à outra pessoa para não o revelar.

A revelação voluntária privada da privacidade tem geralmente como destinatário não as pessoas estranhas, mas as pessoas ligadas por laços afetivos. Porém, em alguns casos, os laços afetivos que unem uma determinada pessoa a outra são também aquilo que faz com que ela não lhe revele a sua privacidade. Por exemplo, há muitos homossexuais que não revelam aos pais a sua homossexualidade, apesar de serem pessoas unidas por laços afetivos muito fortes; um homem casado que tem uma amante também não revela à esposa que tem uma amante.

A REVELAÇÃO VOLUNTÁRIA DA PRIVACIDADE

Geralmente uma pessoa casada está mais ligada por laços afetivos ao cônjuge, e seria de esperar que soubessem mais um do outro do que os amigos, mas nem sempre isso acontece. A revelação da privacidade depende das pessoas a quem é feita a revelação, e também do assunto, pois há determinadas coisas que se revelam aos amigos e a outras pessoas não. Por outro lado, a revelação também depende do grau de amizade ou do tipo de relacionamento que se tem com a pessoa a quem se revela uma determinada coisa.

Há mesmo indivíduos que preferem ou que desejam que os outros não lhes revelem a sua privacidade. No dia a dia, as pessoas ou dissimulam ou vivem muito das aparências. Podem até gostar de saber algo, e desejarem sabê-lo, mas preferiam sabê-lo através de outros ou através de uma revelação pública (através dos órgãos de comunicação social, por exemplo). A revelação privada da privacidade torna, por vezes, o ambiente pesado entre duas pessoas, que preferem não falar nisso que é suposto a outra pessoa ter na sua vida. A revelação privada da privacidade tem consequências delicadas, pois o indivíduo ou cede à tentação para o revelar a outros indivíduos ou guarda-o, tendo, por vezes, uma sensação de peso, quando se trata de um segredo. Em alguns casos, a *saída do armário* de um homossexual origina indiretamente outra entrada no *armário*, a entrada num universo íntimo, dado que a pessoa que recebeu essa revelação o deve também manter em segredo. Não revelar o segredo é um problema para muitas pessoas, para quem é difícil, sobretudo tratando-se de determinados assuntos, mas revelar também é um problema. A pessoa se não o revelar sente-se mal por não o fazer, mas se o revelar também se sente mal por o ter feito, por isso algumas pessoas preferiam que a outra pessoa não tivesse dito nada.

A revelação privada da sua privacidade feita por uma pessoa a outra faz desta depositária da privacidade da pessoa que a revelou, mas não faz da pessoa a quem essa privacidade foi revelada, sua amiga, pois pode ser uma revelação feita a um psicólogo, por exemplo. O facto de uma pessoa ser sua amiga faz com que lhe revele a sua privacidade,

DA PRIVACIDADE

e o facto de lhe revelar a sua privacidade, sendo amiga, pode fazer dela ainda mais amiga. Ao receber a revelação da privacidade de um amigo, principalmente de algo muito importante, por um lado, aquele que a recebe sente-se lisonjeado pelo facto de o amigo ter confiado nele, e, por outro lado, faz com que quem recebeu essa revelação se torne guardião, ao abrigo da amizade, de algo que é muito íntimo de quem o revela, e indiretamente passa a ser também da pessoa a quem foi revelado. O que foi revelado por um amigo a outro passa a ser do conhecimento de ambos, só eles o sabem, e a sua preservação feita pela pessoa a quem foi revelado, mantida ao abrigo da amizade, estreita a própria amizade. A revelação da privacidade a um amigo é um dos fatores que contribui para aumentar e solidificar a amizade, e por outro lado, a própria existência da privacidade, o cultivar de um espaço privado nas inter-relações, e o facto de um indivíduo saber que o outro indivíduo a preserva e a respeita, aumenta a amizade para com ele. Uma pessoa sente-se lisonjeada pela confiança que um determinado amigo depositou nela, ao revelar-lhe um segredo, e se essa pessoa é verdadeiramente amiga de quem lhe revelou o segredo, não deve trair essa confiança. Em suma, determinado indivíduo revela a sua privacidade apenas a um determinado amigo, devido ao facto dele ser seu amigo, de ter com ele um grande grau de amizade, mas, por outro lado, esse indivíduo vê-o como seu grande amigo porque (de entre outras razões), ele é alguém que guarda a sua privacidade. Embora um determinado indivíduo possa ser amigo de outro indivíduo não por ele guardar a sua privacidade, mas sim por haver entre eles afinidades culturais, desportivas, escolares, ou outras afinidades, a preservação da privacidade por parte de um desses indivíduos, o facto de um deles saber guardar um segredo sobre o outro indivíduo, e ser fiel à sua preservação, indiretamente torna-o fiel à própria amizade entre esses indivíduos.

No entanto, embora na revelação privada da privacidade a preservação da privacidade seja algo frágil em alguns casos, como nos exemplos de situações esporádicas que referimos, feita em alguns

A REVELAÇÃO VOLUNTÁRIA DA PRIVACIDADE

casos a pessoas desconhecidas ou a outras às quais nos ligam laços não afetivos, excetuando a obrigação da sua preservação por razões de ética profissional (advogados, médicos, psicólogos, padres etc.), a revelação da privacidade pode, por vezes, ficar fragilizada também no caso da amizade. A pessoa A tem um amigo íntimo (pessoa B), a quem revela determinado facto da sua privacidade. Mas a pessoa B tem também um amigo íntimo (pessoa C), a quem, devido ao facto de ser seu amigo íntimo, e portanto para quem não tem segredos, revela esse facto da privacidade da pessoa A. Por seu turno, a pessoa C tem também um amigo íntimo (pessoa D), a quem, devido ao facto de ser também seu amigo íntimo, e portanto para quem também não tem segredos, revela o mesmo facto da privacidade da pessoa A, e assim sucessivamente, prolongando-se por mais amigos íntimos que cada um dos que se sucederem tenham, que não são amigos íntimos dos antecedentes.

Por conseguinte, embora na revelação privada da privacidade, através da amizade, esta última facilite essa revelação, e essa revelação possa fortalecer a amizade, existe também uma fragilidade na preservação do que foi revelado, principalmente tratando-se de dois amigos íntimos, em que um deles tenha outro amigo íntimo. Tendo mais amigos, como é natural que uma pessoa tenha, principalmente amigos íntimos, a revelação da privacidade multiplica-se, e aquilo que era inicialmente privado passa a ser, indiretamente, público, pois o amigo C da pessoa B ao qual esta revelou a privacidade da pessoa A não é amigo da pessoa A, mas sim da pessoa B, e por conseguinte a pessoa C é uma pessoa exterior à pessoa A, tornando-se a revelação, progressivamente, numa coisa pública, não apenas porque uma pessoa pode ter mais amigos, mas porque ao longo da sua vida pode ir fazendo mais. Dado que as pessoas que se seguiram à revelação da privacidade da pessoa A não são amigas da pessoa A, essa privacidade indiretamente torna-se pública, pois alguns dos amigos que se seguem como conhecedores dessa privacidade poderão não ser amigos íntimos, mas simples conhecidos, portanto, revelação para um público mais vasto vai passando a ser fácil, e chegamos, assim, a algo que era privado e deixou de o ser, e a uma revelação que era voluntária da parte da pessoa a quem o assunto dizia respeito, e que deixou de o ser, pois mesmo que a pessoa A não quisesse, a sua privacidade tornou-se pública.

A revelação da privacidade pode ser, portanto, direta ou indireta, privada ou pública. A revelação indireta é a que acabámos de ver no exemplo descrito, e que acaba também por ser involuntária. Pode acabar por ser também, sucessivamente, pública. Há ainda outras maneiras em que a divulgação se torna pública, não sucessivamente, mas num determinado momento, para um público vasto, como por exemplo uma pessoa conceder a sua opinião pessoal quando é entrevistada para um meio de comunicação social, ou quando fala das suas convicções e da sua forma de sentir e de viver pessoais, perante uma determinada assembleia ou um público geral e indiferenciado, nomeadamente através do seu testemunho, conforme veremos no capítulo seguinte.

A revelação pública: o testemunho

O conceito de testemunho

Entendemos por *revelação pública* aquela que se faz na esfera eminentemente pública, que tem como exemplos uma revelação perante a comunicação social ou quando uma pessoa discursa perante uma assembleia e revela algo importante sobre si, quando uma pessoa escreve um livro e publica algo importante sobre a sua vida privada, etc., e que constitui também um testemunho sobre si, que a pessoa presta voluntariamente perante o público ou para o público. Porém, o termo *testemunho* tem diferentes significados e diferentes áreas de aplicação, como veremos.

Os termos homófonos são os que se pronunciam do mesmo modo, mas que têm ortografia e significado diferentes, enquanto os termos homógrafos são aqueles cuja pronúncia e ortografia são iguais, mas

A REVELAÇÃO VOLUNTÁRIA DA PRIVACIDADE

significados diferentes. É o caso do termo *testemunho*, que tanto pode significar o ato de presenciar um facto como o ato de o manifestar publicamente (e neste caso tanto pode significar essa manifestação como o seu conteúdo). Como veremos, além de diferentes podem mesmo ser independentes um do outro, pois pode-se testemunhar um facto do ponto de vista presencial e não o testemunhar com o significado de *declaração* (não falando dele, ou confidenciando-o apenas a determinada pessoa), e, por outro lado, uma pessoa pode ser constituída testemunha de um facto, prestando declarações sobre o que se sabe sobre ele, e não o ter presenciado.

Tanto presenciar um facto como fazer declarações sobre o mesmo, embora sejam situações diferentes, têm em comum o termo *certificar*. No entanto, havendo um significado que lhes é comum, fica excluída a designação de *homógrafo* para o termo *testemunho*. É incorreto aplicar o termo *certificar* apenas ao ato de presenciar um determinado facto, pois certificar significa fazer adquirir a certeza, demonstrar, comprovar, atitude que apenas pode acontecer se alguém se encontrar perante terceiros, que necessitem da mediação desse alguém para confirmarem algo. É necessário algo ter ocorrido, de facto, para que um indivíduo enquanto testemunha o certifique, fazendo com que outros o fiquem a conhecer, e portanto é necessária uma demonstração. Ora, quando um indivíduo apenas presencia um facto, não havendo a revelação do mesmo perante outros, este não o certifica, isto é, no simples presenciar de um facto não se demonstra esse facto, vê-se o facto pura e simplesmente, exceto se esse presenciar, além de uma mera constatação, for também a confirmação de uma suspeita prévia, como no caso de um roubo que já dura há algum tempo e que continua a ocorrer. Mas no caso de um crime, o testemunho sobre ele vai certificar que o mesmo ocorreu, enquanto no presenciar o facto do roubo, isso não acontece, não se confirma nada, não se prova um pré-saber, uma suspeita, não há suposições, presencia-se pura e simplesmente o facto, pois nada se sabe antes de ocorrer para que ele seja certificado. Há, porém, um campo de aplicação onde o significado de *certificação* para o testemunho, na aceção de *ver*, poderá, por vezes, estar correto: na Ciência. Aqui o cientista pode testemunhar com os próprios olhos, certificando uma suposição, como Galileu Galilei observando minuciosamente os astros com um telescópio, certificando aquilo que até então era uma hipótese: o heliocentrismo.

Emprega-se o termo *testemunho* enquanto processo de receção de algo visto ou ouvido e que permite a determinada pessoa afirmar categoricamente: «testemunhei com os meus próprios olhos», ou «testemunhei com os meus próprios ouvidos», o que significa que essa pessoa viu ou ouviu algo efetivamente, constituindo ambas as afirmações o significado da expressão testemunho dos sentidos, enquanto faculdade para apreender o real. Neste caso, uma testemunha é alguém que assiste a qualquer coisa, a determinados atos do quotidiano, como um acidente rodoviário ou atos oficiais e cerimoniosos, como a celebração de um matrimónio, o que permite testemunhá-los realmente perante outros indivíduos (sob o ponto de vista da sua revelação), sendo a pessoa que testemunha uma pessoa credível.

O testemunho denomina-se *direto* se for referido a um indivíduo que conhece algo por si mesmo, pela sua própria experiência (*testemunho ocular*), a que também se dá a designação de *testemunho de vista*[105], ou *indireto* se for referido a um indivíduo que conhece algo através de outro indivíduo (*testemunho auricular*), dando-se tradicionalmente mais valor ao testemunho ocular[106]. No testemunho indireto dá-se a

---

[105] Cf. Fernão MENDES PINTO, *Peregrinação*, 26,33: «E do mais que se pudera dizer acerca disto, como *testemunha de vista,* não o quero tratar aqui mais do que isto somente me parece e me basta para se entender a grande importância deste negócio.» Lisboa, Ed. Relógio d'Água, 2001, p. 87.

[106] Cf. PLAUTO, *O Truculento*, 489-490: *Pluris est oculatus testis unus quam auriti decem. Qui audiunt audita dicunc, qui uident plane sciunt* («Uma única testemunha ocular vale mais do que dez auriculares. Quem ouviu dizer só fala por ouvir dizer; quem vê sabe com plena certeza»).

Cf. também SÉNECA, «Epistulae ad Lucilium», 6-5: *Homines amplius oculis quam auribus credunt* («Os homens creem mais nos olhos do que nos ouvidos»).São Paulo, Ed. Annablume, 2011, p. 24.

A REVELAÇÃO VOLUNTÁRIA DA PRIVACIDADE

designação de testemunha referente àquela que faz referência a outra testemunha, e testemunha referida àquela a que alude a testemunha referente no seu depoimento.

No testemunho indireto não se trata de um testemunho puro e simples, trata-se de um testemunho não dos factos, mas do testemunho dos factos, pois quem testemunha declarando o que sabe sobre estes não se encontrava presente quando os mesmos ocorreram. Rigorosamente falando, não se pode (ou não se deveria) testemunhar, enquanto declaração, um facto que outra pessoa disse que viu ou ouviu acontecer, assim como também não se pode (ou não se deveria) testemunhar que ela viu ou ouviu, pois a pessoa que testemunha um determinado facto através de outra pessoa que lho revelou não se encontrava presente na ocorrência desse facto.

Mas, por outro lado, se uma pessoa se encontrava presente no momento da ocorrência daquilo que outra pessoa lhe testemunha, a necessidade deste último testemunho deixa de existir, é algo inútil, pois essa pessoa também se encontrava lá presente. Não é necessário outra pessoa para lhe testemunhar que viu ou ouviu determinado facto, pois o acesso a esse facto é direto, exceto quando o ver ou ouvir dessa outra pessoa passa a ser o próprio facto para outra pessoa (por exemplo, haver um indivíduo que para se livrar de responsabilidades nega ter visto ou ouvido algo, e haver pessoas que possam testemunhar que ele o viu ou ouviu).

No entanto, o encontrar-se presente durante a ocorrência de algo, como uma *aparição religiosa* de uma suposta identidade (por exemplo, a Virgem Maria), nem sempre é suficiente. Uma pessoa pode ter estado no local desse acontecimento, pode testemunhá-lo e posteriormente, enquanto declarante, afirmando que alguém viu ou ouviu algo, baseando-se na comunicação não verbal da pessoa sobre quem testemunha (por exemplo, o olhar fixo e o mexer dos lábios da pessoa falando com a aparição), mas não pode testemunhar o conteúdo daquilo que esse alguém viu ou ouviu, pois não o viu nem o ouviu.

Quando uma pessoa não presenciou de maneira nenhuma os factos, mas deles teve conhecimento através de determinada pessoa que lhos revelou, e é por isso testemunha, teoricamente legitima a possibilidade de todos serem testemunhas, isto é, de cada indivíduo ser testemunha de outro e assim sucessivamente, dado que no testemunho indireto ninguém viu ou ouviu o facto em causa, basta tê-lo ouvido revelar. Diferentemente desta hipotética cadeia discursiva de indivíduo para indivíduo, o autêntico testemunho consiste num encontro direto com a realidade, pelos próprios meios, testemunhar autenticamente é sempre, e apenas, uma situação de quem goza de uma determinada prerrogativa, em casos como um acidente rodoviário ou um crime, e que constitui um elo de mediação entre outrem e a realidade.

Enquanto *narrativa*, à qual está associado o termo *testemunho*, no ato de narrar não se trata um simples dizer algo sobre uma determinada coisa, pois mais importante do que a afirmação «posso dizer que» está a afirmação «posso testemunhar que», afirmação esta que implica maior credibilidade, pois consiste numa narrativa com autoridade, quando realmente verificou determinada coisa, ou tem dela conhecimento credível. A sua especificidade consiste, como dissemos atrás, na certificação de um facto, realizada por quem deste teve ou tem realmente conhecimento (ou, como também se afirmou atrás, o seu conteúdo, isto é, aquilo que é dado a conhecer), podendo ser um testemunho oficial (perante um Tribunal, denominando-se então depoimento, ou perante outra autoridade, denominando-se então *declaração*, embora este último termo também se aplique por vezes em situações do dia a dia), ou um testemunho não oficial (entrevista concedida a um órgão de comunicação social, as referências prestadas por outras pessoas sobre um candidato a um emprego etc.). O testemunho oficial pode ser realizado por alguém que transmite o seu conhecimento sobre os factos investigados (tanto o testemunho direto como o indireto), ou realizado por alguém que levou a cabo uma investigação e expõe os respetivos resultados, e embora este último se possa considerar um testemunho apenas indireto, consiste numa atividade mais morosa e técnica (a atividade de um perito ou de um detetive), e que geralmente merece grande credibilidade.

Enquanto na receção dos factos se dá mais valor ao testemunho ocular (isto é, tê-los visto), na transmissão dos factos o seu valor depende do contexto. Perante o Tribunal, o testemunho, enquanto transmissão de uma dada informação, deve ser oral, nomeadamente estar presente perante o Juiz, o que não significa que não se recorra por vezes ao testemunho escrito. Mas a prova testemunhal (oral ou escrita) no Direito português, por exemplo, não é admitida contra ou para além de documentos, e não faz prova sobre factos que só podem provar-se por documentos. Por seu turno, no dia a dia o testemunho escrito é a forma de declaração utilizada, com vista à justificação oficial não jurídica de um facto (por exemplo, a declaração de um médico sobre o facto de uma pessoa estar ou ter estado doente, para justificação da sua falta ao trabalho). Se o dizer não é nunca uma forma de escrever, o escrever é sempre uma forma de dizer, um dizer consolidado e considerado assumido, em comparação com a mera oralidade, mesmo que o seu conteúdo não corresponda à verdade, daí a maior consideração por aquilo que fica escrito, e que no caso de um testemunho oficial recebe a designação de *atestado*, que é uma declaração escrita e assinada pelo declarante. Além do significado de atestação, os dicionários da Língua Portuguesa apresentam, para o conceito de *testemunho*, outros significados: certificação, depoimento, declaração, confirmação, prova, demonstração, comprovação, indício, sinal, vestígio ou revelação[107]. No caso do conceito de *revelação*, este surge nos dicionários da Língua Portuguesa com o significado de *denúncia* ou de *confidência*. Ora, sendo o testemunho uma revelação, e sendo uma revelação uma denúncia e uma confidência, isso significa

---

([107]) VV., *Dicionário da Língua Portuguesa*, Porto, Ed. Porto Editora, 2005; *Idem*, *Dicionário Houaiss da Língua Portuguesa*, Lisboa, Ed. Temas e Debates, 2003; *Ibidem*, Dicionário da Língua Portuguesa Contemporânea da Academia de Ciências de Lisboa, Lisboa, Ed. Verbo, 2001.

que testemunho, denúncia e confidência se identificam? Significa que estes conceitos se confundem entre si?

Vejamos primeiro a relação entre o testemunho e a denúncia. O testemunho e a denúncia podem encontrar-se identificados entre si, pois quem denuncia um facto às autoridades acaba por ser também, por vezes, testemunha desse mesmo facto, confirmando o facto, mas a denúncia e o testemunho são diferentes: a denúncia tem um carácter sigiloso, enquanto o testemunho tem um carácter público (quando o denunciante e o testemunhante não são a mesma pessoa, pois no caso de o serem, o seu relato perde, no ato do testemunho, o carácter sigiloso). Para se chegar a determinadas informações ou conclusões, parte-se, por vezes, de uma denúncia, mas por vezes a denúncia é algo vago, escondido e não confirmado, enquanto o testemunho é (ou pretende-se que seja) algo decisivo e formal, claro e assumido. O testemunho, dado que é uma certificação, pode efetivamente certificar uma denúncia feita pelo próprio indivíduo que o prestou, e neste caso vem a identificar-se com a denúncia previamente efetuada (certificação direta), mas em vez disso pode certificar uma denúncia que foi feita por outro indivíduo (certificação indireta), ou pode ainda ser um desmentido da denúncia feita por outro, e, portanto, a denúncia e o testemunho são diferentes, e por vezes contrários.

Por outro lado, a denúncia está associada à prática de algo que é incorreto, trata-se de uma acusação sobre algo de errado que alguém fez (denunciar, por exemplo, que um gestor público tenha selecionado ilegalmente um indivíduo para um posto de trabalho no Estado, por ser seu amigo), enquanto o testemunho, embora por vezes também possa ser feito sobre o mau comportamento de um indivíduo, por vezes está também associado à prática do bem, como testemunhar em Tribunal sobre o bom comportamento de uma pessoa, ou ainda, fora do Tribunal, nas boas referências que se dão sobre uma pessoa para ela ter acesso a um emprego, o que faz com que exista uma ligação, implícita ou explícita, entre o testemunho enquanto juízo de facto e o testemunho enquanto juízo de valor, presente em ambos os testemunhos.

A REVELAÇÃO VOLUNTÁRIA DA PRIVACIDADE

Mas onde existe maior ligação entre o juízo de facto e o juízo de valor é na chamada *bisbilhotice([108])*, em que uma determinada pessoa fala sobre um determinado facto da vida privada de outra pessoa, simultaneamente tendo como interesse a depreciação e a maledicência, atitude essa com a qual se pode estabelecer uma outra relação no que diz respeito ao testemunho, pois tal como acontece com o termo *testemunhar*, que tanto pode significar ver ou ouvir um facto como revelá-lo, o termo *bisbilhotar* tanto pode significar ver ou ouvir um determinado facto como revelar esse mesmo facto. Testemunhar e bisbilhotar também têm algo em comum quando se trata de revelar o que sai fora do vulgar, revelar aquilo que surpreende quem o revela e a quem é revelado, e na sua qualidade de revelação o testemunho mostra-se, enquanto a bisbilhotice se esconde ou tem essa tendência. A bisbilhotice, na sua atitude de ver ou de ouvir uma determinada coisa, é voluntária, como o ato de espreitar, enquanto o testemunho, sob o ponto de vista da receção de um acontecimento, como a atitude de ver ou de ouvir, é geralmente mais acidental, como quando um indivíduo se vai a passar num determinado local e, por acaso, se vê uma briga.

Com a *denúncia* não acontece a possibilidade de se referir tanto ao ver ou ouvir um facto como ao relatar esse mesmo facto (ao contrário do que acontece com a bisbilhotice e o testemunho), pois a denúncia é apenas uma revelação, e, portanto, o que estes três termos têm em comum é a atitude de se revelar o que se viu ou ouviu. Porém, a denúncia consiste em revelar o que a consciência moral de alguém considera que se deve revelar, denúncia essa movida pelo sentido do dever, ou então movida pela inveja, por exemplo de um indivíduo

---

([108]) Procurámos nos dicionários da Língua Portuguesa termos sinónimos e encontrámos: *mexerico* ou *chocalhice*. Aparecem outros termos, mas que não correspondem exatamente à bisbilhotice: *murmuração*, pois pode-se murmurar algo ao ouvido de alguém e o seu conteúdo não ser de carácter depreciativo como a bisbilhotice, embora por vezes também tenha esse significado. Também aparecem como sinónimo as palavras *enredo* ou *intriga*, mas que podem não ter o carácter sigiloso da bisbilhotice, e podem ser, aliás, uma forma literária (o enredo ou a intriga de um romance).

DA PRIVACIDADE

perante o sucesso económico de outro indivíduo, sabendo aquele que este chegou ao sucesso por corrupção económica, assim como o testemunho enquanto revelação (no caso desta se referir também a um crime), pode também ser pelo sentido do dever, ou por inveja. A denúncia e o testemunho podem ser uma atitude movida por uma intenção pura (o dever de denunciar ou de testemunhar), ou por outras razões, como a inveja, para minimizar ou prejudicar o outro. Mas mais do que a denúncia ou o testemunho, temos a bisbilhotice, que apesar de poder ser também movida pela inveja, é pior que a denúncia ou o testemunho, pois é uma atitude de vulgar curiosidade ou sensacionalismo, por mero entretenimento, de pessoas que se satisfazem e se divertem, pura e simplesmente, invadindo a vida privada das outras pessoas, revelando e comentando algo que nem sempre tem a ver com algo negativo, como procurar saber e comentar quem é o namorado da pessoa x ou y.

Sendo uma mera especulação e uma depreciação sobre algo ou alguém, a bisbilhotice é como o boato, mas enquanto a bisbilhotice consiste geralmente em revelar em privado o que supostamente o bisbilhoteiro viu ou ouviu, o boato consiste numa revelação que acontece em público, que se espalha e por isso vem do público, e que se dirige para o público, daquilo que quem revela não viu nem ouviu, pois anda «de boca em boca», e, por vezes, com detalhes que se vão acrescentando, que não correspondem à verdade. O boato é uma notícia que corre publicamente, mas que não está confirmada, e por vezes é fruto da imaginação ou suposição, é um mero rumor, de tal maneira que num boato que se repete várias vezes, muitas pessoas que o ouvem acabam por acreditar nele, e acaba por ser considerado verdade. Mas, apesar dessas diferenças, tanto a bisbilhotice como o boato consistem numa atitude de inautenticidade e são ambas a situação do indivíduo que vive do «se» (isto é, «diz-se», «faz-se»), orientadas pelo imediatismo e pelo sensacionalismo.

Diferentemente da murmuração, o testemunho é algo que se assume e se mostra no seu dizer categórico, e se for algo verídico

A REVELAÇÃO VOLUNTÁRIA DA PRIVACIDADE

constitui efetivamente uma prova que é ou pode ser decisiva para o apuramento da verdade, sendo considerado um dos meios mais importantes, entre o conjunto de outras provas judiciais (documentos, confissão do acusado, prova pericial, inspeção judicial, apresentação de coisas móveis ou imóveis, e presunções, como inferir logicamente de um facto provado um outro). Nos rumores desconhece-se a fonte, e também na denúncia (enquanto acusação secreta) se pode desconhecer a fonte (pois há denúncias anónimas), e quando a fonte é conhecida, ficando apenas como denúncia e não testemunho, é conhecida apenas por quem a recebe (geralmente as autoridades), ao contrário do que acontece com o testemunho enquanto declaração pública e assumida de um facto, resultando destas atitudes o seguinte: anonimato (rumores); meio anonimato (denúncia); não anonimato (testemunho).

Do ponto de vista da receção dos factos, do tomar conhecimento, o testemunho constitui a última etapa destas atitudes, e certamente a mais importante, mas do ponto de vista do seu destinatário o testemunho por si só não constitui a última. Conforme afirmam os dicionários da Língua Portuguesa, testemunhar significa testar. Ora, testar não é nem nunca poderá ser o ponto de chegada, mas um meio, logo, o testemunho judicial, apesar da sua importância, constitui apenas um instrumento que, no âmbito de uma teleologia, se situa na seguinte cadeia sucessiva e inter-relacional: testemunho – prova/verdade – veredicto – proclamação.

A instrumentalidade do testemunho, e, por conseguinte, a sua relatividade, encontram-se, por outro lado, na cadeia sucessiva dos próprios acontecimentos históricos, pois o testemunho judicial diz sempre respeito ao bem e ao mal, visa esclarecer aquilo que se desconhece, sobre o qual se tem dúvidas, que se esconde ou está oculto. Porém, os ocultamentos/desocultamentos caem com a evolução dos tempos, e por isso testemunhar um suposto mal deixa de ter sentido porque esse mal também deixa de ter sentido, e já não é considerado um mal pela sociedade (por exemplo, ser judeu), logo, o sentido do

DA PRIVACIDADE

testemunho, enquanto instrumento de uma moral social, é algo que evolui ao longo da História.

Os dicionários da Língua Portuguesa apresentam a palavra *revelação* como significado de *testemunho*, e como significado *de revelação* a palavra *confidência*. Ora, se testemunho é revelação, e se revelação é confidência, isso significa que testemunho é confidência? Já vimos que não, através da relação com a denúncia e com a bisbilhotice (que são uma forma de confidência), pois a confidência é algo que embora deixe de ser sigilo total ao ser confidenciado, continua a ser sigilo. O que a confidência tem em comum com o testemunho é o facto de ambas consistirem numa revelação. Enquanto revelação, a confidência está entre dois extremos: o sigilo total (no não revelar determinada coisa a ninguém) e o testemunho (o revelar publicamente essa coisa). A revelação através da confidência constitui, digamos, um meio sigilo, com ela o sigilo total deixa de existir, mas ainda permanece sigilo, pois ao conteúdo da confidência apenas tem acesso determinada pessoa, enquanto o conteúdo do testemunho, assim como a pessoa testemunhante, mesmo que na prática nem todos os possam ver ou ouvir, é uma atitude tomada publicamente, e que, portanto, todos podem saber.

A partir do momento em que é feita uma confidência a um amigo ou a um grupo de pessoas restrito, o seu conteúdo torna-se publicitado, mas a confidência consiste numa revelação em privado, enquanto o testemunho consiste numa revelação em público.

Por outro lado, o testemunho é algo público apenas enquanto revelação, pois embora seja uma declaração proferida em espaço público, ou à qual todo o público possa ter acesso, tem a sua origem na esfera privada, dado que o que se sabe apenas pela obtenção de testemunho é algo que não está acessível a toda a gente, pois se estivesse não seria necessário o testemunho. Neste caso, sabe-se algo porque quem testemunha o sabe, trata-se de uma verdade que continua a ser realmente apenas do domínio de alguém (de quem a presenciou), ao contrário das ocorrências que todos podem ver ou constatar, desde as do quotidiano, como o nascer do Sol, até às da Ciência, que embora

A REVELAÇÃO VOLUNTÁRIA DA PRIVACIDADE

sejam acessíveis apenas aos cientistas, são verdades universais, válidas para toda a Humanidade, e a que muitos, aliás, podem ter acesso tornando-se cientistas, enquanto nem todos veem um OVNI ou nem todos presenciam um crime.

Entre a confidência em geral e uma das suas formas particulares – a denúncia anónima – existe uma relação, pois ambas têm carácter sigiloso, mas a denúncia anónima é uma acusação, o que não acontece noutras confidências, a não ser na confissão de um crime, mas neste último caso trata-se de uma autoacusação, de uma autorrevelação de culpabilidade (ou de auto julgada culpabilidade) feita por uma pessoa em relação a si própria, proferida perante outrem. Esse outrem pode também ser um sacerdote da Igreja católica, um médico ou um psicólogo, que estão obrigados a guardar sigilo sobre aquilo que lhes foi confidenciado, ou as autoridades judiciais, aplicando-se corretamente, neste último caso, o termo *confissão* enquanto autoacusação, mas incorretamente enquanto confidência, dado o facto de uma confissão perante as autoridades judiciais, não obstante o facto de poder ser sigilosa em fase de instrução e de averiguação, nas conclusões e no veredicto final do Tribunal o seu conteúdo será do domínio público.

Na confissão o confitente declara de espontânea e livre vontade o seu crime, ou sob coação, no caso da tortura, sendo obrigado a confessar o seu crime ou o que sabe sobre o crime de outrem, aplicando-se também, neste último caso, o termo *confissão* quando há cumplicidade de uma pessoa com um crime. Porém, o termo *confissão* pode, por vezes, aplicar-se noutros sentidos, como nas *Confissões* de Santo Agostinho ou nas *Confissões* de Jean-Jacques Rousseau, no sentido genérico de *revelação*, ou enquanto testemunho de vida, que é decerto a melhor designação para o que se entende nesses casos através do termo *confissão*, pois podemos não encontrar razões para o sentimento de culpabilidade ou para os problemas de consciência que contribuíram para a sua redação, por não termos a fé religiosa que leva alguém a sentir-se pecador, no caso de Santo Agostinho, ao escrever as suas

Confissões, ou porque o contexto e os valores morais se alteraram, no caso das *Confissões* de Rousseau, encarando-se então essas atitudes confessionais apenas como um exercício de introspeção, como um simples diário ou uma autobiografia.

O termo *confissão* aplica-se geralmente à atitude de uma pessoa falando de si própria, e por associação refere-se também a uma pessoa falando de um facto ou de alguém. Com o termo *testemunho* acontece o contrário: aplica-se geralmente à atitude de uma pessoa declarando o que sabe de um facto ou de alguém (testemunho de facto), e por associação aplica-se também à atitude de uma pessoa falando de si própria (testemunho de vida), mas esta situação não é, de todo, separável daquela, pois não existem factos puros, os factos são sempre apresentados através das impressões, sentimentos, conceções de vida e consciência do testemunhador (por exemplo, determinados pormenores a que uma testemunha poderá dar atenção, outra dará menos ou mesmo nenhuma).

Por seu turno, prestar testemunho de vida é prestar testemunho de factos, e por outro lado, o testemunho de vida que se dá aos outros (a conduta habitual ou a profissão que se desempenha) habilita a poder ser testemunha de determinados factos. No primeiro caso, considera--se que a pessoa tem idoneidade moral e no segundo caso que tem idoneidade técnica (por exemplo, um detetive de um crime enquanto testemunha indireta sobre esse crime ou um especialista clínico em determinada área enquanto testemunha direta).

Se o testemunho de vida que um indivíduo presta à sociedade, dado que viveu determinado experiência, o habilita a dar testemunho de um facto ligado a essa experiência de vida, também o testemunho de um facto o habilita a dar testemunho de vida, pois há determinados factos que marcam para toda a vida. O testemunho de vida que dá pode ter partido de factos marcantes, dado que os presenciou, ou pode ter recebido sobre eles o testemunho dado por outros, ou até mesmo porque sobre eles se prestou depoimento, por exemplo, o testemunho sobre situações de pobreza, de guerra ou de injustiça social.

A REVELAÇÃO VOLUNTÁRIA DA PRIVACIDADE

No testemunho de um facto, o indivíduo que testemunha é exterior ao facto, dado que este último diz respeito a uma ação realizada por outrem, enquanto no testemunho de vida aquele que testemunha está ligado ao conteúdo de que dá testemunho, como produto e produtor desse mesmo conteúdo. A ligação entre o testemunhador e o testemunho dá-se então de modo total, assim como quando o testemunho sobre um facto é feito por alguém, referindo-se não a um facto a que tivesse assistido, mas a si próprio enquanto pertencente a esse mesmo facto, ou a esse facto enquanto pertencente a si próprio como testemunhador declarante, como Sócrates depondo perante o Tribunal de Atenas, falando de si e simultaneamente da Filosofia ou da maneira de praticar Filosofia atacada na figura de Sócrates, ou quando alguém ao dar testemunho resolve *dar a cara*, em defesa de determinadas causas, como um indivíduo de uma minoria religiosa, étnica ou sexual, que foi perseguida e marginalizada ao longo da História, ou que ainda hoje o é, falando de si enquanto membro ou de que é direta ou indiretamente representante.

Dar a cara sobre uma causa, como fazem alguns homossexuais ao assumirem-se, isto é, o chamado *coming out* (a *saída do armário*), significa que apesar de o testemunho estar geralmente associado a uma dimensão factual, por ser uma revelação de factos, esta não constitui a única característica do testemunho, pois nesse caso pessoa não revela factos concretos que aconteceram ou que realizou (embora também o possa fazer), mas testemunha, sim, a sua identidade (a sua homossexualidade), e por outro lado significa que dar testemunho, embora se refira geralmente ao passado (devido a referir-se a acontecimentos), não é apenas uma atitude referente ao passado, pois pode estar em causa uma realidade que permanece atual, como é, por exemplo, o caso da homossexualidade. Referimo-nos, neste caso, ao testemunho de vida, que embora possa ser uma referência ao passado (devido às experiências de vida de uma pessoa), é uma referência também ao presente. Por outro lado, é também um lançar-se para o próprio futuro, pois pelo testemunho de vida a pessoa mostra o que procura,

DA PRIVACIDADE

o que anseia, compromete-se e assume as respetivas consequências, no futuro, através do que diz e do que faz.

A responsabilidade perante o outro, não o outro em geral, mas o outro enquanto indivíduo concreto, dá-se especialmente na confidência, pois esta torna um indivíduo depositário não apenas de uma determinada informação, mas sim, e sobretudo, de uma confiança sobre ele, à qual eticamente este deve corresponder, sabendo respeitar e preservar, com responsabilidade, a confidência que lhe foi feita. Quanto mais rica e preservada é a confidência, mais restrito é o seu campo de revelação, por isso o ideal na revelação é a existência apenas de uma pessoa como confidente, conforme o afirma, aliás, a sabedoria popular[109], enquanto no testemunho judicial uma única pessoa para testemunhar é geralmente considerado insuficiente[110]. Isso significa que, ao contrário do que sucede na amizade, ou mesmo numa relação interpessoal mais genérica, mas em que está presente um clima de confiança mútua, o que é revelado na confidência é suficiente e merece credibilidade, enquanto a influência que uma única pessoa a testemunhar pode exercer sobre um crime é uma influência limitada, ou ainda uma única pessoa a testemunhar sobre opressões de tipo social e institucional, exceto se a única a testemunhar for alguém de elevada reputação social, com autoridade cívica e moral considerada excecional.

A possibilidade de o homem comum testemunhar existe se este for uma pessoa considerada idónea sob o ponto de vista moral, enquanto as pessoas de conduta considerada condenável são geralmente olhadas com menor credibilidade em relação ao testemunho. A possibilidade

---

[109] Português: «Segredo de dois, segredo de Deus; segredo de três, o diabo o fez.»
Espanhol: «Secreto que saben três, secreto de Lúcifer.»
Francês: «Secret de deux, secret de Dieux; secret de trois, secret de tous,»
Italiano: «Secreto di due, secreto di Dio; secreto di tre, secreto di tutti.»
[110] *Testi unus, testi nullus* («Testemunho único, testemunho nulo»), afirma um antigo provérbio latino.

A REVELAÇÃO VOLUNTÁRIA DA PRIVACIDADE

de o homem comum testemunhar existe também se a pessoa que testemunha não for um doente mental, se não for um menor de sete anos, se não for um parente próximo da pessoa sobre quem testemunha, se não for um invisual ou um surdo. Se a pessoa que testemunha não se incluir nestes casos, e se realmente viu o que deve testemunhar (um acidente de automóvel, um crime etc.), o seu testemunho tem tanta autoridade como o de uma figura pública, que também não se inclua naquelas exceções e que tenha visto realmente os factos.

Todavia, quando se trata de testemunhar não sobre um crime mas sobre uma pessoa noutras situações (o seu bom comportamento, o que conhece do seu perfil, etc.) o testemunho de figuras públicas ou de pessoas de elevada reputação social tem geralmente mais importância (por exemplo, testemunhar a favor de um candidato a um emprego). Por outro lado, também é importante a autoridade de quem apresenta o testemunho, quando se trata de situações de matéria especializada. Por exemplo, um médico prestando uma declaração dentro de uma determinada especialidade clínica, para testemunhar a doença de uma pessoa (sob seu consentimento, não violando a sua privacidade), é a autoridade considerada credível para o efeito, por isso pode-se dizer que o testemunho, enquanto declaração de um facto do qual se tem conhecimento, é mais do que aquilo que é declarado, pois aponta para uma situação paralela ao seu conteúdo: a pessoa que testemunha.

Para além da pessoa que testemunha, é também importante o modo como se testemunha. Nos últimos anos tem-se vindo a impor a inteligência emocional, que consiste principalmente em certas capacidades relacionadas com a transmissão e a leitura de sinais não verbais, que se referem tanto à expressão quanto à regulação da emoção na pessoa em relação a si mesma, em relação aos outros, e ainda à utilização das emoções nas soluções dos problemas. A inteligência emocional requer a capacidade de descodificar esses sinais (os gestos, a postura, as expressões faciais, o olhar, o tom de voz, o nervosismo, a insegurança, a arrogância, os silêncios, a hesitação etc.), utilizando-os como testemunho não verbal e como confirmação ou desmentido

DA PRIVACIDADE

do testemunho verbal. É importante referir, neste caso, os estudos da Psicanálise, ao salientar o papel do inconsciente, mostrando que este não para de se expor, e que o mínimo gesto ganha significado, isto é, a comunicação não verbal, a qual não se faz sentir apenas no testemunho prestado perante as autoridades judiciárias, mas também no dia a dia, e que constitui o melhor testemunho do indivíduo (como nos lapsos de linguagem, no esquecimento de palavras, de objetos, etc., que Freud designa por *atos falhados*)([111]).

Outras formas de testemunho não verbal são, por exemplo, as lesões no corpo de uma pessoa, como testemunhos de violência doméstica, as curas súbitas e inexplicáveis (os chamados *milagres*) como testemunhos religiosos, ou ainda testemunhos históricos, como os achados arqueológicos ou os monumentos, intencionais ou não intencionais, isto é, tenham ou não sido construídos com o intuito de prestar testemunho sobre o passado([112]).

A não verbalidade inerente à testificação testemunhal, de acordo com os exemplos atrás apresentados, corrobora o facto de o testemunho se caracterizar por uma dimensão teórica, mas também prática. Denominamos *teórico* o testemunho enquanto declaração sobre um facto, embora isso também constitua por si só um facto, mas aqui o testemunhante não tem diretamente a ver com aquilo sobre o qual presta declaração, a não ser como espectador. Denominamos *teórico-prático* o testemunho que embora constitua uma declaração, tem também um significado prático, na medida em que envolve eticamente o testemunhante: por exemplo, professar uma opinião. Denominamos *prático* o testemunho que embora tenha subjacente afetos, convicções ou

---

([111]) FREUD, Sigmund, *Psicopatologia da Vida Quotidiana*, Lisboa, Ed. Relógio d'Água, 2007, p. 45.

([112]) Cf. MADRE DE DEUS, Frei Gaspar da, *Memórias da Capitania de São Vicente*, I, «( ) também levantou vários padrões nos lugares convenientes, para *testemunharem* da posse que tomara pela Coroa de Portugal.» São Paulo, Ed. Estado Federal, 2010, p. 23. Cf. também: MOTA, Silveira da, *Viagens na Galiza*, IX, «As muralhas desta fortaleza *testemunham* os truculentos, os trágicos fastos da ínclita família dos Sarmentos». Lisboa, Ed. A. M. Pereira, 1889, p. 37.

A REVELAÇÃO VOLUNTÁRIA DA PRIVACIDADE

opiniões, não é um mero dizer mas um fazer, expresso, por exemplo, em testemunhos de amizade ou de gratidão, através de determinados gestos, e sobretudo naqueles que dão testemunho através da conduta habitual, e mais ainda ao darem a vida pelos seus ideais (os mártires de ideais religiosos, éticos, políticos ou científicos), que constitui uma conduta exemplar absoluta, mas que existe como possibilidade para cada ser humano, havendo, assim, uma possibilidade infinita na exigência ética do testemunho, por esta ser insaciável, pois como afirma Lévinas, «ela é exigência de santidade, ninguém pode dizer em momento algum: cumpri todo o meu dever (…), o sujeito que diz "Eis-me aqui !" dá testemunho do Infinito. É por este testemunho, cuja verdade não é verdade de representação ou de perceção, que se produz a revelação do Infinito. É por este testemunho que a própria glória do Infinito se glorifica (…), o testemunho ético é uma revelação que não é um conhecimento.»([113])

Embora recetivo ao incomensurável, o testemunho sob o ponto de vista ético (no dar testemunho de vida) revela-se na coerência entre aquilo que se testemunha e quem o testemunha, assim como na coerência entre a comunicação verbal e a não verbal de quem testemunha, por isso o testemunho necessita de autenticidade, o que nos conduz à problemática do seu valor, tanto no campo ético como noutros, conforme veremos no capítulo seguinte.

Valores do testemunho

O testemunho, no sentido gnosiológico, foi pouco valorizado na Filosofia e na Ciência, sendo considerado uma fonte de conhecimento inferior em relação ao resultante da especulação intelectual e da experiência científica. Entre as causas desta avaliação negativa está sobretudo o conceito de *verdade* definido pelos escolásticos, na

---

([113]) LÉVINAS, Emmanuel, *Ética e Infinito,* Lisboa, Ed. 70, 1988, pp. 97-99.

sequência de Aristóteles, como a «adequação entre o intelecto e as coisas» (*Veritas est adaequatio intellectus ad rem*), adequação essa que no testemunho não pode ser verificada senão de modo indireto, produzindo uma verdade de segundo grau, capaz de suscitar uma aprovação instável, pois carece de um fundamento firme.

Para efeitos de rigor cognitivo, o testemunho é dispensado devido à sua falibilidade, pois a memória do testemunho é frequentemente frágil, existe por vezes no testemunho uma confusão entre o que se viu e o que se acredita ter visto, podem existir no testemunho algumas imprecisões, assim como acrescentamentos, feitos por quem testemunha, resultantes da sua interpretação dos factos. A narrativa testemunhal inclui juízos de valor implícitos ou explícitos em quem a faz, que variam segundo a cultura, a classe social, a idade, o género e o próprio destinatário do testemunho, havendo alguns casos em que a pessoa que testemunha dá valor a determinados pormenores e outros em que dá valor a outros, como no caso dos OVNI, em que aquilo que se sabe sobre estes é baseado em meros testemunhos, não se podendo constituir como facto científico.

No conhecimento produzido por testemunho não se está orientado pela força da razão dos próprios factos, pela demonstração ou pelo raciocínio, mas pela vontade e abertura da personalidade de quem acolhe o testemunho, na sequência de um atento exame deste último e da pessoa que o profere, a «adequação entre a realidade e o testemunhador» (*adaequatio rei et personae*), que se decide no acolhimento daquilo em torno do qual se testemunha. A probabilidade do conhecimento não exclui, de todo, a verdade sugestiva do testemunho, mas a importância desta verdade nasce da decisão de quem escutou a palavra proferida, uma verdade que é produzida não pela força demonstrativa ou por aquilo que se convencionou denominar comprovação científica, por isso considera-se que o testemunho não pode mais do que produzir um conhecimento de valor insuficiente.

No que concerne à Filosofia, os factos são as próprias ideias, pois, quando se analisam as ideias de um filósofo, tem-se em conta o que

A REVELAÇÃO VOLUNTÁRIA DA PRIVACIDADE

este disse e não o que alguém disse que ele disse e que se supõe ou acredita que ele disse (através de um testemunho). Não é necessário sabê-lo através de um testemunho, como se faz quando se fala de algo que aconteceu, pois existem as obras desses filósofos cujo conteúdo não é necessário ser testemunhado para as conhecermos, exceto quando se trata de comentários ou reações de um autor ao pensamento de outro autor, mas tem de se ter como base um pensamento que se mostra por si mesmo, para quem o queira contactar diretamente.

Todavia, na História da Filosofia existem alguns casos em que se trabalha apenas com testemunhos, como o de Platão sobre Sócrates, que nada escreveu, ou ainda os pré-socráticos, de quem sabemos algo mais que os simples fragmentos deixados por eles, como o que sabemos deles através de Aristóteles. O que sabemos dos pré-socráticos, e que consideramos como fidedigno, deve-se muito à autoridade e ao prestígio do testemunhador, neste caso Aristóteles, que vem colmatar a lacuna da força argumentativa ou de raciocínio do pouco deixado pelos pré-socráticos. Mas mesmo nos casos em que os conteúdos filosóficos são ricos de força argumentativa e de profundo raciocínio, e se impõem por si mesmos, sem necessitarem de um testemunho para os revelar e os dotar de credibilidade, continua a haver a necessidade de uma confiança, de uma abertura, de uma predisposição em relação a quem expõe um determinado assunto, e que é importante para além daquilo que é meramente dito, como sucede de modo mais evidente no culto do autor (o *magister dixit*), existindo aqui a importância da autoridade de quem fala, que encontra em Aristóteles um dos principais exemplos, embora com a diferença de que em relação a Aristóteles se pode contactar diretamente com as suas ideias, lendo os seus livros, e que são os próprios factos, enquanto nos testemunhos em geral não se pode ter acesso aos factos testemunhados (se mais nenhum meio houver), senão através dos testemunhos.

Enquanto na receção das ideias não se está apenas movido pela esfera intelectiva (a força das razões, a demonstração científica ou o raciocínio lógico), mas pela esfera volitiva de quem as receciona, ou

DA PRIVACIDADE

pela autoridade do testemunhador, na religião esta atitude acontece de modo mais peculiar. Com efeito, na religião concede um papel importantíssimo ao testemunho, que constitui direta ou indiretamente, através da tradição oral, ou dos livros sagrados (que por seu turno são formas escritas de testemunho), o veículo da revelação divina, como sucede, por exemplo, na mensagem judaico-cristã, no Antigo e no Novo Testamento, da Bíblia Sagrada. No Antigo Testamento o testemunho humano está regulado pela Lei[114], o falso testemunho é severamente sancionado[115], os profetas dão testemunho do nome de Deus[116], e é também o Povo de Deus quem deve dar testemunho[117]. No Novo Testamento, Jesus Cristo é a grande testemunha[118], os cristãos devem também ser testemunhas[119] e o martírio por Cristo constitui o supremo testemunho[120]. A própria terminologia bíblica (Antigo e Novo Testamento) diz respeito ao termo *testemunho*, dado que o termo *testamento* está associado ao substantivo *teste*, que por sua vez está associado ao termo *testemunho*, e a um verbo que lhe é comum: testar, verbo este que tanto pode significar deixar em testamento como testemunhar.

No que concerne às convicções políticas, estas não são suscetíveis de uma apresentação factual, é impossível afirmar, perante as mesmas, que as coisas são ou aconteceram desta ou daquela maneira, trata-se de uma convicção baseada numa visão sobre a vida e sobre o que é considerado melhor para a sociedade, mas muito subjetiva.

---

[114] *Livro dos Números*, 5, 13; 35; 50, e *Livro do Deuteronómio*, 6,7.

[115] *Livro do Deuteronómio*, 19, 16-20; *Livro de Daniel*, 3, I, ss.

[116] *Livro de Miqueias,* I, 2; *Livro de Jeremias*, 29, 23; *Livro de Malaquias*, 3, 5.

[117] *Livro de Isaías,* 43, 9-10; 44, 8; 55, 4; *Livro de Exequiel*, 20, I, ss.

[118] *Evangelho de São João*, 18, 37; *Carta a Timóteo*, I, 6-13; *Atos dos Apóstolos*, I, 5; *Evangelho de São João*, 5, 6-8; 13, 11-32; 5, 31-40; 8, 12-14; 15, 26.

[119] *Atos dos Apóstolos*, I, 8; 10, 41; I, 21-22; 5, 32.

[120] *Atos dos Apóstolos*, 7, 1, ss.; *Livro do Apocalipse*, 2,13; 6,9.

(Textos de *Bíblia Sagrada*, Lisboa, Ed. Difusora Bíblica, 1991)

A REVELAÇÃO VOLUNTÁRIA DA PRIVACIDADE

Essa impossibilidade acontece de forma mais intensa nas convicções religiosas, que se reportam ao testemunho daquilo que constitui uma tradição oral, aos livros sagrados que prestam testemunho daquilo que se considera como verdade ou ao testemunho direto dos profetas, dos discípulos de um mestre religioso ou de videntes. No caso do Cristianismo, Deus revela-se aos homens através de um testemunho, o de Cristo, revelação essa prosseguida com o testemunho dos respetivos apóstolos, e posteriormente na Igreja Católica através do clero como figura designada para dar testemunho indireto da mensagem de Cristo. Noutros ramos do Cristianismo, são os próprios fieis que dão testemunho, e alguns assumem essa tarefa também na designação que a si mesmos dão, como sucede na designação Testemunhas de Jeová.

É certo que não pode haver testemunho da experiência religiosa enquanto produto de um contacto direto e imediato com uma realidade à medida deste mundo, e que se concretize numa apreensão sensível pura e simples, no ver no sentido comum do termo, em relação àquilo em que se crê, recebendo-se antes o testemunho de quem viu; porém, a visão aqui é contemplação, e o que é ou foi visto torna-se sinal de algo que é visível só ao olhar da fé: «O que era desde o princípio, o que ouvimos, o que vimos com os nossos olhos, o que contemplámos e as nossas mãos apalparam acerca do Verbo da vida. Porque a vida manifestou-se, nós vimo-la, damos testemunho dela e vos anunciamos esta vida eterna que estava no Pai e que nos foi manifestada.»[121] Quem acolhe e presta este testemunho deve-o à sua fé, e quem o recebe e não o acolhe no seu íntimo (quem a ele não adere) deve, no entanto, encarar com respeito a quem o faz, respeitando a verdade desse testemunho para o crente, uma verdade que, enquanto tal, se refere ao âmbito religioso.

Se quando deixamos o mundo das coisas materiais não é possível uma qualquer evidência, e devemos abandonar o plano da demonstração para entrar no do testemunho, também ao nível da intersubjetividade,

---

[121] *Bíblia Sagrada*, João, I, 2.

que é o das relações humanas, entramos numa realidade que devemos acolher pela confiança, e à qual também temos acesso pelo testemunho (neste caso, os factos da vida privada dessa pessoa), realidade essa revelada voluntariamente por essa pessoa a quem esses mesmos factos dizem respeito. Dado que ninguém tem acesso à experiência pessoal e íntima de cada um, dado que ninguém a viveu senão o próprio indivíduo, só pela sua revelação, isto é, só por aquilo que um indivíduo diz aos outros, estes o poderão ficar a saber, nomeadamente em experiências limite, no «sentir-se tocado» ou «ter-se sido sacudido», como por vezes se costuma dizer, por exemplo, em relação a uma forte experiência amorosa ou mística, ou outras experiências que embora se passem no espaço público, como numa longa viagem ou num trabalho num campo de refugiados, trata-se de uma experiência pessoal, mas, de tal maneira forte e marcante, que faz surgir por vezes a necessidade no indivíduo que a experienciou de falar sobre isso, e de revelar a alguém que lhe é próximo (por exemplo, um amigo), ou a número significativamente grande e indiferenciado de indivíduos, revelando-se publicamente através do testemunho.

A experiência humana não é um processo isolado, mas convivencial, que possui um carácter eminentemente narrativo através do qual se testemunha, e que por seu turno faz a própria experiência adquirir sentido. Se um determinado indivíduo fizer uma revelação, dando conhecimento particular a alguém ou prestando testemunho publicamente, sem reservas, e de livre vontade, do que pensa, crê ou sente, ou do que realiza ou realizou, isso significa que atribui valor àquilo que revela e testemunha. Aquilo que um indivíduo testemunha pode não ter valor para os outros, mas sim apenas para o próprio, pode ser uma experiência muito pessoal que viveu, que outros, por não a terem vivido ou não a entenderem podem não valorizar, ou vice-versa.

Em relação àquilo pelo qual se tem grande apreço, independentemente do apreço que os outros lhe derem, um determinado indivíduo pode desejar preservá-lo dos olhares e ouvidos dos outros indivíduos, não o revelando a ninguém ou revelando-o a alguém em especial, e

A REVELAÇÃO VOLUNTÁRIA DA PRIVACIDADE

tratando-se de certas experiências de vida muito importantes, procurar a oportunidade de conversar com alguém, principalmente um amigo, ou alguém que tenha os mesmos ideais ou a mesma sensibilidade. Havendo reciprocidade na relação de amizade, as pessoas não podem realmente ser conhecidas entre si enquanto amigas senão pela auto revelação, uma auto revelação recíproca. Não se tem acesso à intimidade pessoal senão pela livre revelação do indivíduo, e aqui o indivíduo revela-se sob a inspiração dos afetos, por isso o conhecimento através desta revelação é o único, quando se trata do ser humano e da sua afetividade. Aqui o ser humano não está limitado à força das razões daquilo que é afirmado, não está preso à lógica do intelecto nem das provas testemunhais, por exemplo, no sentido jurídico, mas baseia-se sobretudo numa outra faculdade do seu espírito: a crença no outro por ele ser quem é, ou seja, seu amigo.

Sentimos que a narrativa de uma pessoa é uma revelação da sua privacidade, se for uma narrativa de um crer, de um sentir ou de uma experiência de vida e se for autêntica, isto é, se houver coincidência entre aquilo que se revela e quem o revela, que precisa de um clima de confiança entre quem revela e quem recebe a revelação, e que existe sobretudo na amizade. Tratando-se de um recetor mais vasto e indiferenciado, também se pressupõe um clima de confiança em relação ao testemunhador (no caso de não haver nada contra este), e tratando-se de alguém com prestígio social, a confiança em relação ao testemunhador não vem dos laços afetivos que unem duas pessoas, mas desse prestígio social, como o prestígio social que passou a ter um antigo prisioneiro político, que lutou por determinados ideais, e que mais tarde passou a ser considerado um herói.

Uma pessoa pode testemunhar publicamente factos que dizem respeito à sua privacidade (como um cidadão comum que expõe os seus problemas pessoais num programa de televisão) ou factos que dizem respeito à sua privacidade, mas que também têm a ver com coisas consideradas de interesse público (como um perseguido político falando da sua luta política). Se por um lado se tratam de convicções

DA PRIVACIDADE

político-partidárias, com carácter privado, ou que muitos indivíduos preferem que sejam privadas, o indivíduo ao falar publicamente disso, revelando a perseguição e as torturas de que foi vítima devido às suas convicções político-partidárias, essa revelação não tem apenas carácter público (devido ao facto de ser feita no espaço público), mas também interesse público.

Por vezes, diferentemente do que sucede na revelação de algo privado entre dois amigos ou entre um casal, em que um deles, sendo amigo ou amando o outro, confia nele, há também, por vezes, alguma retórica, que rodeia a revelação pública de algo, por vezes, ligada a uma certa forma de evangelização, no caso de um testemunho religioso, em que muitos convertidos dão o seu testemunho, ou num caso de um comício político-partidário, em que aparecem figuras carismáticas, como antigos prisioneiros políticos. Pressupõe-se que nesse testemunho há uma fidelidade aos factos, mas o seu contexto religioso ou político por vezes pode também acabar por fazer com que seja encarado negativamente, quando o testemunho é recebido por alguém que esteja de fora e que, portanto, não faça parte desses ideais religiosos ou políticos e os não veja como meros testemunhos de factos, mas como instrumentos de campanha religiosa ou política.

A necessidade de fidelidade aos factos, num testemunho, reporta-nos ao significado ético do testemunho enquanto declaração, nomeadamente em Aristóteles, que na sua *Ética a Nicómaco* dedica algumas páginas ao tema da sinceridade, afirmando a determinada altura que «quem tiver uma obsessão pela verdade, e for sincero até em questões insignificantes, sê-lo-á por maioria de razão também nas que são importantes»[122]. Mas se por um lado esta sinceridade é, segundo Aristóteles, considerada importante para a construção da intersubjetividade e das relações pessoais, por outro lado também o é para a vida no espaço público. Conforme lembra Hannah Arendt[123], exige-se um respeito

---

[122] ARISTÓTELES, *Ética a Nicómaco*, Lisboa, Quetzal Editores, 2004, p. 102.
[123] ARENDT, Hannah, *Verdade e Política*, Lisboa, Ed. Relógio d'Água, 1995, p. 25.

A REVELAÇÃO VOLUNTÁRIA DA PRIVACIDADE

pelos factos para que a verdade em política se torne possível. Assim, o político sincero deve respeitar os factos atrevendo-se a denunciá--los, como se só assim fosse possível defender a verdade tanto em si mesmo como na vida comunitária. Se a verdade dos factos é política por natureza, não há liberdade que não se apoie nessa capacidade de os testemunhar, pois é isso que dignifica o uso público da razão. Se a verdade de nada serve se não tiver importância na esfera pública, é preciso atender à vulnerabilidade que caracteriza os factos, o que exige empenho e fidelidade no ato de testemunhar. É esta fidelidade à realidade, àquilo que é, que torna o político sincero, pressupondo que não há sinceridade sem uma crença firme no que se diz. Se há que construir a verdade em política, como preconiza Hannah Arendt, há também que, segundo o pensamento da autora, assumir a coragem da fidelidade: ser fiel aos factos, àquilo que aconteceu efetivamente. É assim que a mentira trai qualquer projeto político, pois assenta na má-fé ao servir-se dos homens como meios e não como fins, segundo a lição kantiana que pode servir de manifesto a qualquer política que se pretenda apresentar como digna, e que deve estar presente, aliás, em toda e qualquer situação: «É, portanto, um mandamento sagrado da razão, que ordena incondicionalmente, não restringido por nenhuma conveniência: deve-se ser verídico em todas as declarações.»([124])

Este dever, além de considerado como amor à verdade, é considerado uma exigência de Justiça, o que nos leva também ao valor jurídico do testemunho. Nos Tribunais, as testemunhas juram «dizer a verdade, toda a verdade e nada mais do que a verdade», dando-se aqui um significado próprio ao conceito de *verdade*, em que o Juiz, perante testemunhos e outras provas apresentadas, decide de que lado está a razão e a Lei, identificando-se a verdade com a Justiça. O testemunho diz respeito, portanto, ao conjunto de provas judiciais, com o objetivo de convencer o juiz de que determinados factos ocorreram

---

([124]) KANT, «Sobre um pretenso direito de mentir por amor aos homens», *in* Fernando Rey Puente (org.), *Os Filósofos e a Mentira*, Belo Horizonte, Ed. UFMG, 2002, p. 78.

de certa maneira, em determinado dia, hora, local e em determinadas circunstâncias.

No que diz respeito ao conteúdo, o testemunho é considerado *possível*, dado que admite verdade, ou não é considerado *necessário*, dado que admite falsidade. É considerado *falso* o conteúdo de um testemunho contrário à verdade, é considerado *contraditório* o conteúdo de um testemunho incongruente entre si ou entre o de uma ou mais testemunhas, e é considerado *impossível* o conteúdo de um testemunho do qual não seja possível qualquer verdade (por exemplo, a fabulação).

Levantar falso testemunho é considerado pela Lei um crime de difamação, mesmo fora do Tribunal, cometendo esse crime quem, dirigindo-se a terceiros, imputar a outra pessoa, mesmo sob a forma de suspeita, um facto que não corresponda à verdade, ou formular sobre ela um juízo ofensivo da sua honra ou consideração, ou reproduzir uma tal imputação ou juízo.

Mais injusta ainda é na ausência de qualquer testemunho ou de prova contra uma pessoa, condenar-se essa pessoa, o que é absurdo, assim como é absurdo ser-se detido sem se ter cometido qualquer delito, não se ter conhecimento do delito que lhe é atribuído ou não existir um Tribunal para apreciar e julgar o caso[125]. É contrário à *Declaração Universal dos Direitos do Homem*, que afirma que «todos os indivíduos têm direito ao reconhecimento, em todos os lugares, da sua personalidade jurídica»[126], e que «ninguém pode ser arbitrariamente preso, detido ou exilado»[127].

Mas se por um lado temos direitos, por outro lado temos também deveres, havendo por isso determinados atos que um indivíduo maior de idade, e na posse das suas faculdades físicas e mentais, está obrigado a realizar: prestar testemunho, cumprir serviço militar (o sexo masculino em alguns países), salvar uma pessoa numa situação de

---

[125] Ver por exemplo Franz KAFKA, *O Processo*, Lisboa, Ed. Assírio & Alvim, 1999.

[126] *Declaração Universal dos Direitos do Homem*, artigo 6º.

[127] *Idem*, artigo 9º.

A REVELAÇÃO VOLUNTÁRIA DA PRIVACIDADE

emergência (afogamento, acidente rodoviário ou incêndio) e pagar impostos (no caso de desempenhar uma profissão).

De entre estas obrigações, vejamos o caso do testemunho. Na prática, a obrigatoriedade existe apenas se as autoridades souberem que uma determinada pessoa tem conhecimento de algo que considerem importante ela testemunhar. No caso de não saberem, pode dever-se ao facto de essa pessoa não saber que o seu testemunho é necessário (achar, por exemplo, que outros o farão, ou o farão melhor), e então não fazer constar o que sabe. Uma alternativa é essa pessoa saber que o seu testemunho é necessário («saber que só ela tem conhecimento de determinada peça-chave que irá esclarecer um processo judicial»), mas dado que as autoridades não sabem da sua existência, a pessoa não é notificada a testemunhar e, por outro lado, também não se vai oferecer. Ora, e quando as autoridades sabem que a pessoa pode testemunhar?

Nesse caso a pessoa testemunha, mas também poderá dar-se o caso de não testemunhar. Quando testemunha, esta sua conduta pode ter como causa o amor à verdade, mas não necessariamente, pois pode ser apenas para não ser penalizada, uma vez que a Lei obriga a testemunhar, recorrendo a uma penalização em caso de recusa, e em certos casos existe mesmo a tortura (ainda hoje sucede em alguns países), convertendo-se o dever do testemunho numa confissão. No caso da obrigatoriedade do testemunho, não se pode dizer que o testemunho tenha sido uma revelação voluntária. A pessoa pode ainda dar a conhecer que sabe algo sobre determinados factos, que automaticamente a poderão converter em testemunha, por exemplo quando rebenta um escândalo de corrupção financeira. Aqui a pessoa, por vezes, é levada pelo sensacionalismo e não pelo amor à verdade, pois não deu a conhecer mais cedo que tinha conhecimento desses factos. As motivações para se dar a conhecer algo específico através do testemunho podem ser ainda a vingança contra uma pessoa ou a dissidência em relação a um grupo político, a uma scita religiosa, a uma rede terrorista, ou o desejo de uma recompensa (receber dinheiro ou outra coisa em troca).

Quando as autoridades têm conhecimento de que determinada pessoa sabe algo importante, essa pessoa pode, mesmo assim, recusar-se a testemunhar, se estiver ao abrigo do sigilo profissional (sacerdotes, médicos, enfermeiros, psicólogos, advogados, jornalistas, agentes diplomáticos acreditados e funcionários que trabalham em matéria de sigilo de Estado), exceto com autorização dos superiores e em circunstâncias muito especiais. Mas uma pessoa pode também recusar-se a testemunhar, com base em convicções pessoais (políticas, morais, religiosas) ou invocando o seu direito à privacidade.

Porém, se estiver em causa o bem comum, não deverá o indivíduo sacrificar as suas convicções pessoais e o seu direito à privacidade, e, portanto, testemunhar?

Naturalmente que isso depende da noção de *bem comum*. Como é sabido, em nome do chamado *bem comum* cometeram-se ao longo da História muitas injustiças. A literatura, em representação dos factos, coloca em evidência muitas delas: foi em nome do chamado *bem comum* que, por exemplo, Antígona foi condenada, ao dar sepultura ao seu irmão, indo contra as leis da cidade, conforme relata a tragédia grega de Sófocles, *Antígona*. Mas também a própria realidade histórica é exemplo de que foi em nome do chamado *bem comum* que Sócrates, Séneca, Boécio, Giordano Bruno, Galileu Galilei, assim como muitos judeus ao longo da História, foram julgados e condenados.

Se calar uma verdade que não se está obrigado a testemunhar não é mentir, ocultar uma verdade que se deve testemunhar não será mentir?

O problema reside desde logo no dever de testemunhar, devido ao facto de tornar patente a necessidade de verdade no sentido absoluto e incondicional: uma moral abstrata e teórica. A questão faz do ato de mentir algo negativo, mas esse ato poderá, por vezes, não ser algo de negativo. Há que revelar a verdade, como defendem os autores atrás mencionados, dado que a verdade é uma virtude, mas nem sempre, e a qualquer um, ou a qualquer preço, e de qualquer maneira. Há que revelar a verdade na medida do possível, na medida do que se deva, isto é, na medida em que se possa fazê-lo sem faltar com isso

A REVELAÇÃO VOLUNTÁRIA DA PRIVACIDADE

a nenhuma virtude mais alta ou mais urgente. As quatro virtudes cardeais da Antiguidade eram a Justiça, a Fortaleza, a Temperança e a Prudência. Ora, não revelando a verdade, recusando-se, portanto, testemunhar algo, pode-se estar a honrar essas mesmas virtudes, e sobretudo o valor da Justiça, mesmo perante o Tribunal (por exemplo, recusar-se a testemunhar sobre um judeu perante um Tribunal nazi, sobre uma mulher acusada de adultério em alguns países islâmicos, sobre acusados que corram o risco de pena de morte etc.), ou então, como alternativa, e em último caso, prestar mesmo falso testemunho. Conforme afirma Benjamim Constant: «Dizer a verdade é um dever. O que é um dever? a ideia de dever é inseparável da ideia de direitos: um dever é o que, em um ser, corresponde aos direitos de um outro. Lá, onde não há direitos não há deveres. Dizer a verdade só é, portanto, um dever em relação àqueles que têm direito à verdade. Ora, nenhum homem que prejudica os outros tem direito à verdade.»([128])

Inerente à ideia do testemunho está a ideia de revelação da verdade dos factos, da realidade, do tomar patente aquilo que é. No entanto, há também uma verdade pela qual se luta, na atitude assumida de não testemunhar, pois não estar presente dando testemunho é também uma outra forma de estar presente, a recusa pode, por vezes, ter mais valor do que a aceitação ou a submissão, não se tratando, portanto, da verdade que se encontra naquilo que é apenas dito, mas de uma outra verdade. Se testemunhar é revelar o que se sabe e falar verdade, também é verdade aquilo que dá testemunho do pensamento íntimo ou da natureza do seu autor, também é verdade, melhor dizendo, autenticidade, agir de acordo com as suas convicções pessoais e com aquilo em que se acredita, em prol da preservação da dignidade do ser humano. Pelo contrário, uma pessoa que testemunha simplesmente porque a Lei a obriga a fazê-lo, ou que testemunha por vingança contra

---

([128]) CONSTANT, Benjamin, «Das reações políticas» (Dos Princípios), *in* Fernando Rey Puente, *Os Filósofos e a Mentira*, o. c., p. 70.

DA PRIVACIDADE

alguém, ou para obtenção de uma recompensa, ou porque é levada a testemunhar meramente pelas circunstâncias sociais (por exemplo, porque rebentou um escândalo de corrupção financeira e haver coisas que essa pessoa sabe relacionadas com essa corrupção), e se essa pessoa o testemunhar apenas por causa disso, a sua real motivação não é a do amor à verdade.

A motivação de algumas pessoas pelo amor à verdade faz também com que queiram dar testemunho sobre determinadas coisas que têm a ver com a sua própria identidade. Não é importante dar testemunho, por exemplo, sobre a conta bancária pessoal, pois isso pouco ou nada tem a ver com a identidade das pessoas e em nada esclareceria a sociedade. Porém, há determinadas situações que estão ligadas ao preconceito e à discriminação, que são resultado da ignorância das pessoas. Ora, uma vez que as pessoas preconceituosas recebam o testemunho das pessoas discriminadas, as fiquem a conhecer melhor, uma vez que as pessoas preconceituosas desconstruam as suas crenças irracionais e percam os seus medos e os seus fantasmas, terão menos razões para terem visões opressivas em relação a determinados grupos étnicos, religiosos, políticos ou sexuais.

Existe, por vezes, uma confusão entre o testemunho e a propaganda. A propaganda só por si não tem um valor negativo, pois pode-se fazer propaganda em tempo de eleições, para os partidos políticos, e todos terem direito a fazê-lo, e essa atitude não ser malvista. Ao criticar-se o testemunho, dizendo que se trata de propaganda, isso deve-se não tanto ao testemunho, mas ao facto de se considerar que aquilo que é testemunhado é algo negativo. Segundo as críticas que lhe são feitas, dar testemunho tem como objetivo levar os outros a aderirem àquilo que é testemunhado, razão pela qual em alguns países se impede dar notícias sobre os homossexuais, se impede que estes se manifestem publicamente, que realizem marchas como as que se realizam todos os anos na maior parte dos países europeus (o *Gay Pride*), impedimento esse feito com a justificação de que essas notícias e essas manifestações são atos de propaganda.

A REVELAÇÃO VOLUNTÁRIA DA PRIVACIDADE

Mas um judeu que foi prisioneiro dos campos de concentração nazi, ao dar o seu testemunho como judeu prisioneiro, não tem como objetivo fazer propaganda e levar os outros a serem judeus. Um comunista que esteve na clandestinidade, ao dar o seu testemunho enquanto comunista, revelando a sua experiência de vida enquanto tal, não significa que queira que os outros indivíduos sejam comunistas. Um homossexual, ao dar o seu testemunho enquanto homossexual, não significa que queira que os outros indivíduos sejam homossexuais. Um negro, ao dar testemunho enquanto negro, num país onde há poucos ou onde há racismo, não significa que queira que os outros indivíduos sejam negros. Um emigrante, ao dar o seu testemunho sobre a sua cultura, não significa que queira que os outros indivíduos adiram à sua cultura. Dar testemunho sobre a sua identidade não é sinónimo de propaganda, não significa querer convencer os outros de que uma determinada cultura, crença religiosa, convicção política ou sexualidade são as melhores. Dar testemunho sobre a sua identidade não significa que a pessoa que o faça pretenda dizer que é nessa identidade que está a verdade e que todos devem segui-la, mas sim essa pessoa dizer que é alguém com uma identidade diferente, essa pessoa dizer que existe, podê-lo dizer, e podê-lo ser.

Posto isto, somos levados a um conflito de valores, como muitos outros já referidos ao longo deste livro. Por um lado, temos o valor do testemunho e por outro lado temos o valor da privacidade. Poder ser uma pessoa com uma identidade diferente no espaço público pode ter como condição desejável a necessidade de dar testemunho: dá-se testemunho para se poder ser e viver diferente no espaço público, e por outro lado, esse dar testemunho já é, em si, uma forma de ser e de viver diferente, tratando-se de um testemunho não apenas por palavras, mas por atos, podendo-se falar de determinadas coisas em público ou expressar sentimentos amorosos em público.

À partida parece que estamos perante uma dicotomia no sentido antagónico: ou a privacidade ou o testemunho. Mas o testemunho não significa que determinadas coisas deixem de ser privadas. Pode ser

DA PRIVACIDADE

um testemunho informacional, isto é, falar apenas de determinadas formas de vida, como a amorosa e sexual, mas não expor no espaço público essas formas de vida. Por outro lado, o facto de determinadas coisas serem privadas pode conciliar-se com o facto de se dar testemunho delas, pois isso não apaga o seu carácter privado. Finalmente, o facto de se querer dar visibilidade sobre determinadas coisas não significa que tudo na vida do ser humano seja visível. Determinadas revelações feitas por alguém sobre si próprio não esgotam a sua privacidade, uma vez que a pode manter em absoluto para umas coisas e parcialmente para outras coisas, que as pode revelar a umas pessoas e a outras não, e que as pode revelar apenas em determinadas circunstâncias.

A revelação pública, apesar de ser muito reivindicada, ou exigida, nos tempos de hoje, não é desejada por todos a quem determinadas coisas dizem respeito, que as preferem manter na privacidade, mesmo que a exposição pública e indiferenciada dessas coisas fosse plenamente natural, e mesmo tratando-se de coisas que, para algumas pessoas, são banais. Tanto a revelação pública (de que um dos melhores exemplos é o testemunho) como a preservação da privacidade deverão ser uma opção do indivíduo a quem essas coisas digam respeito, deve ser algo que ele prefira. Se cada indivíduo tiver de se cingir apenas à privacidade, para poder ser ou fazer seja o que for, vive-se numa sociedade totalitária. Mas se a revelação pública for a norma, isto é, se tudo tiver de ser visível, também se vive numa sociedade totalitária. Em vez de refém da pressão social, cada indivíduo deve ter a possibilidade de que tanto a preservação da sua privacidade como a sua revelação sejam uma atitude que vem de dentro, isto é, que vem dele próprio. Cada indivíduo deve poder manter privadas as coisas que quer que sejam privadas, assim como também deve poder revelar as coisas que quer que sejam reveladas. Não devem existir pressões para revelar nem sobre quais as coisas que pode revelar, sobre como as pode revelar ou não revelar e sobre a quem pode ou não revelar, pois isso deve depender da autonomia de cada um. Deve haver respeito

A REVELAÇÃO VOLUNTÁRIA DA PRIVACIDADE

sobre a decisão de manter ou não determinadas coisas em privacidade: depende de cada um. Tanto a conservação da privacidade como a sua revelação, feitas pela pessoa a quem essa privacidade diz respeito, têm valor, enquanto ato de liberdade.

Bibliografia

OBRAS

ARENDT, Hannah, *A Condição Humana*, Lisboa, Ed. Relógio d'Água, 2001.

Idem, Verdade e Política, Lisboa, Ed. Relógio d'Água, 1985.

ARISTÓTELES, *Politique*, I, 2, Paris, Ed. Les Belles Lettres, 2003.

Idem, Ética a Nicómaco, Lisboa, Ed. Quetzal, 2004.

BADINTER, Elisabeth, *XY A identidade masculina*, Lisboa, Ed. Asa, 1993.

BELL, Daniel, *O crepúsculo das ideologias*, Lisboa, Ed. Ulisseia, 1973.

BENTHAM, Jeremy, *Défense de la liberté sexuelle*, Paris, Ed. Mille et une nuits, 2004.

BOBBIO, Norberto, *Estado, Governo, Sociedade: para uma teoria geral da política*, Rio de Janeiro, Ed. Paz e Terra, 1995.

BOOMER & LAVER. «Slips of the tongue», in FROMKIN, V., (Ed.), *Speech errors as linguistic evidence*, Mouton, Ed. The Hague, 1973.

CANOTILHO, Gomes, e MACHADO, Jónatas. *Reality Shows e liberdade de programação*, Coimbra, Ed. Coimbra Editora, 2003.

CARVALHO, Orlando de, *Teoria geral do Direito Civil*, Coimbra, Ed. Coimbra Editora, 1981.

CONSTANT, Benjamin, «Das reações políticas» (Dos Princípios), *in* Fernando Rey Puente (org.), *Os Filósofos e a Mentira*, Belo Horizonte, Ed. UFMG, 2002.

DA PRIVACIDADE

CORCUFF, Philippe, *Filosofia Política*, Lisboa, Ed. Publicações Europa-América, 2003.

CORREIA, Victor, *La Justification de la Tolérance para les Droits de l'Homme*, Lille, França, Ed. ANRT, 2012.

Idem, Arte Pública – seu significado e função, Lisboa, Ed. Fonte da Palavra, 2007.

COSTA-ANDRADE, Manuel, *Liberdade de imprensa e inviolabilidade pessoal: uma perspectiva jurídico-criminal*, Coimbra, Ed. Coimbra Editora, 1996.

COSTA JÚNIOR, Paulo José da, *O Direito de Estar Só: tutela penal da intimidade*, São Paulo, Ed. Revista dos Tribunais, 1995.

DAMÁSIO, António, *O erro de Descartes, emoção, razão, e cérebro humano*, Lisboa, Ed. Europa-América, 1995.

DARWIN, Charles, *A expressão das emoções nos homens e nos animais,* São Paulo, Ed. Companhia das Letras, 2000.

DECEW, Judith, «Privacy», *The Stanford Encyclopedia of Philosophy*, Stanford, Stanford University, 2013.

DELL, Gary, *Inhibition in Interactive Activation Models of Linguistic Selection and Sequencing.* Illinois. Ed. University of Illinois, 1993.

DERRIDA, Jacques, *Positions*, Paris, Ed. Minuit, 1972.

DONEDA, Danilo, *Da Privacidade à Proteção de Dados Pessoais*, Rio de Janeiro, Ed. Renovar, 2008.

DURKHEIM, Émile, *Les Formes Élémentaires de la Vie Religieuse*, Paris, Ed. CNRS, 2007.

EL GUINDI, Fadwa, Veil, *Modesty, Privacy and Resistance*, Oxford, Ed. Berg, 1999, p. 81.

ESPINOSA, Baruch, *Tratado Teológico-Político,* Lisboa, Ed. Imprensa Nacional Casa da Moeda,

FOUCAULT, Michel, *História da Sexualidade,* Lisboa, Ed. Relógio d'Água, 1994.

FREUD, Sigmund, *Psicopatologia da Vida Quotidiana*, Lisboa, Ed. Relógio d'Água, 2007.

FUKUYAMA, Francis, *O Fim da História e o Último Homem*, Rio de Janeiro, Ed. Rocco, 1992.

GOLLWITZER, Peter, *Symbolic Self-Completion*, Abingdon, Oxon, UK, 1982.

BIBLIOGRAFIA

Idem, e Paschal SHEERAN, Verena MICHALSKI, e Andrea SIEFERT: «When intentions go public: does social reality widen the intention-behavior gap?», *Psychological Science*, Washington, Maio, 2009, pp. 612-618.

GUITESCU, Micaela, *Novo Dicionário de Provérbios*, Lisboa, Ed. Fim de Século, 1997.

GIDDENS, Anthony, *Para Além da Esquerda e da Direita*, Oeiras, Ed. Celta, 1997.

Idem, Para uma Terceira Via, Lisboa, Ed. Presença, 1999.

GREENWALD, Anthony. «On doing two things at once. Confirmation of perfect timesharing when simultaneous tasks are ideomotor compatible», in *Journal of experimental Psychology: Human Perception and Performance*, Nova Iorque: Ed. Routledge, n.º 29, pp. 859-868, 2003.

HABERMAS, Jürgen, *A Transformação Estrutural da Esfera Pública*, Lisboa, Ed. Fundação Calouste Gulbenkian, 2013.

HONNETH, Axel, *Luta pelo Reconhecimento – para uma gramática moral dos conflitos sociais*, Lisboa, Ed. 70, 2011.

HOTOPOF, W. H. N. «Semantic similarity as a factor in whole-word slip of the tongue», in FRAMKIN, V. (Ed.), *Errors in Linguistic Performance: Slips of the Tongue, Ear, Pen, and Hand*, London, Ed. Academic Press, 1980.

KAFKA, Franz, *O Processo*, Lisboa, Ed. Assírio & Alvim,1999.

KANT, Immanuel, *A Paz Perpétua e Outros Opúsculos*, Lisboa, Ed. 70, 2004, p. 11.

Idem, «Sobre um pretenso direito de mentir por amor aos homens», *in* Fernando Rey Puente (org.), *Os Filósofos e a Mentira*, Belo Horizonte, Ed. UFMG, 2002.

LEITE-SAMPAIO, José Adércio, *Direito à Intimidade e à Vida Privada*, Belo Horizonte, Ed. Del Rey, 1998.

LEVER, Annabelle, *On Privacy*, London, Ed. Routledge, 2011

LÉVINAS, Emmanuel, *Ética e Infinito*, Lisboa, Ed. 70, 1988.

LIMBERGER, Têmis, *O Direito à Intimidade na Era da Informática: a necessidade de proteção dos dados pessoais*, Porto Alegre, Livraria do Advogado Editora, 2007.

LIPSET, Seymour, *Political Man: the social bases of politics*, London, Ed. Heinemann, 1959.

LOCKE, John, *Carta sobre a Tolerância*, Lisboa, Ed. 70, 2015.

DA PRIVACIDADE

Idem, Segundo Tratado do Governo Civil, Lisboa, Ed. Fundação Calouste Gulbenkian, 2007.

LYOTARD, Jean-François, *Le Différend*, Paris, Ed. Minuit, 1984.

MACKINNON, Catherine, «Privacy v. Equality: Beyond Roe v. Wade», in *Feminism Unmodified: Discourses on Life and Law*, Cambridge, Ed. Cambridge University Press, 1983.

MARTIN, Lucien, «Le secret de la vie privée», Paris, *Revue Trimestrielle de Droit Civil*, pp. 225-235, 1959.

MARX, Karl, *Para a Questão Judaica*, Lisboa, Ed. Avante, 1979.

MENDES-PINTO, Fernão, *Peregrinação*, Lisboa, Ed. Relógio d'Água, 2001.

MONTAIGNE, *Ensaios,* Lisboa, Ed. Relógio d'Água, 2016

MONTESQUIEU, Charles, *Elogio da Sinceridade*, Lisboa, Ed. Fenda, 2005.

MOORE, Jr. Barrington, *Privacy Studies in Social and Cultural History*, Nova Iorque, Ed. Sharpe, 1984.

MOTA PINTO, Paulo, «O direito à reserva sobre a intimidade da vida privada», in *Boletim da Faculdade de Direito*, vol. 69, Coimbra, 1996.

Idem, «A proteção da vida privada e a Constituição», in *Boletim da Faculdade de Direito*, vol. LXXVI. Coimbra, Ed. Universidade de Coimbra, 2000.

MOTLEY, Michael, *Overcoming Your Fear of Public Speaking: a proven method,* London, Ed. Pearson, 1997.

NAGEL, Thomas, «Concealment and exposure», in *Philosophy & Public Affairs*, Princeton University, Ed. Alan Patten, vol. 27, n.º 1, inverno de 1998, pp. 3-30.

NICHOLSON, Linda, *Gender and History: the limits of social theory in the age of the family*, Nova Iorque, Ed. Columbia University Press, 1986.

OLGA, Estadella Yueste, *La Protección de la Intimidad Frente a la Transmisión Internacional de Datos Personales*, Madrid, Ed, Tecnos, 1985.

ORWELL, George, *1984*, Lisboa, Ed. Antígona, 2007.

PESSOA, Fernando, *Prosa Íntima e de Autoconhecimento*, Lisboa, Ed.Assírio & Alvim, 2010.

Idem, O Mendigo e Outros Contos, Lisboa, Ed. Assírio & Alvim, 2012.

Idem, Poesia 1918-1930, Lisboa, Ed. Assírio & Alvim, 2005.

Idem, Poesias, Lisboa, Ed. Ática, 1995.

Idem, Pessoa por Conhecer – Textos para um Novo Mapa, vol. II, Lisboa, Ed. Estampa, 1990.

BIBLIOGRAFIA

PHILLIPS, Anne, *Engendering Democracy*, Pennsylavania, Ed. Pennsylavania University Press, 1991.

PLAUTO, *O Truculento*, São Paulo, Ed. Annablume, 2011

RIGAUX, François, «La protection de la vie privée et des autres biens de la personnalité», *Établissements*, Paris, Ed. Émile Bruylant, n.º 639, 1990.

ROSSLER, B., *The Value of Privacy*, Nova Iorque, Ed. Polity Press, 2005.

SAMARAJIVA, Rohan. «Interactivity as though privacy mattered», *in Technology and Privacy: the New Landscape*, Massachusetts, Ed. MIT Press, 2001.

SARMENTO, Daniel, *Interesses Públicos versus Interesses Privados: descons-truindo o princípio da supremacia do interesse público*, Rio de Janeiro, Lúmen Júris, 2006.

SOLOVE, Daniel, *Understanding Privacy*, Harvard, Ed. Harvard University Press, 2010.

TALCIANI, Hernán Corral, 2000, «Configuración jurídica del derecho a la privacidade», *in Revista Chilena de Derecho*, Santiago do Chile, vol. 27, n.º 2, pp. 331-355.

SPONVILLE, André Comte, *Pequeno Tratado das Grandes Virtudes*, Lisboa, Ed. Presença, 2001.

STUART MILL, John, *Sobre a Liberdade*, Lisboa, Ed. 70, 2015

UBILLOS, Juan Maria Bilbao, «Em que medida vinculam aos particulares os direitos fundamentais?» In: Ingo Wolfgang SARLET, (org.), *Constituição, Direitos Fundamentais, e Direito Privado*, Porto Alegre, Livraria do Advogado, 2006.

WAJCMAN, Gérard, *L'oeil absolu*, Paris, Ed. Denoël, 2010.

WEGNER, Daniel, *White Bears and Other Unwanted Thoughts: supression, obsession, and the Psychology of Mental Control*, Nova Iorque, Ed. The Guilford Press, 1994.

WEINTRAUB, Jeff, *Public and Private in Thought and Practice*, Chicago, Ed. University of Chicago Press, 1997.

WITTGENSTEIN, Ludwig, *Le Cahier bleu et le Cahier brun*, Paris, Ed. Gallimard, 1965.

Idem, De la Certitude, Paris, Ed. Gallimard, 1976.

ZARKA, Yves Charles, *Difficile Tolérance*, Paris, Ed. PUF, 2003.

VV., *Bíblia Sagrada*, Lisboa, Ed. Difusora Bíblica, 1991.

VV., *Dicionário da Língua Portuguesa*, Porto, Ed. Porto Editora, 2005.

VV., *Dicionário Houaiss da Língua Portuguesa*, Lisboa, Ed. Temas e Debates, 2003.

VV., *Dicionário da Língua Portuguesa Contemporânea da Academia de Ciências de Lisboa*, Lisboa, Ed. Verbo, 2001.

VV., *Grande Enciclopédia Portuguesa e Brasileira*, vol. XXXI, Lisboa/Rio de Janeiro, Ed. Enciclopédia (s/d.).

DOCUMENTOS NACIONAIS

VV., *Código Civil*, Coimbra, Ed. Almedina, 2012.

VV., *Código Penal*, Coimbra, Ed. Almedina, 2012.

VV., *Código do Trabalho*, Coimbra, Ed. Almedina, 2012.

VV., *Constituição da República Portuguesa*, Coimbra, Ed. Almedina, 2012.

DOCUMENTOS INTERNACIONAIS

Declaração Universal dos Direitos do Homem, ONU, 1948.

Convenção Europeia de Salvaguarda dos Direitos do Homem e das Liberdades Fundamentais, Roma, 1950.

Pacto Internacional relativo aos direitos civis e políticos, ONU, 1966.

Convenção Americana sobre os Direitos do Homem, São José, Costa Rica, 1969.

Convenção para a proteção das pessoas a respeito do tratamento automatizado de dados de carácter pessoal, ONU, 1981.

Convenção sobre os Direitos da Criança, ONU, 1990.

Convenção sobre os direitos das pessoas deficientes, ONU, 1995.

Carta dos direitos sexuais e reprodutivos, Federação Internacional para o planeamento familiar, Londres, 1996.

Convenção sobre os Direitos do Homem e a Biomedicina, ONU, 1997.

Declaração Universal do Genoma Humano e dos Direitos Humanos, UNESCO, 1997.

Carta dos Direitos Fundamentais da União Europeia, Nice, 2000.

BIBLIOGRAFIA

*Convenção internacional sobre a proteção de todos os trabalhadores migran-
tes e dos membros da sua família*, ONU, 2003.

Carta Árabe dos Direitos do Homem, Conselho da Liga dos Estados Árabes,
Tunis, 2004.

Protocolo adicional à Convenção sobre a investigação biomédica, ONU,
2005.

Índice

PREFÁCIO 7

A DICOTOMIA PÚBLICO-PRIVADO..................... 13
   Introdução 13
   A ambiguidade das dicotomias 16
   A diversidade das aplicações dos conceitos de público
      e privado...................................... 24
   A dificuldade de distinção entre *público* e *privado* 31
   Considerações finais 40

O DIREITO À PRIVACIDADE 45
   Introdução 45
   A privacidade enquanto direito humano 52
   O direito à privacidade segundo os documentos
      internacionais.................................. 57
   O direito à privacidade segundo o direito português......... 61
   Críticas à ênfase posta no direito à privacidade............ 63
   Limites do direito à privacidade 68

DA PRIVACIDADE

O desrespeito pelo direito à privacidade no mundo de hoje ... 74

Justificações do direito à privacidade 83

RELAÇÕES ENTRE O DIREITO À PRIVACIDADE
E OUTROS DIREITOS HUMANOS 101

Introdução 101

O direito à dignidade 105

O direito à liberdade 112

O direito à igualdade 118

O direito à vida 123

RELAÇÕES ENTRE O DIREITO
À PRIVACIDADE E A TOLERÂNCIA 135

Introdução 135

Possibilidades da tolerância 138

A visibilidade como condição da tolerância 142

A impossibilidade de justificação da tolerância
pelo direito à privacidade, devido à identidade visível
de algumas das pessoas toleradas 147

A COMUNICAÇÃO INDIVIDUAL PESSOAL
E O AUTOCONTROLO DA PRIVACIDADE 153

Introdução 153

A comunicação individual pessoal 156

A privacidade e o seu autocontrolo 159

A comunicação voluntária 164

A comunicação involuntária 169

Considerações finais 179

A REVELAÇÃO VOLUNTÁRIA DA PRIVACIDADE 185

Introdução 185

O conceito de *revelação privada* 189

Valores da revelação privada 197

ÍNDICE

A revelação pública: o testemunho 206

O conceito de testemunho 206

Valores do testemunho 223

BIBLIOGRAFIA 241